KB202413

철도사고 왜 일어나는가

Raze Okoru Tetudouzikou (なぜ起こる鉄道事故)
by Yamanouchi Shuichiro

Copyright (C) Yamanouchi Shuichiro, 2000
Korean Translation Copyright (C) Nonhyung Publishing Co., 2004
All rights reserved.

The Korean edition was published by arrangement with
Tokyo Shinbung Publishing Co., Tokyo.

철도사고, 왜 일어나는가

지은이 | 야마노우치 슈우이치로
옮긴이 | 김해곤

초판 1쇄 인쇄 | 2004년 1월 10일
초판 2쇄 발행 | 2004년 3월 5일

펴낸곳 | 논형
펴낸이 | 소재두
표지디자인 | 디자인공 이명림

등록번호 | 제2003-000019호
등록일자 | 2003년 3월 5일
주소 | 서울시 관악구 봉천2동 7-78 한립토이프라자 6층
전화 | 02-887-3561
팩스 | 02-886-4600

ISBN 89-90618-71-1 93330

철도사고 왜 일어나는가

야마노우치 슈우이치로 지음
김해곤 옮김

추천의 글

철도청장 김 세 호

2004년에는 단군 이래 최대의 사업으로 평가되고 있는 꿈의 철도, 우리가 그토록 염원해왔던 고속철도가 개통되고, 21세기 철도 역할의 변화에 대한 철도 구조개혁을 통해서 내부적인 역량 강화와 효율적인 교통체계를 구축하려고 한다. 그러나 고속철도를 운행하고 철도의 르네상스 시대가 도래한다고 해도 철도의 안전을 확보하지 않는다면 이 모든 일은 사실상 물거품이 될 것이다.

고속철도는 남북한과 동북아는 물론 유라시아 대륙을 관통하는 우리의 철도를 연결함으로써, 우리나라를 물류기지화하고 동북아 중심 국가로 우뚝 세우는 데 가장 중요한 역할을 담당하게 된다.

고속철도 개통에서 가장 중요한 안건은 무엇보다도 안전이라고 생각한다. 안전의 확보는 효율적인 투자와 더불어 대구지하철 사고에서 보듯이 결국 사람이 어떻게 하느냐에 달려 있다. 고속철도는 첨단 시설이지만 그 운영은 사람이 하는 것이다.

2004년 1월 1일부터는 철도 구조개혁으로 인한 한국철도시설공단으로의 조직분리가 시행되고, 2004년 4월에는 고속철도 개통, 2005년 1월에는 철도공사가 설립되는 등 우리 철도인들은 일찍이 겪어보지 못했던 실로 감당하기 벅찬 변화가 요구되는 시점에 와 있다. 이러한 때일수록 모든 철도인들은 지혜를 모아 안전 확보를 위해 노력해 나아가야 할 것이며, 사소한 사고라도 대충대충 지나치지 말고 철저한 원인 구명을 통해 책임의 소재를 따짐으로써 더 큰 사고를 막을 수 있는 각오와 책임감을 지녀야 할 것이다. 결국 우리가 해야 할 일은 기본에 충실하는 것이다. 이 기본에 소홀할 때 열차의 안전 운행에 막대한 지장을 주게 될 것임은 너무도 자명하다.

그동안 철도청에서도 안전을 위한 많은 노력을 기울여왔음에도 불구하고 최근에도 크고 작은 사고는 계속 일어나고 있다. 특히 작년 추석 대수송기간중에 불어 닥친 태풍 매미는 우리나라 전역에 많은 피해를 주었고 우리의 철도도 산사태 등에 의한 선로 유실에 따라 장시간 열차운행이 지연되는 등 많은 분들께 피해를 끼치게 되었다.

2003년 9월 27일부터 10월 4일까지 영국 에든버러에서 열리는 국제철도학술대회(WCRR)의 참가를 위해 영국과 프랑스를 방문했을 때도 선진국 CEO들의 한결같은 소리는 철도 경영의 최우선 과제는 안전이라는 것이었다.

철도의 안전이 무엇보다 중요해짐에 따라 철도청에서도 철도안전관리시스템에 관한 용역을 실시하는 등 어느 때보다도 안전에 대한 많은 관심이 높아지고 또 안전의 역량을 강화해가는 이 시기에, 일본에서 출판된 『철도사고, 왜 일어나는가』가 우리 철도청 직원에 의해 번역, 출판되게 되었다. 전 세계에서 일어난 철도사고에 대한 여러 가지 원인과 대책을 분석한 안전지침서와도 같은 이 책은 우리의 철도인들에게도 그동안 경험해보지 못한 여러 가지 철도사고에 대한 원인과 해결책 및 교훈을 줄 수 있다고 생각한다. 철도에 관계하는 사람이라면 한 번쯤 읽어보고 세계철도사고사의 교훈을 살려 우리나라 철도의 안전성 향상을 위해 더욱더 노력해주길 바란다. 이 책이 철도에 대한 교양서로서 또 안전에 대한 지침서로서 훌륭한 길잡이가 될 수 있을 것이라고 생각하면서 번역자의 노고에 감사드린다.

옮긴이의 글

이 책은 철도의 역사가 사고와의 전쟁이었음을 말하고 있다. 번역자인 나로서도 구포 열차사고 등 대형사고를 여러 번 경험하였지만, 때로는 웃지 못 할 사고가 때로는 도저히 일어날 수 없는 사고가 세계의 철도 곳곳에서 일어났던 것을 보면서 철도사고에 대한 긴장은 조금도 늦출 수 없는 일임을 다시 한번 확인했다.

동경대 이구치 교수의 논문을 인용한 이 책의 도입 부분에는 이런 재미있는 이야기도 나온다. "걷고 있는 것보다 전차를 타고 있는 쪽이 훨씬 안전하다." 다시 말하면 철도는 완전히 안전영역에 들어간 교통수단이라는 것이다. 이 책은 철도관계자를 대상으로 쓰인 책이지만, 일반인이 읽어도 될 만큼 쉬운 내용으로 기술되어 있다. 지은이는 동경대학 공학부를 졸업하고 1956년 국철에 입사한, 소위 관리직에 속한 사람이었지만, 모지 기관차 사무소에서 기관조사 견습부터 시작하였다. 증기 기관차의 운전을 배웠고, '성능이 좋은 기관차를 배치 받은 날은 기분이 좋았고, 나쁜 기관차에 배치 받으면 실망하는 날'을 보내기도 했다. 그리고 오오미야의 차량공장을 거쳐 동경 기관차사무소에서는 전기 기관차의 운전시험에 합격했다.

1964년 동경올림픽과 거의 동시에 신간선은 개통되었다. 어려운 것은 열차를 빨리 달리게 하는 것이 아니다. 안전과 동시에 정확하게 운행하는 시스템을 유지하는 일이다. 현재까지 충돌, 탈선 등의 사고로 단 한 명의 승객도 사망한 적이 없는 신간선은 세계에서 가장 안전한 시스템으로 증명되었다. 이제 2004년 4월이면 우리나라에서도 고속철도의 시대가 열리게 된다. 우리도 세계 제일의 안전시스템을 구축하기 위해 철도에 관계하는 모든 분들이 안전에 많은 관심을 가져주시길 간절히 바란다. 속도를 내는 것은 그렇게 어려운 일이 아니다. 그 속도를 안전하게 운행하기 위해 가선이라든가 선로 등 철도시설의 유지와 보수가 무엇보다 중요한 것이다. 이를 위해 보이지 않는 곳에서 안전과 싸우고 있는 기술자들의 땀과 노고에 격려의 박수를 보내는 일도 잊지 말아야 할 것이다.

이 책은 일반인과 철도 관계자 그리고 안전대책을 세우는 모든 분들에게 조금이나마 도움이 되기를 바라는 마음에서 번역, 출판하게 되었다. 우리 철도 관계자들이 이 책을 읽었더라면 대구 지하철 참사와 같은 대형사고는 막을 수 있었을 텐데, 이 책을 번역하면서 많이 안타까웠다.

그리고 이 책을 출판하는 데 감사를 드려야 할 분들이 있다. 우선 「추천의 글」을 써주신 김세호 철도청장님과 여러 가지 조언과 도움을 주신 양근율 철도정책자문관님, 김광모 자문팀장님, 박송희 씨, 또 이 책을 번역하도록 물심양면으로 도와주신 논형출판사의 소재두 사장님과 동경에 계신 박석강 박사님께 감사드리며, 그리고 안전환경실의 김호균 안전환경실장님, 김균성 조사팀장님, 김억수 팀장님,

9

김영구 팀장님, 김용완 주임님, 성경호 주임님, 정형렬 주임님, 오송 시설관리사무소의 김명수 과장님, 중부건설사업소의 유용회 과장님, 곽명수 팀장님, 시설본부의 정용학 팀장님께 감사드린다. 또 지면 여건상 도와주신 분들의 성명을 모두 다 열거하지 못하는 것을 아쉽게 생각하며, 주위에서 항상 도움을 주시는 모든 분들께 이 지면을 통해 깊은 감사를 드린다.

옮긴이

머리말

최근 일본에서 일어난 두 차례의 철도사고는 우리에게 커다란 충격을 주었다. 산요우 신간선 터널 안에서 콘크리트가 떨어진 사고와 제도고속도교통영단(이하 영단이라고 한다) 지하철의 탈선 충돌사고가 그것이었다. 일본의 철도기업은 모든 회사가 사고, 특히 인명사고의 방지에 전력을 기울이고 있다. 일본 철도의 안전성은 세계 제일이라고 해도 과언이 아닐 것이다. 그럼에도 불구하고 이런 사고가 일어난 것은 충격적이었다. 물론 아무리 일본 철도의 안전성이 높다고는 해도, 인간이 만든 시스템인 이상 사고를 완전히 막는 것은 불가능하다고 할 수 있다. 그러나 그렇다고 해도 이 두 차례의 사고는 정말 충격적이었다.

신간선은 1964년에 개통된 이래 38년간 승객이 희생되는 사고는 발생하지 않았다. 틀림없이 세계 제일의 안전한 교통 시스템이라고 할 수 있다. 그런데 그런 신간선에서 이런 형태의 사고가 일어났다는 것은 심각한 일이었다. 냉정히 생각하면, 터널의 콘크리트가 열화되어 낙하하는 일은 생길 수 있는 일이다. 그리고 콘크리트의 내부에 발생하고 있는 균열을 정확히 발견할 수 있는 기술이 아직은 없다. 국유철도시대에 공사의 강행으로 완성된 산요우 신간선의 터널에서는 상태가 나쁜 곳을 보수했던 기억도 있다. 그러나 이런 사고가 현실로 일어나리라고는 예상하지 못했다.

영단의 사고도 충격적이었다. 급곡선 구간이 많다는 결점이 있다고는 해도, 일본 지하철의 안전 시스템이 세계 최고 수준임은 틀림없는 사실이다. 신간선 고속철도와 비교해도 손색이 없을 만큼 높은 수준이다. 차량 기술의 수준도 상당히 높다. 사실 1937년에 개통한 이래, 단 한 번도 승객이 희생한 사고는 발생하지 않았다. 이것은 대단한 것이다.

그런데 그런 지하철에 사고가 일어난 것은 우리 철도인에게는 충격이었다. 게다가 기술적으로 지극히 일어나기 어려운 사고이었기 때문에, 그 해명은 철도사고조사위원회의 결론에 따르지 않으면 안 되었다.

과거에는 열차가 주행중에 탈선하는 사고가 가끔 있었지만, 최근에는 거의 일어나지 않게 되었다. 선로와 차량의 기술이 진보한 효과이다. 하지만 사고가 전혀 없는 것은 아니다. 국유철도시대에는 화물열차의 탈선사고가 비교적 많았고, 쯔루미 사고와 같은 대형사고도 일어났다. 그에 비해 전차의 탈선사고는 적었다. 그 대부분은 선로의 상태가 나쁘거나, 차량의 불량 등으로 어느 정도 원인을 밝혀낼 수 있었지만, 극히 드물게 원인이 명확하지 않은 사고가 있었다. 현대의 과학기술로도 전부를 해명할 수는 없다. 이번의 탈선사고가 확실히 급곡선 구간에서 일어난 것이긴 하지만, 일설에 의하면 이미 2억 량의 차량이 이 곡선 위를 안전하게 통과했다고 한다. 그런데도 불구하고 사고가 일어났다. 여기에 안전문제에 대한 어려움이 있다.

철도는 오랜 세월 동안 많은 사고의 경험을 거쳐 안전성의 향상에 노력해 왔다. 이 두 차례의 사고가 앞으로도 해결해야 할 많은 과제가 있다는 것을 가르쳐 준 느낌이 든다. 안전은 철도에서 언제나 변하지 않는 영원한 그리고 최대의 과제이다.

차례

철도의 역사는 사고와의 전쟁

1) 동경대학 이구치 교수의 안전도 평가

동경대학 공학부의 이구치 마사이치(井口雅一) 교수는 1975년 무렵의 「교통 시스템의 안전도 평가」라는 논문에서 대단히 흥미 있는 제언을 한 바 있다. 논문에 의하면, "사람은 어떤 값 이하의 위험률에 대해서는 이를 무시하여 고려하지 않지만, 그 이상으로 위험률이 증가할 경우 자신의 노력으로 피할 수 있다면 안전확보를 위해 주의하고, 더욱 더 위험률이 증가하게 되면 그 행위를 하지 않도록 노력한다. 일상생활에서의 나의 직감에 의하면, 고려를 하지 않아도 되는 1시간당 사망률은 10^{-8} 정도 이하라고 생각한다."

즉 1시간당 1억 명 중 한 사람밖에 죽지 않는 정도의 위험률이면, 사람들은 대부분 안전에 대해 신경 쓰지 않게 되는 것이다. 이것은 10대 전반의 여성의 사망률에 해당한다고 한다. 덧붙이자면, 건강에 상당히 신경을 쓰기 시작하는 60세 전후의 사망률은 1시간당 10^{-6}, 80세가 되면 10^{-5}이 된다고 한다.

1시간당의 사망률이 10^{-8} 이하의 상태를 이구치 교수는 '안전영역'이라고 부르고 있다. 또 안전도가 이 레벨보다 조금 낮은 10^{-7}에서 10^{-6} 레벨, 즉 1시간에 100만 명에서 수천 만 명 중 한 사람이 사망할 가능성이 있는 행동에 대해서는 '주의영역'이라고 부르고, 사람들은 이 행위를 중단하지는 않지만 주의를 하면서 행동한다고 한다. 자동차의 운전 등이 바로 이러한 영역에 있다. 안전도가 더욱 더 저하되어 10^{-4} 이하, 즉 1시간 동안에 1만 명 중 한 사람이 사망할 수 있는 위험한 행동은 '기피영역'으로, 보통 사람은 하기 싫어하는 행동이 된다. "드물게 일어날지도 모르는 위험에 대하여 '만일'이라고 표현하지만, 만의 하나를 문자 그대로 해석하면 10^{-4}이며, 1시간당의 수치라고 하면 전혀 받아들일 수 없는 위험수치인 것을 알 수 있다. 전쟁터에서 군용항공기의 사망률이 여기에 해당한다고 들은 적이 있는데, 평화로울 때에는 허용할 수 없는 수치일 것이다"라고 이구치 교수는 이야기한다.

이 논문은 1970년대 전반의 데이터를 바탕으로 하여 철도, 자동차, 항공기의 승객과 보행자의 위험률을 계산하고 있다. 이에 따르면, 당시 철도 승객의 1시간당 사망률은 6.5×10^{-8}이 되므로 충분히 안전하다고는 단언할 수 없다. 다만 철도사고에 의한 사망자의 대부분은 역의 플랫홈에서 선로 위에 떨어졌기 때문에 일어난 사고로서, 운행되고 있는 전차를 타고 있다가 충돌사고 등으로 인해 사망하는 위험성은 이보다 훨씬 적다.

그리고 자동차의 위험도는 2.6×10^{-7}으로 상당히 위험하다고 할 수 있는 상황이고, 항공기는 큰 항공사고가 일어났던 해와 없었던 해에 따라 수치가 크게 변화하는데, 1970년대 전반기의 위험도는 2×10^{-6}

열차의 충돌사고로 인해 2량으로 끼어 들어간 3량: JR 히가시 나카
노 역에서

정도였다.

이구치 교수는 또 보행자의 안전도에 대해서도 계산하였다. 사람들이 매일 어느 정도 걷고 있는지에 관한 정확한 데이터가 없으므로, 한 사람이 평균 1일에 1시간 걷는 것을 전제로 하면, 보행자의 1시간당의 사망률은 1×10^{-7}, 즉 1,000만 명에 한 사람이라는 것이다. 걷고 있는 것보다도 전차를 타고 있는 쪽이 훨씬 안전하다고 할 수 있다. 일상에서도 실제로 그렇게 느낄지도 모르겠다. 그렇다고 한다면 철도기업의 책임은 점점 더 커지게 된다.

최근의 데이터를 사용하여 같은 방식으로 계산을 해보면 어떻게 될까? 일본 국유철도가 민영화한 직후인 1988년부터 10년간 각 교통기관의 위험도를 계산해보면, 그 10년 동안 일본의 철도에서는 매우 유감스럽지만 세 번의 큰 사고가 발생했다. 1988년 12월 중앙선 히가시 나카노 역에서 있었던 열차 충돌사고와 1991년 5월에 일어난 시가라키 철도의 열차 충돌사고 등으로 모두 45명이 사망했다.

이 10년간 철도의 1시간당 사망률은 2.9×10^{-8}이고, 1970년대와 비교하면 절반으로 감소하였다. 철도사고의 사망자 대부분은 앞에서 말한 바와 같이 플랫홈에서 떨어져서 사망한 경우가 많았으므로, 열차를 타고 있다가 사고를 당하여 사망한 경우에 한정해서 위험률을 계산하면 6×10^{-10}이 된다. 완전히 '안전영역'에 들어가 있다.

2) 항공기, 자동차의 안전성

항공기의 안전성은 어떠할까? 일본의 항공기업은 1985년에 일어난 일본 항공기의 오스타까 산에서의 추락사고 이래 큰 사고는 일어나지 않았으므로, 10년간 일본 항공기의 위험도는 제로라고 볼 수 있다. 이것은 대단한 일로서 항공기가 이제 위험한 교통기관이 아님을 증명해주고 있다고 할 수 있다.

그러나 항공기에는 국제노선이 많고, 일본의 여행자도 외국의 항공기를 이용하는 기회도 많기 때문에, 외국 항공회사의 항공기를 타고 가다가 사고를 당하는 일도 있다. 사실 1994년에는 중국 항공기가 나고야 공항에서 착륙에 실패하는 사고가 일어났다. 따라서 세계의 항공기의 위험도를 계산하면, 2×10^{-7}이 되고, 아직 철도보다 그 위험도는 10배 정도 높다.

자동차는 어떠한가? 10년간 일본에서는 교통사고로 10만 7,000명이 사망했다는 보고가 있다. 이것을 1시간당 사망 위험률로 보면 1.2×10^{-7}이 되고, 세계의 항공기 여행보다는 안전하다고 할 수 있다. 그러나 세계에서 매년 10만 명이 넘는 사람들이 도로 위에서 사망하고 있는 것을 생각하면, 자동차가 안전한 교통수단이라고는 할 수 없을 것이다. 이처럼 다른 교통수단에 비해, 철도는 대단히 안전한 교통수단이다. 특히 신간선은 개통이래 38년간 한 번도 승객이 사망하는 사고를 일으키지 않았다. 객관적으로 보면 신간선도 인간이 만든 것이므로, 절대로 안전한 시스템이다라고 단언할 수는 없지만, 적

실물의 객차를 사용해서 차체의 온도 측정을 하는 차량 연소시험:
1972년 12월, 국유철도(당시) 오오후나 공장에서

어도 현재 '가장 안전한 교통 시스템' 또는 '인간이 만든 가장 안전
한 교통기관'이라고는 할 수 있을 것이다.

3) 철도의 안전성

그렇지만 철도가 가끔 사고를 내면, 가령 승객 중 사망자가 없어
도 큰 뉴스거리가 된다. 때로는 사고가 아닌 고장 때문에 전차가 몇
시간 언론에서 크게 다루어지기도 한다. L. T. C. 롤트가 쓴 『위험을
알리는 적신호(Red For Danger)』라고 하는 저서의 서문은 다음과 같이
시작하고 있다.

"철도의 사고는 언제나 뉴스거리가 된다. 정부 책임자의 사임, 전
쟁 상황에서의 패배 등 그때마다 여러 가지 뉴스가 있지만, 철도의
탈선이나 충돌사고는 그 희생자가 적다고 해도, 반드시 큰 뉴스로서
취급한다. 도로의 교통사고는 어지간한 큰 사고가 아니라면 뉴스로

쯔루미 사고의 당일 밤 상황을 재현한 시험: 1963년 11월

서 취급되지 않지만, 철도 객차가 탈선하면 부상자가 없어도 뉴스거리가 된다. 철도에서 일하는 사람들은 '이것은 불공평하다. 철도 안전성에 대해서 잘못된 이미지를 준다. 지구상에서 열차 안에 있는 것보다 안전한 장소는 별로 없다'며 한탄해 왔다." 그러나 이러한 현실은 철도가 뛰어난 안전성에 대한 대가로서 지불하지 않으면 안되는 부담인지도 모른다.

이러한 철도의 높은 안전성은 결코 하루아침에 완성된 것이 아니다. 덧붙이자면 내가 일본 국유철도에 입사했던 1950년대의 위험도는 2×10^{-7} 정도이었다. 현재보다도 10배 정도 위험성이 높았다. 안전성을 10배 높인다고 하는 것은 대단히 어려운 일이다. 그동안 기술의 진보, 거액의 설비 투자, 관계 종사원의 노력과 교육훈련 등에 의해 현재의 수준까지 향상된 것이다.

철도의 역사를 되돌아보면, 그것은 사고와의 전쟁의 역사였다. 많은 다양한 사고가 일어나고, 그 중에는 다수의 희생자가 생긴 대형 사고도 있었지만, 같은 사고를 되풀이하지 않기 위한 대책의 축적이 현재와 같은 철도의 높은 안전성을 이룩했다고도 할 수 있다.

그러한 과정에는 자기의 위험을 돌보지 않고, 사람과 물건을 안전하게 수송한다는 사명감으로, 새로운 기술에 도전한 많은 사람들이 있었다는 것도 잊어서는 안 될 것이다. 이러한 사람들에게 이곳은 보통 사람들에게는 위험스런 '기피영역'에 목숨을 건 '도전영역'이 었다.

새로운 기술이라고 하는 것은 안전을 제일로 하는 곳에서는 진보하기가 어렵다. 모험자들의 도전이 필요한 것이다. H. W. 루이스에 의하면, 기록에 남는 세계 최초의 항공비행에서의 사망률은 50%이 었다고 한다. 『어린왕자』를 쓴 프랑스의 작가 생텍쥐페리도 항공의 선구자 중 한 사람으로서, 비행기가 본격적으로 실용화되기 시작한 시대에 프랑스와 아프리카 그리고 대서양을 횡단하여, 남미에 우편물을 운반하는 라테코에르 사의 조종사로 활약했다. 그의 대표작 중 하나인 『야간비행』은 생명을 걸고 하늘에 도전하는 조종사들의 모습을 그리고 있다. 라테코에르 사는 불과 십 몇 년 동안 120명이 넘는 조종사를 잃었다. 생텍쥐페리 자신도 2차대전중이던 1944년 7월 코르시카 섬에서 프랑스 본토로 향하는 정찰비행을 하던 중 행방불명되었다(무라카미 요우이치로(村上陽一郎)의 『안전학』에서).

안전을 실현하기 위해서는 도전자의 노력뿐만 아니라 많은 기술적인 문제를 극복하지 않으면 안 된다. 1952년에 취항한 세계 최초의 제트 여객기 '코멧'(comet)은 전 세계의 관심을 모았지만, 그후 몇 번이나 원인불명의 공중 분해사고를 일으켰다. 그것이 고속 비행으로 인한 금속 피로가 원인인 것을 알아낸 것은 한참 후의 일이다.

철도도 긴 역사 속에서 많은 사고나 고장을 경험하고, 안전을 진보시켜 왔다. 철도 개통이래 170년간 얼마나 많은 사람들이 사고로 희생되었을까? 일본 국유철도와 JR에 대해서는 비교적 정확한 기록이 있어, 이것을 바탕으로 민간 철도사고의 희생자를 포함시켜 추계해보면, 1872년 신바시와 요코하마 간 철도가 개통한 이래 일본에서는 3,800명이 철도사고로 사망했다.

전 세계적으로는 어떠한가? 최근 사고의 데이터 및 일본의 매년 사고에 의한 희생자의 추이 등을 바탕으로 대략적인 추계를 해보면, 약 8만 명에 달하는 것을 알 수 있다.

안전은 사람들의 노력과 기술의 발달, 그리고 사고의 교훈에 의해 진보한다. 철도도 예외가 아니다. 170여 년의 역사 속에서 많은 희생자를 내는 사고를 경험하고, 그 교훈을 살려서 오늘의 높은 안전성을 실현한 것이다. 다음에서는 철도의 사고와 안전대책의 역사를 탐방해 보기로 한다.

2 철도사고

1) 세계 최초의 철도사고

세계 최초의 본격적인 철도인 리버풀과 맨체스터 간 철도가 개통 당일에 사상사고를 일으킨 것은 유명한 에피소드인데, 철도와 안전과의 싸움이 시작됨을 암시하는 사건이었는지도 모른다.

1830년 9월 15일, 철도의 개통을 축하하는 첫 열차가 많은 초대 손님을 태우고 리버풀 역을 떠나 맨체스터를 향해 출발했다. 열차가 도중의 파크 사이드 역에서 증기 기관차에 물을 보급하기 위해서 정차를 하면, 승객들은 제멋대로 열차 밖으로 내리곤 했다.

그때까지의 마차 여행의 시대에는 마차가 멈추었을 때 밖으로 나와서 휴식을 취하는 것이 당연한 습관이었고, 당시의 객차는 마차와 똑같은 것이었으므로, 승객들은 자연스럽게 하차를 했던 것이다. 승객 중 한 사람이었던 의회의원 허킨슨 경이 같은 열차의 초대 손님

<표 1> 19세기 세계의 주요 철도사고

연 월 일	국명	장소	사망자 수	사고 원인
1833년 8월 11일	미국	하이츠 타운	3	
1842년 8월 5일	프랑스	무돈	55	열차화재
1864년 6월 29일	캐나다	베라유	99	분기기의 전환 실수
1868년 8월 20일	영국	아바질	32	차량일주
1876년 12월 29일	미국	아슈타부라	80	교량파괴
1879년 12월 28일	영국	티만	75	교량파괴
1881년 6월 2일	멕시코	쿠알토라	200	
1882년 7월 13일	러시아	체르니	150	
1889년 6월 12일	아일랜드	알마후	80	차량일주
1891년 6월 14일	스위스	뮨헨슈타인	71	교량파괴

이었던 웰링턴 후작에게 인사를 하려고 인접한 선로를 횡단하는 순
간, 초대 열차와 반대 방향에서 달려오던 로켓 호에 깔려버리는 사
고를 당한 것이다.

로켓 호를 운전하고 있었던 기관사인 조셉 록은 허킨슨 경을 알아
보았지만, 도저히 어떻게 할 수가 없었다. 기관차에는 아직 좋은 브
레이크 장치가 없었기 때문이다.

로켓 호를 제작한 로버트 스티븐슨을 비롯해 초기의 기관차 엔지
니어들은 더욱 더 빨리 달릴 수 있는 기관차를 만드는 일에만 전념
하였고, 브레이크 장치에 신경을 쓸 여유가 없었다. 브레이크라고 해
야 기껏 텐더(기관차에 붙어 있는 탄수차)에 손 브레이크가 장착되어
있었을 뿐이고, 열차를 멈출 때에는 기관사가 이 손 브레이크를 잡
아당겨 열차를 정지시킬 수 있었다. 기관차가 달릴 때의 저항력도
대단히 컸고, 일종의 브레이크의 효과를 가지고 있었다. 리버풀과 맨
체스터 간 철도에서는 사고가 상당히 많았던 것 같다. 도중에 있는
새톤의 구배 구간에서는 13년 동안 열두 번이나 사고가 일어났다.

지금 시점에서 생각하면 모든 것이 불완전한 채 열차는 달리기 시작한 것이었다.

리버풀과 맨체스터 간 철도가 개통되고, 2개월 반 후인 1830년 12월 3일 뉴캐슬과 칼라일 간의 철도에서 여객열차의 탈선사고가 일어나 3명의 승객이 사망한 기록이 있다. 이것이 사실이라고 하면 열차에 탄 승객이 사망한 최초의 사고일 것이다.

그후 3년 뒤인 1833년 11월 8일, 미국의 뉴저지 주 하이츠 타운 근처에서 기관차 차축이 부러지면서 탈선하여 3명의 승객이 사망하는 사고가 발생했다.

이 열차에는 전전 대통령인 존 퀸시 애덤스와 나중에 미국의 철도왕이 된 코넬리어스 밴더빌트도 타고 있었다. 밴더빌트가 타고 있었던 객차는 전복되었고, 밴더빌트 자신도 10미터 정도 내동댕이쳐져, 발의 뼈가 부러지는 큰 부상을 입었다. 그는 곧바로 뉴욕의 자택에 옮겨졌고 1개월 정도 생사를 헤매었다고 한다.

2) 프랑스 최초의 대형사고

도버 해협 건너편 대륙의 프랑스에서는 리버풀과 맨체스터 간 철도보다 2년 빠른 1828년에 프랑스 중부의 도시 생테티엔과 루아르강의 작은 항구 도시 앙드레주 사이에 19km의 철도가 개통되었다. 이 지방에서 생산되는 석탄이나 광석을 운반하기 위한 철도였지만, 아직 프랑스에는 증기 기관차가 없었고 말로 화차를 견인하며 레일위를 달리는 마차철도였다.

다음 해에 마르크 스구앵이 이 철도를 위해 프랑스 최초의 증기기관차를 제작했다. 스구앵은 영국의 스티븐슨 기관차 공장에서 중고의 증기 기관차를 구입하여 연구를 한 결과 이 기관차를 만들 수 있었다. 조지 스티븐슨이 스톡 톤 달링턴 철도를 위해 제작한 유명한 '로커모션 호'의 보일러는 아직 주전자 포트와 같은 구조이었지만, 스구앵이 설계한 기관차는 물 속에 고열 가스 파이프를 관통하는 연관 보일러를 사용한 세계 최초의 연관 보일러식 기관차이다.

조지 스티븐슨의 아들 로버트 스티븐슨은 이 스구앵의 기술에서 힌트를 얻어 연관 보일러식의 로켓 호를 만들어 레인힐에서의 기관차경기대회에서 우승했고 또 리버풀과 맨체스터 간 철도를 달리게 한 것이었다.

그러나 프랑스에서의 증기 기관차의 본격적인 운행은 상당히 지연되었다. 1833년에 개통한 생테티엔과 리옹 간의 철도는 화물열차에서는 증기 기관차를 사용했지만, 여객열차에서는 여전히 말이 견인하는 마차철도에 머물렀다.

프랑스 최초의 본격적인 증기철도는 1837년에 개통한 파리와 생제르맹 간의 철도이다. 그렇지만 당시의 기관차 힘으로는 언덕 위에 있는 생제르맹의 마을까지 오르는 것이 어려웠으므로, 우선 이 선로의 종점은 언덕의 기슭인 루펙이었다.

8월 24일, 가장 먼저 아메리 왕비를 비롯한 왕가의 사람들과 귀족, 정부의 요직에 있는 사람들을 태운 특별열차가 운행되었고, 다음날은 주주, 철도의 건설을 담당했던 기술자들, 저널리스트 등을 초대한 시승회가 열렸다. 국왕 루이 필립은 이 개통식장에는 참가하지 않았다. 아직 국왕을 초대할 만큼의 철도의 안전성에 대한 신뢰가 없었기 때문이었다. 당시의 열차에는 브레이크 장치가 거의 없었기 때문에 당연했던 것인지도 모른다. 그리고 8월 26일에 정식 개통을 맞이했다. 호기심에 넘친 파리의 시민들은 이 새로운 교통수단을 보기 위해서 몰려들었다. 생제르맹은 루이 14세가 태어난 곳이기도 하고, 파리가 내려다보이는 높은 곳에 위치한 아름다운 마을이었는데,

걸어서 4~5시간은 걸리는 거리였다. 그 구간이 철도의 개통으로 30분내에 도달할 수 있는 거리가 되고, 생제르맹은 좋은 산책지가 된 것이다. 개통 1주일만에 이 새로운 철도는 3만 7,000명의 승객을 나르고, 그 다음 주에는 6만 명을 날랐다. 그리고 다음 해에는 복선으로 되었다.

파리와 생제르맹 간 철도에 이어 2년 후에는 파리와 베르사유 간의 철도가 개통되었다. 장대한 궁전과 넓은 숲이 있는 베르사유는 생제르맹 이상으로 매력이 있는 장소였고, 주말에는 이 철도에 많은 승객이 모였다. 그러나 여기에 큰 함정이 기다리고 있었다. 이 철도가 개통한 지 3년 후인 1842년 5월 8일에 대형사고가 일어났던 것이다.

따뜻한 봄날이던 일요일, 베르사유 궁전에서는 자연을 즐기는 모임이 있었고, 많은 파리의 시민들이 막 개통한 철도를 타고 베르사유를 찾았다. 활짝 핀 벚꽃 속에서 음악이 연주되고, 많은 분수의 물이 조각의 군상으로 쏟아졌다. 당시의 프랑스는 루이 필립의 시민계급의 왕권제시대로, 이미 왕가 귀족뿐만 아니라 일반 사람들에게도 즐겁게 지낼 수 있는 모임이 필요했던 것이다.

저녁 무렵이 되어 향연에 취한 승객을 태운 열차가 베르사유에서 파리를 향해 출발했다. 열차는 평상시보다도 상당히 빠른 속도로 뷰우 역을 통과하여, 파리 시내로 들어섰다.

그때 돌연 선두의 기관차 차축이 부러지면서 열차는 탈선하며 전복했다. 2량째의 기관차는 전복한 기관차 위에 올라타면서 탈선하고, 그 위에 차례로 4량의 객차가 차곡차곡 겹쳐지듯이 올라탔다. 석탄이 불타고 있는 기관차 위에 올라앉은 목조 객차는 순식간에 화염에 휩싸였다. 도움을 요청하는 승객들의 비명소리가 여기저기에서 나왔으나, 손 쓸 틈도 없이 현장은 순식간에 아수라장이 되어버렸다.

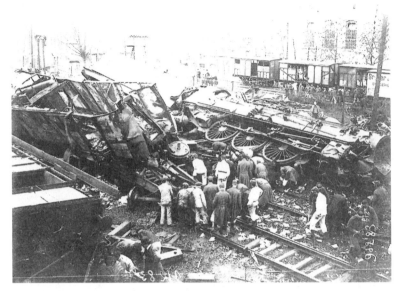

비참한 철도사고: 1913년 11월 5일에 파리 근교 물랭 역에서 일어난 사고. 신호를 무시하고 진입해온 우편열차와 파리 출발 마르세유 행 급행열차가 충돌, 화재. 이후 정부는 ATS의 설치와 객차 가스의 사용금지를 명령(Branger-Viollet 제공)

보르도와 파리 간 급행열차의 탈선사고: 1916년 프랑스 몬토로에서(Branger-Viollet 제공)

당시의 객차는 안전을 위해 문이 밖에서 잠겨 있었고 차장은 사고와 동시에 사망했다. 이 사고는 55명의 사망자를 내었고, 106명이 상처를 입었다. 철도역사상 최초의 대형사고라고 할 수 있다.

탄생한 지 얼마 되지 않은 철도에는 사고가 많았지만 마차에 비하면 훨씬 안전하였고, 최초 20년간은 희생자가 발생하는 사고가 적었다. 가끔 드물게 비참한 사고가 일어난 경우에도, 사람들은 아직 비교적 관대하게 이해를 해주었다. 이 사고가 일어난 직후에 시인 라마르치느는 국회에서 다음과 같이 증언하였다.

"신이 주신 진보와 은혜에 대하여 눈물로 변상하는 것이 필요합니다. 눈물뿐만 아니라 용기와 단념의 기분으로 은혜에 보답할 필요가 있습니다. 여러분, 이해해 주십시오. 문명이란 전쟁터이며, 거기에선 모두가 싸움에 승리하고 전진하기 위해서 희생자도 나오는 것입니다. 그 사람들을 애도하고, 우리도 슬픔을 서로 나누어 가지고, 그리고 전진합시다."

J. B. 스넬의 분석에 의하면, 1840년부터 1850년 사이에 발생한 철도사고의 원인은 다음과 같다.

- 열차 충돌사고 …… 56%
- 선로상의 장해물이나 가축과의 충돌 …… 6%
- 차축이나 차륜의 파손 …… 18%
- 레일의 파손 …… 14%
- 기관차의 폭발 …… 1%
- 철도 종업원의 실수 …… 6%

3) 미국에서의 기관차 보일러의 폭발

막 탄생한 미국의 철도에서 믿을 수 없는 사고가 일어났다. 1831

년 6월 17일, 이제 막 개통한 남캐롤라이나 철도에서, 최초로 미국에서 만들어진 '증기 기관차, 베스트 프렌드 오프 찰스턴'에 타고 있던 흑인 기관사는 보일러 안전밸브에서 뿜어내는 증기소리가 시끄러워 안전밸브의 나사를 죄어버렸다. 얼마 되지 않아 보일러는 폭발하였고, 어리석었던 기관사는 사망했다. 미국의 철도역사상 최초의 희생자였다. 그후 얼마 동안 이 철도에서는 기관차의 다음 칸에 솜을 가득 실은 '방호객차'를 연결하고, 만일 보일러가 파열해도 승객에게 피해가 미치지 않도록 하였다.

초기의 철도에서 보일러 폭발사고는 가끔 발생했다. '베스트 프렌드 오프 찰스턴' 호와 같은 인간의 실수는 다른 나라의 철도 이야기이긴 하지만, 그 근본적인 원인은 보일러의 제작과 수리의 기술에 있었다. 쇠의 품질은 현재보다 훨씬 좋지 않았고, 탄소강은 아직 만들어지지 않았다. 연관의 가공기술에도 문제가 있었다. 보수점검에도 정해진 규칙이 없었고, 이상이 발견되고 나서야 비로소 수리를 하는 상황이었다.

1861년 7월 8일, 런던 출발 아일랜드 행의 급행열차 '아이리시 메일'이 럭비 역을 출발한 지 얼마 되지 않아 큰소리와 함께 기관차 보일러가 폭발하는 사고를 당했다. 보일러 부품은 조각조각 부서져 수백 미터나 날아갔다. 굉장한 폭발이었음에도 불구하고, 희생자는 기관사 한 사람뿐이었다.

폭발의 원인은 보일러 철판이 부식되어 아주 얇아져 있었기 때문이었다.

이러한 사고는 매년 여러 번 일어났지만 1870년대에 들어서면서 영국에서는 기관차 보일러의 폭발사고가 상당히 줄어들었다. 보일러의 품질이 좋아진 것과 압력검사를 엄격하게 했던 효과였다.

그렇지만 기관차 보일러의 폭발사고가 모두 없어진 것은 아니었다. 1912년 미국의 텍사스 주 샌안토니오에서 대폭발사고가 일어났다. 공장에서 보일러의 수리가 끝나고 작업원이 안전밸브의 조정을 하고 있을 때, 돌연 보일러가 폭발하여 산산조각이 난 부품이 사방으로 흩날리고, 주위의 건물이 붕괴되었던 것이다. 500kg의 쇳조각이 2km나 떨어진 곳까지 날아갔다고 한다. 이 사고로 24명이 사망하고, 32명이 큰 중상을 입었다.

4) 영국의 철도사고

철도를 탄생시킨 국가, 영국에서는 철도 개통 첫날에 허킨슨 경이 기관차에 받쳐 사망하는 불행한 출발을 하게 되었지만, 그후 반세기 동안 이러저러한 사고는 상당히 많았음에도 더 이상의 대형참사라고 할 만한 사고는 일어나지 않았다.

<표 2>는 19세기 영국의 주요 철도사고를 정리한 것인데, 그 중 열차의 충돌사고가 압도적으로 많다. 이것은 아직 통신기술이 발달하지 않았기 때문에, 현재 시점에서 보면 열차 안전운행의 기본인 신호 시스템이 불완전했던 데 최대의 원인이 있었던 것으로 보인다.

이 당시 영국은 빅토리아 여왕의 시대이고, 식민지 제국의 마지막 시대이기도 했다. 이 시기에 '빅토리아 시대의 4대 사고'라고 불리는 사고가 일어났다.

첫 번째 사고는 1861년 8월 25일 런던과 브라이튼 사이에 있는 클레이튼 터널에서 일어난 열차 충돌사고였다.

리버풀과 맨체스터 간 철도가 개통하고 나서 30년이 경과한 당시에도 철도에는 아직 신호장치가 거의 없었다. 열차의 안전은 '격시법'이라고 부르는 대단히 원시적인 방법에 의존하고 있었다. 이것은 계속 출발하는 열차 사이에 단지 일정한 시간적인 간격만을 두는 방

<표 2> 19세기 영국의 주요 철도사고

연월일	장소	사고	희생자
1830년 9월 15일	Rainhill	사상사고	1
1840년 11월 10일	Bromsgrove	보일러 파괴	2
1841년 12월 24일	Sonnig	토사붕괴	8
1847년 5월 24일	Dee 교량	교량파괴	5
1850년 8월 1일	Cowlairs	추돌	5
1851년 4월 30일	Frodsham	추돌	6
1851년 6월 6일	Newmarket Arch	탈선	4
1852년 7월 12일	Bumley	과주	4
1853년 10월 5일	Staffon	추돌	16
1853년 8월 23일	Round Oak	충돌	14
1861년 7월 8일	Easenhall	보일러 파괴	23
1861년 8월 25일	Clayton 터널	추돌	21
1862년 10월 13일	Winchburgh	정면 충돌	15
1865년 7월 7일	Rednal	탈선	13
1865년 6월 9일	Staplehurst	탈선	10
1867년 8월 20일	Abergele	충돌	32
1870년 6월 20일	Newark	충돌	18
1870년 12월 12일	Stairfoot	충돌	15
1872년 10월 2일	Kitlebridge	충돌	12
1873년 8월 1일	Wigan	탈선	13
1874년 1월 27일	Bo'ness Junc.	충돌	16
1874년 9월 10일	Norwich	정면 충돌	25
1874년 12월 24일	Shipton	탈선	34
1876년 1월 21일	Abbots Ripton	충돌	14
1876년 8월 7일	Radstock	정면 충돌	15
1879년 12월 28일	Tay 교량	교량파괴	78
1884년 7월 16일	Penistone	탈선	24
1887년 9월 16일	Hexthorpe	추돌	25
1889년 6월 12일	Armagh	충돌	80
1890년 11월 10일	Norton Fitzwarren	정면 충돌	10
1893년 8월 12일	Liantrissant	탈선	13
1894년 12월 22일	Chelford	충돌	14
1897년 6월 11일	Welshampton	탈선	11

법으로, 도저히 안전 시스템이라고는 부를 수 없는 것이다. 골프장의
출발과 같다고 생각하면 된다. 따라서 선행하는 열차가 돌연 멈추면
추돌할 위험이 있었다. 게다가 당시의 열차에는 아직 만족스런 브레

이크 장치가 없었다.

리버풀과 맨체스터 간 철도 개통 때와 마찬가지로, 열차를 멈출 때에는 기관조사가 탄수차의 손 브레이크를 당김과 동시에 기적을 울리고, 이 기적을 신호로 차장이 '완급차'라고 부르는 브레이크 장치가 붙어 있는 객차의 손 브레이크를 걸게 된다.

일요일 아침, 휴양지인 브라이튼에서는 런던을 향해 정기 급행열차 이외에 2개의 임시열차가 출발하게 되어 있었다. 규정에는 5분 간격으로 달리게 되어 있었지만, 출발이 다소 늦었기 때문에 최초의 열차는 8시 28분에 출발하고, 다음 열차는 8시 31분, 그리고 세 번째의 열차는 8시 35분에 출발했다. 불과 3분 간격이었던 것이다.

이 노선의 중간에는 클레이튼이라는 길이 2km의 터널이 있었다. 격시법은 결코 안전한 운전방법이라고 할 수 없다. 특히 터널 내에서 열차가 추돌하면 대형사고로 연결될 우려가 있다.

1844년 사무엘 모스가 전신기를 발명하자, 우선 이 장치를 사용한 지극히 초보적인 신호 시스템이 탄생했다. 그것은 '거리 간격법'이라고 불리는 시스템이었고, 현재 신호 시스템의 기본으로 되어 있는 '폐색식'의 원조라고도 부를 수 있는 것이었다. 그것이 이 클레이튼 터널에 설비되어 있었다. 터널 안은 증기 기관차의 연기가 가득하여 전망이 안 좋고, 특히 위험하기 때문이다.

그것이 어떠한 방법인가 하면, 터널의 입구 가까이에 신호소가 있는데 열차가 터널에 진입하면 터널의 입구에 있는 신호원은 적신호를 현시한다. 열차가 터널을 빠져나가면 출구에 있는 신호원은 개발된 전신장치를 사용해서 터널의 입구 쪽 신호소에 '터널 개통'이란 메시지를 보낸다.

이 메시지를 받은 입구의 신호원은 신호기를 빨강에서 황색으로 변경한다. 이 신호기에는 간단한 지상자가 설치되어 있어서, 열차가 통과하면 자동적으로 황색 신호가 적색 신호로 바뀌도록 되어 있었다. 그러나 당시의 기술은 이 자동장치가 잘 작동하지 않는 일도 자주 있었던 것 같다. 그런 경우에는 신호소에 경보 벨이 울리고, 신호원은 터널의 입구에서 붉은 깃발을 흔들도록 되어 있었다.

그런데 이날 첫 열차가 터널에 진입했는데, 적신호를 현시하는 자동장치가 잘 작동하지 않았고 신호소에는 경보 벨이 울렸다. 신호원은 전신기를 사용해서 터널 출구의 신호소에 '열차 진입'의 전신을 보냄과 동시에 신호소에서 뛰어 나와 붉은 깃발을 흔들었다.

그런데 운전 지연을 회복하려고 속도를 내고 있던 두 번째 열차는 벌써 터널 부근에까지 와 있었다. 붉은 깃발을 본 기관사는 당황해서 브레이크를 걸고 기적을 울렸지만, 손 브레이크밖에 없던 열차에 제동을 걸어도 열차가 멈춘 것은 열차 전체가 터널 안에 완전히 진입한 후였다.

당황하던 입구의 신호원은 다시 한 번 '열차 진입'의 전신을 터널 출구의 신호원에게 보냈다. 당혹스러워 한 것은 터널 출구의 신호원이었다. 두 번이나 '열차 진입'의 전신이 왔기 때문이다. 마침 그때, 첫 열차가 터널을 빠져나왔다. 터널 출구의 신호원은 아마 실수로 신호가 보내진 것이라고 생각하여 '터널 개통'의 전신을 터널 입구의 신호소에 보냈다.

이 신호를 받은 입구의 신호원은 열차 2대 모두가 터널을 통과했다고 생각했고, 세 번째 열차에 대해 황색 신호를 현시하였다. 열차는 터널로 들어갔다.

터널 안에 멈춰 선 두 번째 열차는 컴컴한 어둠 속이므로 사정을 전혀 알 수 없었기 때문에 일단 터널의 입구까지 후퇴하기로 하고, 서서히 뒤쪽으로 움직이기 시작했다.

열차가 퇴행하고 있는 터널에 세 번째 열차가 진입해 왔기 때문에 터널 안에서는 곧이어 추돌사고가 일어나게 되었고, 이 사고로 21명이 사망하고 176명이 중상을 입었다.

원인은 터널 입구 신호원의 실수라고 하지만, 이 사람의 잘못을 다그치는 것은 가혹한 것이 아닌가 생각된다. 당시의 연속 노동시간은 18시간이었지만, 이날은 24시간 쉬지 않고 일하고 있었고, 신호원은 매우 지쳐 있었던 듯하다.

5) 계속되는 영국의 대형사고

다음의 대형사고는 1867년 8월 20일, 웨일스 북부의 유명한 옛 도시 체스터의 서쪽에서 일어났다. 런던에서 아일랜드로 연락선이 오가는 항구 도시 호리헤드로 향하는 '아이리시 메일'은 영국의 철도 역사상 가장 유명한 급행열차 중 하나였다. 런던에서 아일랜드로 우편물을 나르는 이 급행열차는 세계에서 최초로 별명이 붙었던 열차로서, 매일 런던을 출발할 때에는 '여왕폐하의 메신저'가 발차의 신호를 했다고 한다.

이 급행열차가 아바겔 역을 통과하여 다음 역을 향해서 속도를 올리고 있을 때, 전방에서 9량의 화차가 달려왔다. 놀란 기관사는 열차에 제동을 걸었지만, 결국은 화차와 격돌했다.

게다가 화차에는 파라핀(paraffin) 기름이 적재되어 있었다. 기관차와 앞 부분 4량의 객차는 순식간에 화염에 휩싸이고, 32명의 승객 전원이 사망했다.

이날 아이리시 메일에 앞서 불과 15분전에 화물열차가 지연되어 다음 역에 도착해 있었다. 그러나 이 역의 측선에는 이미 다른 화차가 유치되어 있었으므로, 이 화물열차를 그대로 측선에 그냥 두고서는, 급행열차가 통과하는 본선을 개통시킬 수가 없었다.

그래서 역장은 화물열차 화차의 일부를 본선에 남긴 채, 화물열차의 입환 작업을 시작했다. 기관차가 화물열차 앞 부분의 화차를 측선에 넣고, 다른 측선에서 목재를 실은 3량의 화차를 연결하여, 본선에 남아 있던 화차를 향해서 돌방시켰다.

'돌방'이란 기관차가 화차를 추진하면서 속도를 올리고, 급제동을 걸어서 기관차와 화차 사이의 연결기를 분리하는 일이다. 그렇게 하면 화차만 그대로 진행하게 된다. 입환 작업의 능률을 올리기 위한 방법인 셈이다. 이때의 속도가 다소 지나치게 높았기 때문에 화차는 정지하지 않았다. 3량의 목재를 실은 화차는 본선에 남아 있던 화차와 격돌하여, 브레이크의 핀을 부수고, 그대로 다가오는 급행열차를 향해서 달리기 시작한 것이었다.

충분한 시간이 없었는데도 일을 서둘러서 무리한 입환 작업을 한 것이 사고의 원인이었다.

다음의 대형사고는 1872년 8월 1일, 잉글랜드와 스코틀랜드의 경계에 가까운 세톨과 칼라일의 사이에서 일어났다.

곧 오리사냥의 시기가 다가오고 있었고, 이날의 런던출발 스코틀랜드 행 급행열차에는 많은 승객이 타고 있었다. 25량 편성의 열차가 위건 역을 통과하기 시작했을 때, 돌연 16량째의 객차가 분기기 위에서 탈선했고 계속해서 9량의 객차도 차례로 탈선했다.

탈선한 최초의 2량은 기적적으로 다시 레일 위로 돌아와 계속해서 달렸지만, 남은 8량의 객차는 플랫홈이나 역 구내의 건물과 격돌하여 산산조각이 났다. 당시의 객차는 모두 목조차량이었기 때문에 피해는 더 컸다. 13명의 승객이 사망하고, 30명이 상처를 입었다.

사고가 난 뒤, 분기기와 선로를 점검했지만, 특별한 이상은 없었다. 사고심판소가 내린 결론은 선로의 상태에 비해서 열차의 속도가 지나치게 높았던 것이 아닌가 하는 것이었다. 그 사고와 동시에 열

차의 통과중에 분기기가 전환하지 않도록 분기기를 고정하는 쇄정장
치를 설치해야 한다는 의견도 나왔다. 이 사고가 났을 때에 분기기
가 움직였다고 하는 증거는 찾을 수 없었지만 말이다.

또 하나의 대형사고는 1874년 9월 10일에 일어났던 것으로 단선
구간에서 정면 충돌한 사고이다.

이 시대에는 아직 단선구간의 안전을 위해 필요한 안전설비는 개
발되지 않고 있었다. 반대 방향의 열차와 교행하는 역은 미리 열차
시각표로 정해져 있었고, 열차가 늦어져서 교행역을 변경할 경우에
는 전보에 의한 연락을 취하고 있었다. 한 철도회사에서 하루에 800
통의 전보를 보내는 일도 자주 있었다고 한다.

이 사고는 잉글랜드 동부 노리치 근처에서 일어났다. 이날 런던
출발의 급행열차가 지연되고 있었기 때문에, 막 교대한 야간 근무의
열차사령원은 이 급행열차의 도착을 기다리지 않고 반대 방향으로
운행하는 우편열차를 먼저 출발시키는 것으로 정하고, 전보를 보냈
다.

그런데 공교롭게도 이때 마침 다음 역에는 런던 출발의 급행열차
가 도착해 있었다. 일이 막 끝난 전임의 사령원은 야간 근무를 위해
도착한 사령원에게 '변경사항 있는가'라고 물었지만 아니라는 대답
을 들었기 때문에 급행열차를 출발시켰다. 그리고 중간의 교량 위에
서 2개의 열차는 정면으로 충돌하게 되었고, 승무원 4명을 포함하여
25명이 사망했다.

3 철도의 안전대책

1) 고속운전과 안전성에 대한 도전

대부분의 경우 이러한 대형사고가 일어난 배경에는 철도종업원에 의한 실수가 있었던 것이 사실이지만, 막 탄생한 철도의 안전설비는 믿을 수 없을 만큼 불완전했다. 특히 안전을 위해 가장 중요한 브레이크 장치가 지극히 불완전했다. 철도기술자들의 최대의 관심사는 어떻게 하면 기관차를 빨리 달리게 할 수 있을 것인가에 있었고, 브레이크 부분은 아니었다.

1829년에 열린 유명한 레인힐의 기관차 주행경기대회에서도, 기관차의 속도나 견인하는 하중에 대해서는 명확한 조건이 정해져 있었지만, 브레이크에 대해서는 아무런 조건도 없었다. 정지시키는 것보다 잘 달리는 것이 관건이었던 것이다. 허킨슨 경의 사고가 일어난 것이 어쩌면 당연한 일이었는지도 모른다.

이미 말한 바와 같이 최초의 기관차에는 탄수차에만 브레이크가 장착되어 있었다. 제륜자(지금의 브레이크 슈: 제동장치의 일부로, 차륜에 밀착시켜 마찰력에 의해 차륜의 운동을 정지 또는 감속시키는 부분)는 두터운 나무블록이었다. 1870년대까지 기관차의 동륜에는 브레이크가 없었다. 기관차의 차륜에 제동을 걸면 열 때문에 차륜과 축상자가 파손할 우려가 있었기 때문이다.

객차에도 대부분 브레이크는 없었다. 겨우 '브레이크 변'이라고 불리는 일부의 차량에 손 브레이크가 장착되어 있어, 이 차량에 타고 있는 브레이크 담당자가 기관차 기적을 신호로 브레이크를 걸어 열차를 멈추고 있었다.

일본 국유철도시대의 최후까지 화물열차의 최후부에 연결되어 브레이크 변을 장착하고 있던 완급차에 대한 그리움이 남아 있다.

객차에도 차장실이 붙어 있는 차량을 '완급차'라고 부르고, 열차의 최후부에 이 완급차를 연결하는 것이 원칙으로 되어 있었다. 만일 연결기가 분리되어 최후부의 객차가 분리되어도, 손 브레이크로 멈출 수 있도록 하기 위해서이다. 이것도 사고의 쓴 경험에서 만들어진 것이었다. 객차의 완급차는 약호로 '브'이고, '나하브 20' 형이라고 부르지만, 이 '브'는 브레이크의 '브'에서 나온 것이다.

탄생한 지 얼마 되지 않은 철도는 아직 속도가 느리고 견인하는 객차나 화차의 량수도 적었으므로 이런 설비로도 큰 문제는 없었지만, 1840년대의 중반에 이미 고속열차의 속도는 시속 100km에 도달하고 있었다. 같은 해에 등장한 그레이트 웨스턴 철도 급행열차는 런던과 엑서터 간 310km를 5시간만에 달렸다. 표정시속 약 60km이고, 현재 일본의 지선을 달리는 특급열차의 속도와 거의 비슷하다.

1870년대에 들어서면서 이미 소개한 것 같은 대형사고가 잇달아 일어났다. 열차의 속도와 견인력의 증가에 비해 안전을 위한 설비가 결정적으로 늦어지고 있었기 때문인 것이다.

상업회의소의 철도감독원들은 철도회사에 대하여 안전대책의 강화를 강력히 요구했다. 그러나 철도회사의 간부들 대부분이 그러한 요구에는 귀를 기울이지 않았다. 철도회사로서는 그럴 수 있는 입장이 아니었다. 19세기 중반경은 철도건설에 대한 붐이 일어난 시기로, 1852년부터 1861년까지 10년 동안 철도선로는 43%나 증가하였고, 열차주행거리는 71%나 늘어났다. 이 기세는 1880년대 말까지 계속되었으며, 철도회사는 좀처럼 안전설비에 투자할 자금의 여력이 없었다.

철도감독원이 요구한 안전대책의 기본은 세 가지였다. 즉 폐색 시스템의 사용, 연동장치의 도입, 그리고 브레이크 장치의 개량이다.

열차의 속도는 이미 현재의 수준에 근접하고 있었다. 런던에서 북쪽으로 출발하는 선로를 가지고 있는 그레이트 노던 철도는 영국에서 가장 빠른 고속열차의 운행을 자랑하고 있었다. 이 철도의 급행열차는 런던에서 그란담까지 169km를 2시간 4분만에 달렸다. 표정속도 84km이다.

당시 영국의 철도에서 최고로 내세울 수 있는 것은 당연히 세계에서 제일 빠르다는 것이었다. 그러나 세계 제일의 고속열차가 만족스런 브레이크를 갖추지 않았다는 것은 놀라운 이야기다. 그레이트 노던 철도가 고속열차 기관차의 동륜에 최초로 손 브레이크를 장착하게 된 것은 1876년부터이다.

그 전년도에는 유명한 브레이크 경기대회가 열렸다. 계속되는 대형사고에 속을 태우던 철도사고조사위원회는 중앙선 철도의 뉴어크에서 여러 가지 브레이크 장치의 비교 시험을 실시했다. 손 브레이크, 쇠사슬 브레이크, 진공 브레이크, 그리고 새롭게 막 개발된 공기 브레이크에 대한 시험을 실시했다. 쇠사슬 브레이크란 손 브레이크

의 개량형으로, 수량의 객차 내 손 브레이크를 쇠사슬로 연결시켜
둔 것이다. 이렇게 해서 브레이크 변에 승차해 있는 브레이크 담당
자가 손 브레이크를 조이면, 그 차량뿐만 아니라 전 차량에 제동을
걸 수 있는 것이다. 영국 서해안의 본선을 소유하고 있는 런던 노스
웨스턴 철도(LNWR)가 이 브레이크를 사용하고 있었다.

　진공 브레이크란 열차 전체에 브레이크 관을 연결해 놓고, 제동을
걸 때에는 증기 기관차에 설비한 진공제어기로 이 브레이크 관속의
공기를 빼내고 대기압의 힘을 이용해서 각 객차에 제동을 걸 수 있
도록 한 장치이다. 손 브레이크에 비하면 훨씬 진보된 것이라고 할
수 있지만, 이론적으로 1기압 이상의 힘은 걸 수 없으므로 브레이크
힘이 약할 뿐만 아니라, 만일 브레이크 관이나 차량간의 연결 호스
가 고장나면 ·브레이크는 작동하지 않게 되는 것이 결점이다. 사실
그러한 사고가 몇 차례 일어났다.

2) 획기적인 브레이크 장치의 발명

　1866년 미국인 조지 웨스팅하우스가 획기적인 브레이크 장치를
발명했다. '직통공기 브레이크 장치'이다.
　이 장치는 진공 브레이크와는 반대로, 증기 기관차의 압축기로 압
축공기를 만들고, 이것을 브레이크 관을 통해 각 차량의 브레이크
실린더로 보내는 것이다. 진공 브레이크와는 반대로 압축공기를 내
보내므로, 압축공기의 압력을 크게 하면 강한 브레이크 힘을 얻을
수 있다.
　웨스팅하우스는 이 새로운 브레이크 장치를 소개하기 위해서,
1871년에 영국으로 갔다. 그리고 영국의 각 철도회사에게 미국의 철
도회사는 적극적으로 이 새로운 브레이크 장치를 사용하고 있다는

것을 역설했지만, 영국 철도회사의 반응은 지극히 냉랭했다. '미국인이 발명한 것을 쓸 수 없다'라는 반응이었다.

당혹한 웨스팅하우스는 자신이 발명한 새로운 브레이크 장치가 영국에서 사용하고 있는 브레이크 장치보다 뛰어나다는 것을 소개하기 위해서 기술잡지 『엔지니어링』의 출판사를 방문했다. 『엔지니어링』의 편집장은 웨스팅하우스의 설명을 잘 이해해 주었지만, 편집장 도렛지의 생각은 더욱 진보해 있었다. 그는 다음과 같이 대답했다. "당신의 브레이크 장치는 확실히 훌륭합니다. 그러나 큰 결점이 있습니다. 압축공기를 직접 보내는 방법이라면, 만일 차량 일부의 실린더에서 공기가 새고 있을 경우, 다른 차량에는 브레이크 힘이 듣지 않게 되겠지요. 또한 만일 연결기가 분리되고, 차량의 일부가 열차로부터 분리되었을 경우에는 어떻게 됩니까? 전혀 브레이크가 듣지 않게 되지요."

이 시대의 연결기 구조는 현재의 자동연결기와 같이 튼튼한 것이 아니었고, 그저 철봉이나 쇠사슬을 사용한 연결이 전부였다. 열차의 운전중에 연결기가 분리되는 일은 사실 비일비재했던 것이다.

1873년에 미국인 쟌니가 처음으로 본격적인 자동연결기를 발명했다. 일본의 철도도 처음에는 쇠사슬을 이용한 연결기를 사용하고 있었지만, 1925년 어느 날 하룻밤 사이에 모든 연결기를 자동연결기로 교환했다는 것은 세계에서도 유래가 없는 대단한 일이었다. 유럽의 철도도 몇 번인가 자동연결기에 대한 교환을 시험해 보았지만 관계국 전원의 찬성을 얻지 못했고, 현재도 TGV(테제베), ICE(독일의 고속철도) 등의 신형열차는 새로운 연결기를 사용하고 있지만, 대부분의 차량에는 구식의 쇠사슬식 연결기를 사용하고 있다.

미국으로 돌아간 웨스팅하우스는 곧 도렛지의 비판에 대응할 수 있는 새로운 공기 브레이크의 개발에 착수했다. 그 결과 개발된 것이 그 유명한 '자동 공기 브레이크'이다. '자동'이라고 하는 것은 기관차의 브레이크 변을 조작함으로써 전 차량에 자동적으로 제동이 걸리게 할 뿐만 아니라, 만일 연결기가 분리된 경우에도 전 차량에 자동적으로 제동이 걸릴 수 있게 한 것이다.

웨스팅하우스의 이 새로운 자동 브레이크는 종래의 직통 공기 브레이크와는 다른 구조로 되어 있다. 직통 브레이크의 경우에는 제동을 걸 때 압축공기를 브레이크 관에 보내는 것인데, 새로운 자동 공기 브레이크는 항상 브레이크 관속에 보내져 있는 압축공기를 빼내는 것에 의해 제동을 걸 수 있는 것이다. 이렇게 해두면, 만일 연결기가 빠졌을 경우에도 자동적으로 제동이 걸린다. 압축공기를 빼버리고 어떻게 하여 제동을 걸 수 있을까? 거기에 웨스팅하우스 연구의 중요성이 있다.

먼저 각 차량에 압축공기 탱크와 3동변을 설비한다. 열차가 출발할 때에는 충분히 각 차량의 공기 탱크에 압축공기를 보내 둔다. 그러면 3동변의 기구에 의해 제동은 풀리게 된다. 열차가 출발해서 제동을 걸 때는 기관차의 브레이크 변을 조작하고, 전 차량에 직결되어 있는 브레이크 관속의 압력공기를 빼낸다. 그렇게 하면 3동변이 동작하여, 각 차량의 압축공기 탱크 속의 압축공기를 브레이크 실린더에 보내고 제동을 걸 수 있게 된다. 3동변의 효과로 압축공기 탱크 속의 압축공기는 외부로 빠지는 것이 아니고, 브레이크 실린더로 보낼 수 있는 것이다.

웨스팅하우스는 이 새로운 브레이크장치를 1874년에 완성하였다. 뉴어크의 브레이크 경기대회가 열린 것은 그 다음 해이다.

이 브레이크 장치의 시험 결과, 웨스팅하우스의 자동공기 브레이크가 뛰어나다는 것은 알릴 수 있었지만, 결정적인 것이 아니었던 것 같다. 영국 철도회사의 대부분은 이 새로운 미국제의 브레이크를 사용하려고 하지 않았다. 런던 노스웨스턴 철도는 쇠사슬 브레이크를 고집했고, 그레이트 노던 철도나 맨체스터 세필드 앤드 랭커셔 철도, 그레이트 웨스턴 철도 등의 큰 회사는 진공 브레이크를 선택했다.

웨스팅하우스의 자동 공기 브레이크를 사용한 것은 노스이스턴 철도나 런던 브라이튼 앤드 남부 해안철도, 노스 브리티시 철도 등 지극히 일부의 철도회사에 한정되었다. 미국제의 기술을 싫어한 것만이 아니다. 다른 철도회사가 사용한 기술은 사용하고 싶지 않았던 것이다. 특히 큰 철도회사일수록 독자적인 기술을 선호하였다. 이것은 철도의 역사에서 항상 있어 왔던 현상이다.

3) 진공 브레이크의 결함사고 발생

그러나 1880년대에 들어서자 진공 브레이크의 결점을 증명이라도 하듯이 사고가 잇따랐다. 결정타는 1889년 6월 아일랜드의 그레이트 노던 철도에서 일어났다. 차량이 일주한 사고였다.

15량의 객차에 600여명의 승객을 태운 여객열차가 13‰(13/1,000) 상구배에 당도했을 때, 차차 속도가 떨어지다가 조금만 더 올라가면 정상인 곳에서 마침내 멈추어버렸다.

급경사 위에서 도중에 정지하게 되면 재기동하는 것은 매우 어렵다. 그래서 기관사는 열차를 두 개의 부분으로 나누어, 우선 앞 부분의 5량만을 견인해서 고개에 오르게 해서 다음 역의 측선에 넣은 후, 다시 기관차가 되돌아와서 나머지의 10량을 견인하는 방법을 사용하기고 했다.

그래서 우선 객차의 손 브레이크가 충분히 제동되어 있는 것을 확인하고, 만약을 위해, 차륜 밑에 굴림 방지를 위한 자갈을 끼웠다.

연결기를 분리하고, 기관사가 출발하려고 진공 브레이크를 늦췄을 때, 상구배에 멈추어 있던 기관차가 조금 후진했다. 그 충격 때문에 분리한 객차 차륜은 끼워 놓은 자갈을 넘어 하구배를 향해 천천히 움직이기 시작했다.

당황하던 브레이크 담당 직원은 손 브레이크를 더욱 더 강하게 조이고 있었지만, 일단 고개를 내려가기 시작한 객차를 멈출 수는 없었다. 속도는 조금씩 빨라지기 시작했다. 그때, 뒤따라오던 열차가 구배를 올라 왔다. 전방에서 객차가 달려오는 것을 발견한 후속 열차의 기관사는 당황하여 급하게 진공 제동을 걸었지만, 일주해온 10량의 객차와 충돌한 것이다. 78명의 승객이 사망하고, 250명이 상처를 입었다.

이 대형사고가 난 직후 의회는 「1889년 철도규제법」을 제정하고, 전 여객열차에 자동 관통 브레이크를 설치하도록 했다. 그러나 진공 브레이크는 오랫동안 영국에 남아 있었다. 1923년에 난립해 있던 영국의 철도회사는 4대 철도회사로 통합되었지만, 그때 정한 표준 브레이크 시스템은 진공 브레이크였다. 당시 아직 영국의 객차와 화차의 대부분은 진공 브레이크 전용이었기 때문이다.

지금까지 철도의 선진국 영국을 중심으로 19세기의 대형 철도사고를 소개해 보았는데, 프랑스, 독일, 미국 등에서도 사정은 같았다.

프랑스에서는 베르사유에서 대형사고가 난 뒤, 몇 십 명씩의 사망자가 발생하는 대형사고는 적었지만, 1870년대에 들어서면서 사고는 격증하고, 거의 매일같이 열차의 충돌이나 탈선 등의 사고가 일어났다. 특히 1871년 12월 9일 밤에는 프랑스의 5대 철도회사 중의 하나인 PLM 철도(파리 리옹 지중해 철도)에서만 실제로 6건의 탈선, 충돌사고가 일어났다.

한편, 독일에서는 1882년 9월 3일에 프라이부르크 근처에서 70명

독일 최초의 증기 기관차 아도라의 레플리카

이상의 승객이 사망하는 대형사고가 일어났다. 1,200명의 관광객을
태운 26량 편성의 임시열차가 내리막길에서 탈선하면서 객차는 산
산이 부서졌다.

이 임시열차 기관차는 화물용의 증기 기관차였으므로 시속 40km
이상은 나오지 않았지만, 내리막길에서 실제로는 시속 70km 이상의
속도가 나오고 있었던 것이다. 객차는 모두 안전성이 나쁜 2축차였
고, 물론 목조차였다. 게다가 일부의 브레이크는 잘 작동되지 않았
다. 열차의 브레이크 담당자도 승객과 함께 맥주를 마시고 있었다는
이야기도 있다. 여러 가지 원인은 있지만 브레이크 장치가 불완전한
것이 최대의 문제였다. 이 사고 후에도 사고는 계속 일어나고, 독일
의 철도에서도 본격적으로 웨스팅하우스의 자동 공기 브레이크를 사
용하게 된다.

일본의 철도도 한때 진공 브레이크를 사용하고 있었지만, 1921년
에 먼저 북해도에서 직통공기 브레이크의 사용을 시작하고, 1931년
에는 전 객차에 대한 공기 브레이크 장치의 부착이 끝났다.

4) 미국에서도 계속 이어진 대형사고

미국 최초의 철도는 1830년 동해안의 볼티모어와 엘리엇힐 사이의 21km 구간에서 개통된 것이었다. 철도가 개통한 지 얼마 안 된 1836년 3월 2일 뉴저지에서 캠던 앤드 앤보이 철도의 열차 정면 충돌사고가 일어났지만, 희생자는 없었다. 그후 약 20년 동안, 미국 철도에서는 다수의 승객이 사망하는 대형사고는 일어나지 않았다.

이 시대에는 아직 저속의 열차를 운행하였고, 열차의 횟수도 대단히 적었다. 미국의 철도 선로의 구조는 대단히 열악했기 때문에, 열차의 속도는 기껏해야 시속 20km에 머물렀다. 야간열차도 거의 없었다. 해가 지고나서 여객열차가 달릴 때에는, 그 전에 기관차만을 운행하여 안전을 확인하고 있었다. 레일이 절손되거나, 분기기가 잘못된 방향으로 개통되어 있는 일이 자주 있었고, 강물이 불어나서 나무로 만든 교량이 유실되는 일도 있었다. 일본의 신간선에서는 매일 첫 열차가 운행하기 전에 안전확인차를 운행하고 있지만, 같은 방법을 19세기 초 미국에서는 이미 시행했던 것이다.

그러나 1850년대에 들어서면서 사정은 완전히 변한다. 대형사고가 차례로 일어나기 시작한 것이다. 1853년 3월 4일, 펜실베이니아 철도의 앨러게니에서 열차의 추돌사고가 일어나면서 7명의 희생자가 발생했다. 그때까지의 미국 철도사상 최악의 사고이었다.

이 사고는 고장 때문에 정차하고 있던 이민열차에 우편열차가 추돌하면서, 기관차 보일러가 파손되고 고온의 증기가 이민열차에 뿜어지기 시작하면서 일어난 것이었다. 이민열차가 고장나서 멈추었을 때, 브레이크 담당직원은 열차의 후방으로 달려가 후속 열차를 멈추기 위한 신호를 보냈어야 했지만 졸고 있었다. 철도사고에는 인간의 실수가 따르는 법이지만, 이때도 예외가 아니었다.

계속해서 4월 25일, 시카고 근처에서 여객열차끼리 충돌하는 사고가 일어나 21명이 사망했다. 본선이 평면으로 교차하는 지점에서 쌍방의 열차가 자신이 먼저 통과하려고 경쟁한 결과 일어난 사고였다.

또 5월 6일, 이번에는 코네티컷 주의 노퍽에서 여객열차가 강으로 전락하면서 46명이 사망하는 사고가 생겼다. 노퍽 강의 교량은 배를 통과시키기 위해서 배가 통과하는 부분을 들어올리도록 되어 있었는데, 열차가 멈추지 않고 달려 온 것이 원인이었다. 이것도 기관사가 정지신호를 보지 못했기 때문에 일어난 사고였다.

이 무렵, 미국에서는 이민을 나르는 열차의 사고가 눈에 띄게 늘었다. 이민열차는 통상의 열차시각표에는 없는 임시열차이었기 때문에, 충돌사고 등의 위험이 컸다. 또한 대부분의 경우, 가장 낡은 차량에 많은 사람들을 태웠기 때문에, 사고가 일어났을 때의 피해도 컸다. 당시의 미국 철도에는 아직 신호장치가 없었고, 열차시각표가 안전의 유일한 수단이었다. 단선구간에서 반대 방향의 열차와 교행하는 장소는 열차시각표로 정해져 있었지만, 당시의 철도는 기관차의 고장이나 레일의 파손으로 열차가 지연되는 사례가 다반사였다. 열차가 서로 정면 충돌하는 사고가 자주 일어났던 것도 어찌 보면 당연한 것이었다.

1853년 이후에도 대형사고는 계속되고, 1년간 234명이 철도사고로 사망했다. 열차의 횟수와 속도의 증가와 함께 사고도 급증하여, 1880년의 『교통백서』에 의하면, 이 해에는 8,216건의 철도사고가 일어났고, 1890년에 미국에서는 실제로 6,335명이 철도사고로 사망했다.

✔ 사고의 교훈

1) 안전 시스템의 재검토

대형사고의 경험과 교훈이 교통기업의 안전 시스템에 대한 문제의식을 높이고, 안전 시스템의 진보를 촉진시킨다는 것은 너무나 당연한 사실이다. 지금까지 영국을 중심으로 철도의 대형사고를 몇 가지 소개해 보았지만, 19세기의 철도는 현재로서는 도저히 믿을 수 없을 정도로 안전 시스템이 형편없었다. 앞에서 소개한 것같이 열차를 정지시키기 위한 브레이크조차 지극히 불완전했고, 신호 폐색장치 등 철도의 안전에서 가장 기본적인 안전 시스템도 거의 보급되어 있지 않았다. 열차의 속도가 느리고, 열차의 운행 횟수도 적었던 때에는 그래도 어떻게든 운행할 수 있었다. 그러나 열차의 속도가 빨라지고, 열차 횟수도 증가되면 위험이 커지기 때문에 그러한 시스템으로는 열차를 운행할 수 없게 되는 것이다. 이러한 모순이 일거에 분출되기 시작한 것이 1860~70년대에 차례로 일어난 대형사고였다. 안전 시스템이 수송능력의 진보에 채 따라가지 못했던 것이다.

철도회사도 새로운 노선의 건설이나 열차의 속도 상승에는 열심이었지만, 안전 시스템의 정비에는 소극적이었다. 이 시대의 철도경영자들은 문자 그대로 이익추구주의이었다. 19세기의 시대 배경이 그랬고, 인간의 생명에 대한 가치관도 현재와는 전혀 달랐던 것임에 틀림없다. 자연 재해는 많고, 탄광이나 해운업 등 다른 산업에서도 위험의 정도는 현재와는 비교할 수 없을 정도로 높았다. 안전에 대한 사회의 가치관이 달랐던 것이다.

그렇지만 철도사고가 너무 빈번해지자 그 비참함에 대한 사회적 비판이 높아졌다. 1865년에 미국의 주간지 『하바스 위클리』에는 다음과 같은 기사가 실려 있었다.

현재 죽음의 신은 그 표적을 여행자에게 두고 있다. 연일 사망사고의 보도가 계속되고 있다. 어제는 충돌, 다음 날은 기관차의 폭발, 그리고 열차 전체가 제방에서 굴러 떨어지는 사고, 강으로 추락하는 사고가 계속된다. 안전에 대한 불신은 높아지고, 무사히 목적지에 도착한 승객은 안도의 한숨을 쉰다. 올해 철도사고로 숨진 생명은 어떤 격렬한 전쟁터에서 사망한 사망자보다도 많았다.

열차를 안전하게 운행하게 하기 위해서는 적어도 다음 세 가지의 시스템이 불가결하다. 브레이크 시스템, 신호 폐색 시스템, 역 구내 연동 시스템이다. 브레이크 시스템에 대해서는 이미 언급했지만, 철도 개통이래 거의 60여년 동안 열차에는 대부분 만족스런 브레이크가 없었던 사실에는 한탄 할 수밖에 없다. 충분한 브레이크 장치의 기술이 없었기 때문에 어쩔 수 없었다고도 할 수 있다. 한편, 브레이크 장치와 같은 안전 시스템의 기술을 개발하지 않는 동안에 열차의 속도는 빨라지고, 연결 량수도 조금씩 증가해갔다. 1840년대에 들어서면서 이미 시속 100km의 속도는 드문 일이 아닌 것이 되었다.

신호 폐색 시스템도 열차를 안전하게 운행하기 위해서는 불가결한 시스템이지만, 철도가 탄생했을 때에는 신호의 기술이 아직 개발되지 않은 상태였다. 자동차는 브레이크의 힘이 강하므로, 운전자가 전방을 달리는 차를 눈으로 보면서 달려도, 충분히 안전하게 달릴 수 있지만, 열차의 브레이크의 힘은 너무 약해서 높은 속도로 달리던 중, 전방에 정차하고 있는 열차를 발견하고 제동을 걸었을 때는 이미 늦은 상태가 되어 바로 앞차와 추돌해버릴 위험이 높다. 특히 초기의 열차에는 만족스런 브레이크가 없었으므로 이러한 위험은 더욱 컸다.

이 때문에 영국 최초의 철도이기도 한 스톡턴 달링턴 철도의 개통일에는 열차가 그다지 속력을 내지 못하도록 하기 위해 말을 탄 사람이 선도했다고 한다. 그것도 빠른 속도가 아닌 보통 속도였고, 일본에서도 교토에 처음으로 시내전차가 개통되었을 때에는 같은 모습이 연출되었을 것이다.

철도 선로가 건설되고, 열차가 본격적으로 운행되기 시작하자 영국에서 안전을 위해 신호기 대신 사용한 것이 사람이었다. 철도의 연선에 일정한 간격을 두고 '폴리스맨'이라고 불리는 사람이 서서 통과하는 열차에 손으로 '진행' '정지'의 신호를 보냈다.

이 시대 철도회사의 현장 간부로는 군 출신자가 많았고, 군대식으로 철도의 폴리스맨을 훈련시켰다. 당시 규율이 있는 훈련을 받은 사람은 군인밖에 없었다. 공장의 대부분은 아직 가내공업을 하고 있던 터라, 철도기업의 군대적 기질은 이렇게 해서 생긴 것이다. 철도의 폴리스맨은 거의 군대의 보초와 같았다.

폴리스맨의 판단기준은 시간뿐이었다. 그레이트 웨스턴 철도를 예

초기의 신호기(오른쪽)와 완목 신호기(왼쪽)(스윈돈 박물관 소장)

로 들면, 앞으로 달리는 열차가 통과한 후 10분간은 '정지' 신호를
현시한다. 또 다음 7분간은 '주의' 신호를 내고, 17분 이상 경과하면
'개통' 신호를 보낸다.

폴리스맨의 일은 이뿐만이 아니다. 역 구내의 분기기의 전환, 열
차의 출발이나 도착의 신호, 승객에 대한 안내, 선로의 점검 등도 모
두 폴리스맨의 임무였다. 그후 머지않아 신호기가 탄생했고, 폴리스
맨을 대신해서 열차에 신호를 보내게 되었다. 처음에는 구형의 볼이
나 원판 등을 사용해서 신호를 보내고 있었지만, 드디어 '세마호
레'(semaphore)라고 불리던 완목식 신호기가 등장하고, 표준형이 되었
다. 현재 일본의 일부 지선에 남아 있는 완목식 신호기와 거의 같은
것이다.

그러나 완목식 신호기가 등장했다고 해도, 열차의 안전 시스템의
기본은 일정한 시간 간격을 두고 운행하는 '시간 간격법'인 것에는
변함이 없었다.

시간 간격법은 사고의 위험이 크다. 산기슭의 곡선 구간 등에서 기관차의 고장 때문에 열차가 정차하고 있으면, 후속하는 열차가 추돌해버릴 수 있다. 게다가 초기의 기관차는 대단히 고장이 많았다. 노스 킨더랜드 철도의 1843년 1월의 기록을 보면, 거의 매일 기관차의 고장이 일어났고, 열차의 운행이 혼란스러웠던 것으로 기록되어 있다. 철도회사의 기관차 정비창에서는 연일 철야로 기관차의 수리를 하고 있었다. 노동기준법 등이 없었던 시대의 이야기이다. 신호를 조작하는 계원도 24시간 연속 근무하는 경우가 가끔 있었다.

2) 열차방호의 안전장치, 뇌관·전신기의 등장

이러한 시대에 열차의 추돌사고를 막기 위해서 생각해낸 것이 '열차방호'라는 방법이다. 기관차가 고장 등의 이유로 도중에 멈추었을 때 폴리스맨이 열차의 최후부에서 1마일 후방으로 달려가 후속 열차에 손으로 정지신호를 보낸다. 혹은 램프를 사용한다. 마침내 이 임무는 지상에 있던 폴리스맨으로부터 열차를 타고 있는 브레이크 담당직원이나 차장에게로 넘겨지게 되었다.

1841년에는 '뇌관'도 등장한다. 이것은 카우파라고 하는 사람이 발명한 열차방호를 위한 안전장치로서, 도중에 정차한 열차 후방의 레일 위에 일종의 소형폭탄(뇌관)을 장치하는 것이다. 후속 열차 기관차가 이 뇌관 위를 지나가면, 큰 폭발음을 들을 수 있고 위험을 전달해준다. 상당히 원시적인 방법이지만, 야간이나 안개 등으로 전망이 나쁜 경우에 사고를 막는 데 큰 효과가 있었다. 일본에서도 국철의 민영화 전까지 이 뇌관을 사용하고 있었다.

1837년에 C. 휘트스톤과 W. F. 쿡이 전신기를 발명하자, 이를 가장 먼저 이용한 곳이 철도였다. 전신기를 사용해서 선행한 열차가 다음 역에 도착한 것을 앞의 역에 연락하고, 속행 열차를 안전하게 출발시킬 수 있었다. '시간 간격법'을 대신한 '거리 간격법'의 등장이었으며, 현재 철도 안전 시스템의 기본이기도 한 '폐색 시스템'(블록 시스템)의 탄생이었다.

'폐색'이란 어떤 구간에 1개의 열차가 진입할 때 그 구간 입구에 있는 신호기에 정지신호를 현시하여 이 구간의 입구를 폐쇄해버리는 것을 말한다. 신간선의 안전 시스템의 기본인 ATC도 이 폐색을 자동 제어하고 있다.

전신기를 이용한 폐색 시스템은 우선 노스 미들랜드 철도의 클레이 크로스 터널과 브라이튼 철도의 클레이튼 터널에 사용되었다. 긴 터널안은 어둡고 전망이 좋지 않으므로 터널사고가 일어나기 쉽기 때문이었다. 그러나 이미 소개한 것같이 클레이튼 터널에서는 대형 사고가 일어났다.

이 새로운 전신기술을 이용해서 본격적인 안전 시스템을 발명한 것은 에드워드 테일러이다. 이 사람은 철도 안전 시스템의 진보를 위해 큰 공헌을 하였다. 테일러가 발명한 복선구간용의 새로운 안전장치는 간단하고 쓰기 쉬운, 열차 추돌사고를 방지하기 위한 획기적인 장치였다. 각 역에 폐색기라는 안전장치를 설비하고, 인접 역의 폐색기는 전신회선으로 연결되어 있다. 열차를 출발시킬 때에는 다음 역에 전신회선을 사용해서 선행하는 열차가 이미 도착하였는지, 아닌지를 확인한다. 이미 도착한 경우에는 전신회선을 사용하여 '선로 개통'의 신호가 열차의 발차를 기다리고 있는 역으로 보내지고, 폐색의 개통표시용 바늘이 수직의 위치에서 비스듬한 위치로 변한다. 이것에 의해 열차를 안전하게 운행하는 것이 가능해졌고, '시간 간격법'을 대신해서 본격적인 '거리 간격법'이 확립됨으로써, 열차의 안전성은 비약적으로 진보했다.

그러나 이 장치도 조작원의 착각에 의한 사고를 일으킬 가능성이 있다. 레일에 전류를 흘려 두고, 열차가 진입하면 자동적으로 앞의 신호를 정지신호로 변하게 하는 자동신호가 등장한 것은 1872년이 되고 나서부터이다.

3) 통표 폐색장치와 연동장치의 발명

테일러는 단선구간에도 대단히 중요한 발명을 했다. '통표 폐색장치'가 그것인데, 최근까지 일본에서도 많은 단선구간에서 사용하던 장치이다.

단선구간에는 확실한 안전 시스템이 없으면 열차끼리 정면 충돌할 위험이 있다. 이 때문에 유럽에서 초기에 건설된 철도의 대부분은 복선이었다. 그러나 철도의 건설이 진행됨에 따라 수송량이 적은 지역에도 노선이 부설되자, 비교적 거리가 긴 단선구간도 건설되고, 단선구간용의 안전 시스템이 반드시 필요하게 되었다. 구간마다 '통표'라고 부르는 운행허가증을 이용하는 철도도 있었지만, 가장 간단한 방법으로 전보에 의한 '교행 변경 명령'만으로 운행하는 철도도 많았다. 통표를 이용하는 것보다도 열차의 교행 변경이 쉬우며 열차의 지연을 적게 할 수 있기 때문이다.

그러나 이 방법은 정보의 실수나 사람의 판단 실수가 있으면 정면 충돌사고를 일으킬 가능성이 있다.

1873년 영국 서부의 콘월 철도에서 웃지 못 할 기가 막히는 사고가 일어났다. 운행 도중의 교행하는 역에서 상하 방향의 2개의 화물열차가 발차를 기다리고 있었다. 하행 열차의 발차 허가를 받은 이 역의 신호원은 하행 열차의 차장이 잘 아는 친구였으므로, "딕, 발차해도 좋아"라고 외쳤다. 그런데 바로 앞의 상행 화물열차가 출발해버렸다. 놀란 신호원은 열차를 멈추려고 했지만, 이미 지나간 버스에 손 흔들기였다. 상행 화물열차의 차장이름도 하행 화물열차의 차장과 같은 덕이었던 것이다.

불행한 상행 화물열차는 도중의 곡선구간에서 반대 방향에서 달려오는 열차와 정면 충돌하여, 기관차는 대파되었다. 승무원 한 사람이 사망하고, 다른 3명도 중상을 입었다.

이 철도에서는 그때까지 역으로 진입해오는 열차에 신호를 보내는 '장내 신호기'는 설치되어 있었지만, 출발의 허가를 보내는 출발 신호기는 없었다. 구두로 신호를 하고 있었던 것이다. 이 사고를 교훈으로 이 철도는 모든 역에 출발 신호기를 설치하게 되었다.

이 사고의 조사를 담당하고 있던 테일러는 단선구간용의 안전 시스템 개발에 몰두하여, 1878년에 그 유명한 '테일러 식 통표 폐색장치'를 발명했다. 일본에서도 오랜 세월 사용하고 있던 통표 폐색장치와 거의 같은 것이다.

콘월 철도가 역에 장내 신호기만을 설치하였던 것은 그 나름의 이유가 있었다. 역 구내에는 몇 개의 선로가 있고, 다른 열차나 차량이 정지하고 있는 경우도 많다. 열차가 도착하는 선로의 방향으로 분기기가 정확히 개통해 있지 않으면 열차가 탈선하거나, 다른 차량과 충돌할 위험이 있다. 그 때문에 장내 신호기를 설치한 것이다. 열차의 진로가 정확하게 개통되어 있을 때에만 청신호가 나오고, 그 주행 구간에 다른 열차가 들어오는 것을 방지하는 안전 시스템이 '연동장치'이다.

연동장치는 1856년 영국인 존 사쿠스피가 발명했다. 연동장치가 없으면 열차가 통과중에 신호원이 실수로 분기기를 조작해서 열차가 탈선하거나, 2개의 본선이 교차하는 장소에서 양쪽의 선로에서 청신호가 현시되어 충돌사고가 일어날 위험이 있다. 실제로 이러한 사고가 여러 번 일어났기 때문에 연동장치가 발명되었다.

브레이크, 폐색장치, 연동장치가 열차를 안전하게 운행하기 위해서 없어서는 안 될 세 가지 중요한 장치였지만, 좀처럼 보급이 되지는 않았다. 1870년 영국에는 이미 2만 2,000km 이상의 노선이 있었고, 전선에 안전 시스템을 설치하기 위해서는 거액의 비용이 필요했기 때문이다. 적극적으로 새로운 안전 시스템을 사용한 철도도 있었지만, 좀처럼 그렇게 할 수 없는 경영이 어려운 철도도 많았다. 또 경영진이 빈번히 바뀌는 철도도 많이 있었고, 경영자들은 안전에는 그다지 관심이 없었다.

4) 세계 최초의 영국철도법 제정

영국 정부가 차례로 일어나는 대형사고에 대하여 아무런 대책을 강구하지 않았던 것은 아니다. 1840년과 1842년에 영국의회는 최초의 철도법을 제정하고, 상업거래위원회가 철도에 대해서도 감독을 하도록 정했다.

상업거래위원회는 해운과 외국무역을 단속하기 위해서 만들어진 조직으로, 이 철도법이 성립될 때까지는 국내교통에 대해서 일체 관여하지 않고 있었다. 1840년 철도법에 의해 설립된 상업거래위원회는 내부에 철도감독부를 설치하고, 새롭게 철도감독관을 임명하게 되었다. 철도회사가 새롭게 건설한 노선을 개통할 때에는 이 감독관의 허가를 얻는 것이 필요하게 되었고, 사고의 조사도 이 감독관의 임무였다. 이외에 1840년 철도법은 철도회사에 승객이 희생당한 사고의 보고와, 수송량, 수입, 경비, 운임 등 경영상 중요한 데이터를 상업거래위원회에 보고하도록 했다.

철도감독관들은 군대의 기술장교 중에서 뽑혔다. 다른 분야에서는 충분한 기술적 지식과 이론을 가지고 있는 인재가 없었기 때문이다. 당시의 상업거래위원회의 위원장은 이후에 수상이 된 윌리엄 E. 글래드스턴이다.

1841년 크리스마스 전날, 그레이트 웨스턴 철도의 레딩 근처에서 아주 비참한 사고가 일어났다.

이른 아침이어서 아직은 어두웠던 때에 기관차 뒤에 2량의 3등 객차를 연결한 긴 화물열차가 소닉의 절토구간에 도착하면서, 장마로 선로 옆의 사면에서 무너진 토사 위에 기관차가 올라탔다. 기관차의 다음에 연결되어 있던 2량의 목조 3등 객차는 후부에서 밀어닥치는 무거운 화차의 압력에 의해 찌그러지고, 8명의 승객이 사망하고 17명이 부상을 입었다. 승객의 대부분은 당시 공사중이었던 영국의회의 공사현장에서 크리스마스 휴가를 얻어 집으로 돌아가던 노동자들이었다.

이 사건은 커다란 사회문제가 되었다. 그 이유는 이 3등 객차는 지붕이 없었고, 측면도 불과 높이 50cm의 측판으로만 둘러싸여 있었기 때문이다. 지지용 스프링은 없었고, 좌석은 변변치 않은 긴 의자뿐이었다. 무개화차, 즉 지붕이 없는 화차와 같다고 해도 될 정도였다. 이러한 차량으로 겨울밤에 런던에서 브리스틀까지 9시간 반 동안의 지루한 여행을 하지 않으면 안 되었던 것이다.

이 사건이 일어난 후 글래드스턴은 1844년 다음과 같은 유명한 법률을 제정했다. "여객을 수송하는 철도회사는 적어도 하루에 1개 이상의 각 역에 정차하여, 정차시분을 포함, 표정속도 20km 이상의 속도로 열차를 운행할 것. 객차에는 좌석과 측벽을 마련해서 바깥의 찬기운을 막을 것. 운임은 1마일당 1펜스 이하일 것. 이 조건을 충족시키는 철도에는 5%의 교통세를 면제한다." 이것이 최초로 영국정부가 철도의 운영에 직접 개입한 법령이다.

이에 대하여 철도회사에서는 강한 불만의 소리가 터져나왔다. "3등 열차와 2등 열차의 차이가 줄어들고, 돈을 가지고 있는 사람도 3등 열차를 타게 될 것이며, 표정속도 20km는 너무 빠르다. 급행열차에 3등 열차를 연결하지 않으면 안된다" 등등.

그후 오랫동안 영국에서는 이 3등 전용열차를 '싸구려 열차'라든가 '의회명령 열차'라고 불렀다.

3등 열차의 비참한 상황은 영국뿐만 아니라 유럽의 많은 철도에서도 사정이 같았다.

1845년 겨울, 벨기에에서는 추운 날씨에도 불구하고 지붕이 없는 3등 열차를 탄 두 아이가 목적지에 도착했을 때 동사 직전에 이른 일이 있었다.

그래서 벨기에 정부는 지붕이 없는 3등 열차운행을 금지하는 지시를 내렸다. 역시 이에 대한 철도회사의 맹렬한 반발이 나왔다.

"3등차에 지붕을 달면 2등 열차와의 차이가 없어진다. 싼 운임의 여객에 대해서 이 정도의 차별은 둘 필요가 있다. 만약 무슨 일이 있어도 3등 열차에 지붕을 설치하라고 한다면, 3등 열차를 폐지하는 것 이외에 다른 방법이 없다."

"공공 사업장관이 사람들의 인기를 얻기 위해서, 3등 열차에 다른 등급 차량과 같은 수준의 서비스를 요구하면, 그 결과로 철도회사는 적자를 맞게 되고, 국가에 큰 부담이 될 것이다."

독일과 영국의 일부 의사는 지붕이 없는 열차를 타면 "혈액 순환이 좋아지고, 신경을 편안하게 하며, 수면을 잘 취하게 하는 효과가 있다"라는 말을 꺼낼 정도였다.

이에 비해 1등 열차는 상류계급 전용이라고 해도 될 만큼 상류계급용 마차를 레일 위에 올려놓은 것과 같은 것으로, 보통 1량에 3개로 구분된 객실공간을 두고 차내에는 쿠션이 좋은 의자가 있었으며

철도 초기의 독일 객차

커버가 씌어져 있었다. 1등 열차를 타보는 것이 부유층의 사람들에게도 동경의 대상이 되고 있었다.

1842년에 처음으로 열차를 탄 영국의 빅토리아 여왕은 숙부인 벨기에 왕 레오폴드 1세에게 "윈저 성에서 런던으로 올 때에는 열차를 타시는 것이 좋아요. 더위에도 걱정이 없고, 단 30분만에 도착하는데요"라는 편지를 보냈다. 그러나 레오폴드 왕이 이 유혹에 넘어가지는 않았다.

미국의 객차는 유럽과 달라서 구분된 객실공간이 없었고, 중앙에 통로가 있고 양측에 좌석이 있는 형태였다. 유럽에서도 일부의 국가, 예를 들면 남독일, 스위스, 러시아 등에서는 중앙 통로식의 1등 열차를 사용하고 있었다.

2등 열차는 좌석과 측판이 있고, 바람을 막아주기 위한 커튼도 있었지만, 바깥 공기는 조금씩 차내에 들어오고 있었던 듯하다. 의자는 변변치 않은 나무벤치가 나열되어 있을 뿐이었다. 2등 열차를 이용한 것은 부유층과 약간의 돈을 가진 사람이었다.

초기의 대부분 객차에는 조명이나 난방시설이 없었다. 단지 1등 열차에만 처음부터 기름 램프 조명이 있었다. 난방은 전혀 없었고, 1등 열차와 2등 열차의 일부 승객에게 중간 역에서 제공되는 '탕파'(발과 몸을 따뜻하게 하는 도구)의 서비스가 있었다. 그것도 즉시 차가워지므로 자주 교환하지 않으면 안 되었다. 전기조명과 증기난방이 보급된 것은 20세기에 들어서면서부터였다.

또 하나의 성가신 문제는 화장실이었다. 철도의 노선이 짧았던 구간은 그다지 큰 문제가 안 되었지만, 노선의 건설이 진행되어 장거리 열차가 운행하게 되자 큰 문제로 대두되었다. 당시의 짧은 객차에 화장실을 마련하는 것은 불가능했고, 객차와 객차 사이의 통로도 없었다. 보기 대차가 없었던 초기 객차의 길이는 기껏해야 7m 정도였다. 2축차는 차륜과 차륜의 간격을 길게 하면 주행안정성이 안 좋아진다. 기껏해야 3m가 한도인 것이다. 따라서 객차의 길이도 7m 이상으로는 만들 수 없었던 것이다(현재는 20~25m).

그래서 장거리 열차에는 중간에 화장실을 연결했다. 갑자기 볼일을 보고 싶은 승객은 정차 역에서 이 화장실이 연결된 열차에 뛰어들어가 볼일을 마친다. 그러나 다음 정차 역까지 자신의 자리에 돌아올 수가 없었다. 그 때문에 화장실 차에는 대합실까지 마련되어 있었던 것 같다.

1870년부터 영국의 주임 철도감독원이었던 사람은 테일러였다. 그러나 테일러는 안전의 문제에 직접 정부가 관련하는 것에 부정적인 입장이었다. 정부가 직접 철도의 운행이나 안전의 문제에 간섭하면 책임의 소재가 불명확해지고, 도리어 철도회사의 안전의식을 약하게 할 우려가 있다고 판단했다. 오히려 여론의 힘을 빌려서 철도회사를 움직이는 편이 낫겠다는 것이 그의 생각이었다.

따라서 1860년대부터 1880년대에 걸쳐 철도감독부는 오로지 안전의 권고를 내는 데에 그쳤고, 강제력 있는 명령은 거의 내리지 않았다. 이 시대의 감독관들은 반복하여 '록, 블록, 브레이크'를 계속 떠들어댔다. '록'은 연동장치, '블록'은 폐색장치이다.

그러나 1871년 철도법은 사고에 대한 보고의무의 범위를 넓히고, 승객뿐만 아니라 철도 공사원이 부상한 사고도 보고하도록 변경되었다. 계속해서 1878년 철도법은 각 철도회사에 대해 1년에 두 번, 관통 브레이크 부착의 진행상황을 보고하도록 명령했다.

결국 1889년 철도법은 상업거래위원회의 명령에 강제력을 주게 되었고 이에 따라 상업거래위원회는 여객열차를 운행하고 있는 모든 철도회사에 대해 폐색신호장치, 연동장치, 관통 브레이크 장치의 부착을 명령했다. 이것은 정책의 커다란 변경이었다고 할 수 있다.

상업거래위원회는 의회와 상의하지 않고서도 기관의 의지와 책임으로 강제력 있는 명령을 할 수 있게 되었다. 1896년에 상업거래위원회는 철도 공사원의 노동시간을 규제하는 명령을 내렸다. 유럽의 많은 국가에서는 이미 교통통신부를 설치하고 있었지만, 영국은 20세기에 들어서서도 상업거래위원회가 철도회사의 감독을 계속하고 있었다. 그러다가 1차대전이 끝난 다음 해인 1919년에 철도회사의 대합병이 있었고, 4대 철도회사가 설립된 것을 계기로 새롭게 교통부가 신설되어 상업거래위원회가 하고 있던 철도감독의 업무를 인수하게 되었다.

5 열차 속도 경쟁의 시작

1) 영국 동해안·서해안선에서의 속도 경쟁

철도 탄생 당시의 속도는 그다지 빠르지 않았다. 1829년에 영국의 레인힐에서 열린 유명한 기관차 경기대회에서는 스티븐슨이 만든 로켓 호와 라이벌이었던 노벌티 호가 시속 50km 정도의 속도를 내었던 것 같고, 리버풀 맨체스터 철도가 개업한 날 열차에 깔려 중상을 입은 허킨슨 의원을 병원에 날랐을 때 로켓 호는 시속 58km의 속도로 달렸다고 한다. 그러나 철도가 정식으로 개통한 뒤, 매일 달리는 열차의 평균속도는 시속 20~30km 정도였던 것 같다. 그래도 마차에 비하면 2배나 빠른 속도였다.

이 시대의 기관차에는 속도계가 없었으므로, 발표된 속도가 어느 정도 정확한지 의문은 있지만 1840년대에 들어서면서 몇 개의 철도회사가 고속에 도전함으로써 사람들 사이에서 화제가 되었다.

19세기 고속 증기 기관차 '노스 스타'(스윈돈 박물관 소장)

　1842년에 이미 영국의 그라운드잔쿠션 철도는 내리막길에서는 시속 80km의 속도를 내고 있었다고 하고, 궤간 7피트(2,134mm)를 사용하는 초광궤의 그레이트 웨스턴 철도의 급행열차는 1848년경에 이미 시속 100km의 속도를 내고 있었다.

　이 시대 사람들에게 화제가 된 기록으로는, 미국에서 여객선 '토론토' 호로 웨일스의 홀리헤드 항에 도착한 우편물을 런던으로 수송하는 '여왕폐하의 메신저'를 태운 급행열차가 런던까지 422km를 정확히 5시간에 달렸던 것이다. 표정속도 84km이며, 현재의 JR특급열차의 속도에 상당한다.

　19세기 말 영국에서는 역사상 유명한 속도 경쟁이 시작되었다. 런던과 스코틀랜드 사이에는 동해안선과 서해안선에 2개의 평행 본선이 있었는데, 세 번째의 노선으로서 중앙부를 지나가는 중앙선 철도가 등장했다. 1872년에 이 철도가 전 열차에 3등 열차를 연결하는 것을 결정했기 때문에 소동이 시작되었다. 그때까지 영국의 우등열차는 1등 열차와 2등 열차의 전용으로, 3등 열차는 느린 속도의 '싸구려 열차'에만 연결되어 있었던 것이었다.

　이에 대해 동해안선도 전 열차에 3등 열차를 연결하기로 결정했지만, 런던과 에든버러를 연결하는 특급 '플라잉 스코츠만'만은 예외로, 1, 2등 열차 전용인 채로 운행했다. 그 대신 10분에 3등 열차 전용의 급행열차를 운행하였다. 동시에 '플라잉 스코츠만'의 속도를 30분 상승하고, 런던과 에든버러 간을 9시간 반에 운행했다. 그 시간에는 요크에서의 25분간의 점심시간도 포함되어 있다. 식당차가 없었던 당시에 장거리 열차는 중간 역에서 점심시간을 허비하고 있었던 것이다.

3년 후 중앙선 철도는 새로운 도전을 한다. 2등 열차를 모두 없애고 1등 열차와 3등 열차의 2등급제로 하여, 1등차의 운임을 종래의 2등 열차의 수준까지 내리고, 3등 열차의 설비는 그때까지의 2등 열차의 수준으로 올린다는 것이었다.

다른 철도회사도 가만히 보고만 있을 수 없었다. 라이벌인 철도회사도 1등 열차의 운임을 내리고, 동해안선에서는 간판 특급열차의 '플라잉 스코츠만'의 속도를 더 상승하여, 런던과 에든버러 간을 9시간에 달리도록 했다. 이에 대해 서해안 측의 반응은 없었다. 간판열차인 '데이 스카치 익스프레스'는 종래대로 변함없이 런던과 에든버러를 10시간에 운행하고 있었다.

1887년 11월 동해안선의 철도는 '플라잉 스코츠만'에도 3등 열차를 연결한다고 발표했다.

그대로 있었으면 서해안선의 3등 손님을 동해안선에 모두 빼앗겨 버리게 될 상황이었다. 서해안선도 반격을 취했다. 다음 해 6월 2일부터 간판열차인 '데이 스카치 익스프레스'를 1시간 단축 운행하여, 동해안선과 같은 9시간 내에 런던과 에든버러 간을 운행하기로 결정했다.

동해안선도 즉시 반격했다. 7월 1일부터 '플라잉 스코츠만'은 또 30분을 단축하여, 8시간 30분 동안에 운행했다. 서해안선도 뒤질 수는 없었다. 극비리에 속도 상승의 준비를 진행시켜, 8월 1일부터 동해안선과 같은 8시간 30분 내에 런던과 에든버러 간을 운행하기로 결정했다.

런던과 에든버러 사이는 서해안 노선 쪽이 동해안 노선보다 운행거리가 10km나 더 길기 때문에, 이 시간 내에 운행하기 위해서는 대단한 노력이 필요했다. 첫 날, 런던 출발 서해안선의 급행열차가 예정대로 8시간 30분 내에 에든버러 역으로 진입해 들어가자, 어떻게 된 일인지 같은 시간에 런던을 출발한 동해안선의 급행열차는 이미 에든버러에 도착해 있었다. 동해안선은 선수를 쳐서 이날부터 더욱 속도를 상승해서 8시간의 운행을 하고 있었던 것이다.

이제 양 회사의 명예가 속도에 걸려 있었다. 만약 이 경쟁에서 뒤지면 가을에 여왕폐하가 스코틀랜드의 팔모럴 성을 방문할 때 초대열차를 운행하는 명예를 빼앗길 가능성도 있었다.

다음 날, 서해안선에서는 긴급 간부회의를 열고, 8월 6일부터 동해안선과 같은 8시간 운행을 결정했다. 이 속도 경쟁은 영국은 물론, 해외에서도 화제가 되었고, 다음 날의 「뉴욕 헤럴드」 지에서도 이 뉴스를 취급했을 정도였다.

경쟁은 더욱 가열되었다. 8월 13일 동해안선은 7시간 45분 내에 운행할 것을 발표했다. 이제 도의 같은 것은 찾아볼 수 없었다. 서해안선 측은 '열차시각표를 무시하고 될 수 있는 한 빨리 달려라'라는 지시를 내렸다.

동해안선이 속도 상승을 하기로 했던 그 전날 8월 12일, 이날 동해안선의 급행열차는 예정보다 늦게 에든버러에 도착했지만, 같은 시각 오전 10시에 런던을 출발한 서해안선의 급행열차는 오후 5시 38분에 에든버러에 도착해 있었다.

2) 무모한 속도 경쟁의 중지와 재발

그 다음 날, 이번에는 동해안선의 급행열차는 예정보다 13분 빨리, 7시간 32분만에 런던과 에든버러 간을 주파했다. 그러나 이것이 1888년의 동서 경쟁의 마지막 날이 되었다. 8월 14일, 양 회사의 간부가 모여, 앞으로 무익한 속도 경쟁을 중지하고, 8월중에는 동해안선이 7시간 45분, 서해안선이 8시간에 운행하기로 하고 9월 이후는 각각 또 30분씩 늦추기로 합의했다.

이러한 무익한 고속운전은 경비가 많이 들 뿐만 아니라, 안전에도 문제가 있었다. 고속열차를 통과시키기 위해서는 다른 열차들을 조금 일찍 대피시켜 두지 않으면 안 되었다. 명예가 걸려 있었다고는 해도 철도회사의 부담은 컸다.

8월 31일, 이 속도 경쟁의 최후를 장식하기 위해서 동해안선은 마지막 도전을 한다. 이날 오전 10시에 런던을 출발한 '플라잉 스코츠만'은 오후 5시 27분에 에든버러에 도착했고 유종의 미를 거두었다. 표정속도는 84km, 이것도 현재 JR의 속도가 빠른 특급열차와 같은 정도이다. 이렇게 해서 1888년의 속도 경쟁은 일단락되었지만, 7년 후에 다시 속도 경쟁이 재발한다.

1890년 에든버러의 바로 북쪽에 있는 호수를 횡단하는 거대한 철교 '포스 교량'이 완성되었다. 그때까지는 런던에서 스코틀랜드 북쪽 마을 애버딘에 가기 위해서는 서해안선을 경유하는 것이 유리했지만, 이 교량의 완성으로, 동해안을 경유해서 애버딘으로 가는 새로운 노선이 생겼고, 서해안선의 노선보다 오히려 10km가 더 짧아졌다. 약 10분의 속도 상승이 가능하게 된 것이다.

그 결과, 1894년 말 런던을 밤 8시에 출발한 동해안선의 야간열차는 동시에 런던을 출발한 서해안선의 열차보다 15분 일찍, 다음 날

에든버러 북방의 호수에 완성된 포스 교량

아침 7시 35분에 애버딘에 도착해 있었다.

새로운 싸움은 1895년 7월 15일에 시작되었다. 이날부터 서해안 선의 야간열차는 운전시간을 단번에 50분 단축하여, 다음 날 아침 7시에 애버딘에 도착하는 열차시각표를 작성했다. 그리고 첫 날의 열차는 이 예정시간보다도 13분 더 빨리 애버딘에 도착했다.

이 뉴스는 금방 동해안선 측에 전해졌다. 그로부터 1주일 후, 동해안선 야간열차의 열차시각표는 애버딘에 6시 45분에 도착하는 것으로 변경되었다. 그런데 그날, 동해안선의 열차가 예정대로 애버딘에 도착하였으나 서해안선의 야간열차는 이미 6분 전에 도착해 있었다.

동해안선 측도 뒤질 수는 없었다. 7월 29일에 애버딘 도착시간을 또 다시 앞당겨서 6시 25분으로 변경했다. 그러나 이번에도 또 서해안선에 뒤지게 된다. 첫 날, 동해안선의 열차가 애버딘에 예정대로 도착하였으나, 이미 서해안선을 경유한 열차는 17분이나 일찍 도착해 있었다.

여름 여행시즌 동안 서해안선의 우세가 계속되었다. 게다가 동해안선의 열차는 예정보다 늦어지는 일이 자주 있었다. 양쪽의 선로는 애버딘의 남쪽에 있는 키나바잔쿠션에서 합류한다. 그런데 이 역은 서해안선 측의 철도회사에 속해 있었으므로, 서해안선 측의 열차를 우선 통과시키는 경우가 많았던 것이다.

여름 휴가시즌이 끝난 8월 13일, 동해안선 철도회사의 간부들이 요크에 모여서 대책을 협의했다. 8월 19일부터 동해안선의 야간열차의 속도를 대폭 상승시켜, 다음 날 아침 5시 40분에 애버딘에 도착시키기로 결정했다.

그렇지만 또 서해안선 쪽의 간부가 한수 위였다. 동해안선의 열차가 예정보다 다소 빨리 애버딘에 도착했으나, 어떻게 된 일인지 서해안선의 야간열차는 16분이나 빨리 도착해 있었던 것이다.

8월 21일 밤은 승부의 날이었다. 이날은 속도 경쟁에 대비해서 두 회사 모두 급행열차 앞을 달리는 모든 열차에 대해 운휴(운행중지)를 시켰다. 이번에는 동해안선의 승리였다. 동해안선의 런던 킹스 크로스 역을 오후 8시에 출발한 야간열차가 애버딘에 오전 4시 38분에 도착했던 것에 비해, 같은 시간에 런던 유스턴 역을 출발한 서해안선의 열차는 4시 54분에 도착한 것이었다.

다음 날 동해안선 측은 속도 경쟁의 중지를 선언하고, 열차를 정규 열차시각표대로 운행하기로 결정했다. 그러나 서해안선 쪽은 일방적으로 당한 채 물러날 수가 없었다. 이날, 명예를 걸고 마지막 도전을 하기로 했다. 런던 유스턴 역을 밤 8시에 출발한 급행열차는 다음 날 아침 4시 32분에 애버딘 역에 도착했다. 864km를 8시간 32분에 주파하게 되었고, 표정속도는 시속 100km를 초과하였다.

19세기 말에 게다가 정규 영업 열차로서는 상상할 수 없는 속도를 내고 있었던 것이다.

이 속도 경쟁에는 양자의 명예가 결려 있었지만, 평상시 계속할 수 있는 것이 아니었다. 무모하다고 할 수 있는 경쟁이었지만 고속 운전을 실현하기 위해서 많은 비용을 투입했을 뿐만 아니라, 많은 준비와 노력도 필요했다.

그렇다 하더라도 어떻게 해서 극히 짧은 기간에 놀라울 정도의 속도 상승이 가능했던 것일까? 포스 교량이 완성되기 전에 동해안 급행열차는 런던과 애버딘 간을 12시간 50분에 걸쳐 운행하고 있었다. 그것이 1895년의 속도 경쟁 끝에 8시간 32분으로 단축되었다. 실제로 4시간 18분이 단축된 것이다. 보통 방법으로는 도저히 이런 믿을 수 없는 속도 향상을 할 수가 없다.

양자는 모든 수단을 동원했다. 우선 철저하게 정차하는 역을 적게 하였다. 서해안선의 급행열차는 런던과 크루 사이 253km를 논스톱으로 달렸다. 이것은 당시 영국에서의 논스톱 운전의 최장기록이다. 이를 위해 도중 선로에 길이 몇 km의 저수조를 만들고, 운전중의 증기 기관차에서 물 호스를 내려서 그곳의 물을 길어 올리고 탄수차에 물을 보급했다.

기관차는 큰 동륜의 고속기를 사용하고, 구배구간에는 최신기술인 강력한 3실린더 방식을 사용했다. 속도를 내기 위해서 기관차를 2량 연결하는 경우도 가끔 있었다. 열차의 무게를 될 수 있는 한 가볍게 하기 위해서 1개의 열차를 경쟁용의 고속열차와 계속 운행하는 통상의 열차로 나누어 운행했다. 1895년의 고속열차는 6량 편성, 그리고 그 중 2량은 브레이크 계원이 타는 '브레이크 밴'이었으므로 여객이 탈 수 있는 차량은 3량의 좌석차와 1량의 침대차뿐이었다.

승객으로부터는 불평의 소리가 높아지고 있었다. "엄청난 흔들림 때문에 한 잠도 잘 수 없었다." "이렇게 빨리 애버딘에 도착해서 무엇을 할 수 있나? 호텔은 아직 열리지 않았고, 아침식사를 할 수도 없다."

비정상적이라고도 할 수 있는 속도 경쟁에 사람들의 관심이 모아지는 한편, 신문사에는 안전을 우려하는 투서가 쇄도했다. 이 두 번의 속도 경쟁을 하는 동안에 큰 사고는 일어나지 않았다. 그러나 그 때문에 고생은 무척 심했던 것 같고, 매일 저녁 고속열차가 지나간 후에는 선로의 수선을 하지 않으면 안 되었다고 한다.

3) 과속으로 인한 탈선, 전복사고

이 속도 경쟁이 마지막으로 끝난 직후에 대형사고가 일어났다. 1896년 8월 15일 서해안선의 프레스턴 역을 통과중이던 스코틀랜드 행 급행열차가 탈선, 전복했다. 기적적으로 희생자는 한 사람뿐이었지만, 이 열차가 속도 경쟁을 할 때의 주역이었기 때문에 여론의 반향은 컸다.

이 사고가 일어난 뒤 런던과 스코틀랜드를 운행하는 급행열차의 속도는 속도 경쟁 이전의 수준으로 돌아가고, 그후 35년 동안 속도 상승은 할 수 없었다.

사고의 원인은 과속이었다. 이 역의 출구 쪽에는 급곡선이 있었기 때문에, 속도를 시속 15km로 감속운행 하지 않으면 안 되었는 데도 불구하고, 이 열차는 시속 70km 정도로 통과했다. 탈선하는 것이 당연했던 것이다. 그 기관차의 승무원은 이 열차를 처음 운전한 것이었고, 프레스턴을 통과하는 열차에 승무한 경험도 없었다.

영국 철도 역사상 심한 속도 경쟁이 벌어진 것은 런던과 스코틀랜드 사이뿐만이 아니다. 20세기에 들어선 지 얼마 되지 않아서, 런던과 서쪽 웨일스의 플리머스 사이에서, 그레이트 웨스턴 철도와 런던 앤드 사우스 웨스턴 철도가 심한 속도 경쟁을 하고 있었다.

플리머스의 항구에는 미국 승객과 우편물을 수송하는 오션라이너가 도착하는데, 그것을 어느 철도가 빠르게 수송할 수 있는지에 대한 경쟁이었다. 1904년 5월 9일 그레이트 웨스턴 철도의 유명한 기관차 '시티 오프 투어'가 시속 160km의 속도기록을 세운 것도 이 시기였다.

비극은 1906년 6월 30일 밤에 일어났다. 이날 플리머스 항에 입항한 미국 항로의 기선인 '뉴욕' 호에 접속했던 런던 앤드 사우스 웨스턴 철도의 '보트 트레인'이 한밤중이 다 되어 포츠머스를 출발해 런던으로 향했다. 고속으로 운행하기 위해 이 열차는 3량의 보기 객차와 2량의 브레이크 객차만을 연결한 5량으로 편성되었다.

템플콤에서 기관차를 교환하고, 속도를 내서 솔즈베리로 향했다. 속도는 시속 110km 정도였다. 솔즈베리 역의 입구와 출구에는 급곡선이 있었고, 속도를 시속 50km 정도로 감속하지 않으면 안 되는데도, 열차는 제동을 걸지 않고 고속으로 솔즈베리 역으로 진입했다. 역 입구의 곡선은 무사하게 지나칠 수 있었지만, 출구의 곡선 부근에서 탈선, 전복하였다. 또 운 나쁘게도 반대 방향의 본선에 정차하고 있던 화물열차와 충돌했다. 5량의 객차는 산산이 부서지고, 43명의 승객 중 24명이 사망했다.

이때의 기관사는 베테랑 중의 베테랑이었지만 승무원도 사망했기 때문에 정확한 원인은 밝혀지지 않았다. "철도회사는 속도 기록을 세우는 것을 장려하고 있다"라든가 "승객이 기관사에게 팁을 건네주고, 빨리 달리라고 했다"라는 소문도 있었지만, 조사결과에서는 밝혀지지 않은 일들이다.

또 그로부터 2개월 후 이번에는 런던에서 스코틀랜드까지 운행하는 동해안선의 급행열차가 그란담 역에서 탈선, 전복하여 11명의 승객이 사망했다. 정지신호를 보지 못하고 열차가 고속 상태에서 역으로 진입했기 때문에 반대 방향으로 개통되어 있는 분기기 위에서 탈선한 것이었다.

이 시기에는 이미 여객열차에 진공 브레이크가 장착되어 있었다. 그러나 사람이 판단의 실수를 하면 어쩔 도리가 없는 것이다.

4) 철교의 붕괴사고

1879년 12월 28일 철도역사에 기록된 엄청난 사고가 일어났다. 에든버러에서 북쪽 애버딘으로 출발하는 노선 중에는 2군데에 바다가 내륙부로 깊숙이 들어와 있는 호수가 있다. 포스 호수와 티 호수이다. 이것 때문에 런던에서 동해안을 경유해서 애버딘으로 향하는 승객은 두 번 열차를 바꾸어 타고, 페리를 이용하지 않으면 안 되었다.

그래서 이 호수에 철교를 건설하는 계획이 만들어졌고, 우선 먼저 T 교량이 1878년에 완성되었다. 전장 2.2km, 당시 영국에서는 가장 긴 철교이었다. 호수에 배를 통과시키기 위해서 철교는 수면에서 27m 높이로 건설되었다. 당초에 이 철교의 교각은 벽돌로 만들 예정이었지만, 공사를 시작해본 바 예상보다 지반이 연약했기 때문에 주철을 사용하기로 했다. 교량 전체의 중량을 적게 하기 위해서이다.

이 철교의 완성은 기술 진보의 상징으로서 영국 국민의 화젯거리가 되었고, 이 철교가 완성된 축하모임에는 빅토리아 여왕도 참가해 축포 속에서 교량을 건넜다.

세계에서 처음 탄생한 거대한 철교의 완성에 즈음하여 철도의 감독관들은 신중하게 시험을 하였다. 무게 73톤의 기관차 6량을 연결

열차사고 전의 티 교량

티 교량 철교와 함께 바다 속으로 굴러 떨어진 열차(Getty Images, Inc 제공)

해서 철교 위를 운행해보고 안전성에 대한 확인을 했다.

검사결과 이상은 없었지만 주임검사관 허치슨은 보고서에서 "열차가 이 철교 위를 고속으로 운행하더라도 최고속도는 시속 40km로 제한할 것을 권고한다." 그리고 "바람이 강할 때에는 열차가 통과할 상황을 주의 깊게 관찰해야 한다" 등의 의견을 덧붙였다.

실제로는 이 의견 속에 중대한 진실이 있었다. 바람이 대단히 강했던 이날, 에든버러에서 던디로 향하는 여행자들은 포스 만을 건너는 페리 호의 심한 흔들림에 괴로워했다. 건너편 강가에 겨우 도착한 승객들은 도착한 열차에 올라타고 던디로 향했다.

티 교량의 입구에 있는 센터포트 역에 도착한 것은 오후 7시경, 바람은 점점 강해지고 있었다. 강풍속을 뚫고 열차는 철교를 향해서 출발했다. 센터포트 역의 신호원은 걱정스러운 듯 열차를 전송하고 있었다. 그 전에 철교를 지나간 열차의 차륜에서 불꽃이 튀기고 있었던 것을 보았기 때문이다. 그때 한층 더 강한 바람이 불었고, 열차에서 번쩍 불꽃이 일어난 뒤 모든 것이 어둠 속으로 사라졌다. 잠시 후 구름 사이로 잠깐 달빛이 나왔을 때, 철교의 모습은 보이지 않았다. 열차는 철교와 함께 바다 속으로 굴러 떨어지고, 승객과 승무원을 포함해 75명 전원이 즉사했다.

사고의 원인은 바람의 힘과 열차의 중량에 대해 철교의 강도가 충분하지 않았기 때문이었다. 비난의 소리는 우선 이 철교를 설계한 기사에게 집중되었다. 기술을 이끌었던 영광의 자리에서 일시에 추락하여 대형사고의 책임을 지는 입장으로 바뀌었다. 철교의 준공검사를 담당한 철도감독원에게도 책임을 묻는 소리가 빗발쳤다. 왜 이런 철교에 사용허가를 해주었느냐 하는 비난이었다.

이 사고를 당한 열차의 기관차는 바다에 떨어졌지만, 기적적으로 대부분 부서지지는 않았다. 그후 바다에서 인양되어 1919년까지 현역으로서 운행되었다. 그러나 이 기관차로 새롭게 건설한 티 교량을 건너려 하는 기관사는 없었다고 한다.

1908년 12월 28일, 이 사고가 일어난 지 29주년이 되던 날에, 이 기관차는 야간열차를 견인해서 티 교량을 건넜다.

철교의 붕괴사고는 티 교량뿐만이 아니다. 전 세계의 많은 철도에서 일어났다. 가장 비참했던 것은 미국에서 있었다. 이 나라에서는 광대한 국토에 서둘러서 철도를 건설했기 때문에, 선로의 구조가 대단히 취약했다. 교량도 철이나 돌이 아닌 목조교량이 많았다. 목재로

하는 것이 비용을 절감할 수 있었기 때문이다. 따라서 열차의 중량을 전부 유지하지 못하고, 교량이 낙하하는 사고도 가끔 있었다.

1870년대에는 기관차나 객차가 점점 대형으로 바뀌고, 목조 교량뿐만이 아니라 철교가 붕괴되는 사고도 일어나게 되었다. 미국에서는 1887년 한 해 동안 실제로 21건의 교량 붕괴사고가 일어났다.

가장 비참했던 사고는 1876년의 애스터뷰 철교의 붕괴사고로, 80명이 사망했다. 이 시대의 철도 여행은 문자 그대로 목숨을 건 여행이었던 것이다.

철교의 붕괴사고나 기관차 보일러 폭발사고는 19세기의 철도에서 상징적인 사고라고 해도 될 것이다. 산업혁명이래, 기술은 점점 진보하여 기관차의 기술도 급속히 발전해 갔다. 열차의 속도는 높아지고, 중량도 무거워졌다. 그러나 아직 재료나 설계, 그리고 검사, 수리 등과 같은 안전을 위한 기초 기술이 충분히 발달하지 못하고 있었다. 이러한 기술은 많은 실패나 경험을 거듭하여 비로소 발전해가지만, 그 사이의 불균형이 사고라는 형태로 나타난다. 안전이라는 것은 하루아침에 실현되지 않는다. 안전은 기초 기술의 진보와 경험의 중복과 정확한 규정과 시스템이 완성되어 비로소 실현되는 것이다. 그 실험의 장소가 19세기의 철도였으며, 다음 시대에 큰 경험의 축적과 교훈을 물려준 것이었다.

5) 가장 드라마틱한 사고

철도사고의 상황은 대부분 모두 충격적이고, 비참하지만, 그 중에는 희극적이라고도 할 수 있는 사고도 있다. 1895년 10월 22일, 도버 해협 건너편 항구 도시에서 오전 8시 45분에 출발한 파리행 급행 56열차는 베르사유 역을 7분 늦게 통과해 파리 외곽을 도는 순환선

제동이 되지 않아 몽파르나스 역의 돌벽을 부수고 르네 광장에
추락한 기관차(Collection Viollet 제공)

과의 분기점에 도착했다. 기관사인 페르랑은 제동을 걸어 열차의 속
도를 감속했다.

이 열차에는 웨스팅하우스 식 자동 관통 브레이크가 설비되어 있
었고, 이때까지는 브레이크가 정상적으로 작동하고 있었다. 열차는
지연을 회복하기 위해 속도를 올렸다. 열차가 몽파르나스 역 근처에
서 분기기를 통과하기 위해서 제동을 걸었으나 열차의 속도는 감속
되지 않았다. 놀란 기관사는 비상 기적을 울리고, 객차에 타고 있는

차장들에게 긴급 비상 브레이크와 손 제동을 걸도록 신호를 보냈다.

이 열차는 12량 편성으로 131명의 승객이 타고 있었다. 몽파르나스 역에 진입할 때 열차의 속도는 상당히 과속이었던 것 같고, 사고 후의 조사에서는 시속 40~45km의 속도로 종착역으로 진입해간 것으로 드러났다. 기관사는 열차를 정지시키기 위한 마지막 수단으로써 역전기를 후진의 위치로 돌렸다. 그러나 열차는 플랫홈이 있는 선로의 종단에 있던 차막이 장치를 돌파하고, 기관차는 역 건물의 돌로 된 벽을 부수면서 르네 광장으로 추락했다.

기적적으로 열차의 승객 중 사망자는 없었다. 부상자도 적었다. 열차가 차막이를 돌파했을 때의 충격으로 기관차와 객차와의 사이에 연결기가 빠졌으나 객차만은 플랫홈 옆에 멈추었다.

기관사와 기관조사는 기관차에서 뛰어내리고, 큰 부상은 입었지만 생명에는 지장이 없었다. 가슴을 아프게 했던 것은 역 구내매점에서 일하고 있던 38세의 여성이 사고의 충격으로 역의 천장에서 낙하한 벽돌에 맞아 사망한 것이다. 이 사고에서의 유일한 사망자였다.

사고가 일어난 다음 날부터 곧 사고조사관에 의한 조사가 시작되었다. 브레이크 변을 분해해서 조사했지만 이상은 없었다. 기관차와 탄수차 사이의 연결기는 부서지고, 브레이크 관도 끊어져 있었다. 기관사의 비상 기적이나 역전기 조작의 시기도 문제가 되었다. 기관사와 기관조사, 차장이나 승객들로부터 사고 때의 상황을 조사했지만, 여러 가지 의견이 있었고, 불명확한 점도 많았다.

조사관이 기관사들이 근무하고 있는 기관차사무소에 조사를 위해 방문하였을 때 다음과 같은 지시의 게시를 발견했다.

"기관사들 전원에게 다시 주의하지만, 파리 몽파르나스 역에 도착할 때에는 공기 브레이크를 사용하지 말고, 다른 통상의 브레이크로도 충분히 정지될 수 있도록 속도를 감속하여 진입할 것. 이 점을 감시, 감독하는데, 만일 공기 브레이크를 사용한 기관사를 발견했을 때에는 엄중히 처분한다(1891. 5. 5, 포지럴 기관차사무소)

이 사고가 일어나기 4년 전에 내놓은 경고문이다.

사고조사관은 사고의 직접적인 원인이 웨스팅하우스 식 브레이크 장치의 작동 불량이지만, 기관사도 1891년의 경고지시를 지키지 않고 과속으로 역에 진입한 것과 비상기적이나 역전기의 조작이 늦었던 것에 대해서 책임이 있다는 결론을 내렸다.

이에 대해 "페르랑은 대단히 뛰어난 기관사이며, 과거에 두 번이나 표창을 받은 적이 있다. 브레이크가 고장났을 때에는 당황했을 것이 틀림없으므로, 기적 신호가 다소 늦어진 것을 엄하게 추궁하는 것은 너무 가혹하다"라는 철도기술 전문가들로부터의 의견도 쇄도했다. 그러나 페르랑 기관사는 유죄가 되었고, 집행유예에 2개월의 징역과 50프랑의 벌금형 판결을 받았다.

자동 직통 브레이크가 본격적으로 사용된 지 얼마 되지 않았을 무렵의 사고였다. 브레이크 장치 자체도 현재에 비하면 불완전했을 것이 틀림없고, 기관사들도 그 조작에 익숙하지 않았던 것 같다.

몽파르나스 역은 1852년에 세워진 건물로서, 현재의 다른 파리의 대터미널과 같은 고전적이고 격조가 있는 건물이었는데, 1969년에 허물어졌고 현재는 베르사유와 샤르트 등으로 출발하는 근교 열차와 테제베 대서양 선의 근대적인 대터미널로 변해 있다.

6) 철도개통이 늦어진 일본 철도

일본의 철도는 영국보다 42년이 늦은 1872년 신바시와 요코하마 사이를 개통했다. 이 무렵에 유럽이나 미국에서는 주요한 간선철도가 이미 완성되어 있었다. 철도의 발달이 가장 빨랐던 영국에서는 1850년대에 '철도 매니아'라고 불리는 대형철도 건설시대를 맞이하여, 1860년대에는 주요한 노선이 거의 완성되어 있었다. 프랑스에서도 파리에서 마르세유를 지나 코트다쥴의 중심 니스까지 철도가 개통한 것이 1864년, 그리고 미국 대륙 횡단철도가 완성된 것은 1869년이다. 일본의 철도는 개통이 늦었을 뿐만 아니라 표준궤간(1,435mm)에 비해서 선로의 폭이 좁은 협궤(1,067mm)의 규격을 선택했다. 이러한 협궤 철도는 옛날 구미 국가의 식민지였던 나라에 많았기 때문에, 일본의 철도 건설을 지도한 영국 기사들이 '일본에는 식민지 규격으로 충분하다'라고 생각하고 일본에 협궤 철도를 도입했다고 하는 설이 퍼져 있지만 이는 사실이 아니다. 일본 정부가 철도를 건설할 때 고용한 영국 기사인 화이트와 모렐이 협궤를 사용할 것을 권유한 것은 사실이지만, 일본 측도 그냥 말하는 대로 그대로 따른 것이 아니고 여러 가지를 검토한 결과에 따라 협궤를 채택한 것이었다.

1887년에는 일본 철도를 협궤에서 표준궤간으로 다시 고쳐야 한다고 하는 의견이 육군에서 강하게 나왔다. 참모본부장인 아리스가와로부터 이 사건에 대해 자문을 받은 철도국 장관 이노우에는 다음과 같이 답변 하였다.

"… 애당초 일본에서 철도 창설 당시, 궤도의 폭을 3피트 6인치로 하기로 결정하였지만, 이에 대해 구미 및 기타 각국의 실험에 의해 심사숙고한 뒤, 일본의 철도는 점차 내륙 산간지방으로 연장해야 되고, 급한 급곡선이 필수적이고, 또 수송량은 그다지 많지 않다는 점을 고려해서 급곡선과 급구배가 필요한 궤간으로 정하면서, 속도는 제2의 문제로 하지 않을 수 없었다. 이러한 모든 사항을 검토한 뒤에 좁은

궤간으로 결정한 것인데, 이는 1,435m의 표준궤간에 비하면 부설비 용도 어느 정도 절감할 수 있고, 수송상 광궤보다는 차량 중량의 적재 중량에 대한 비율도 가벼우므로, 철도 경제에는 적당하다고 할 수 있다."

일부의 표현을 현대식으로 변경했지만, 이것을 읽으면 100년 사이에 일본의 사회경제와 언어도 상당히 변했다는 것을 느낀다.

일본 정부가 철도 건설에 착수했을 때, 국가의 자금은 상당히 부족하였고, 또 민간의 자금을 모으는 것도 뜻대로 안 되어, 영국의 오리엔탈 은행을 매개로 100만 파운드의 외채를 조달하지 않을 수 없었던 것을 생각하면, 어쩔 수 없는 선택이었던 것이다.

100만 파운드라고 하면, 당시의 교환 환율로 490만엔이다. 신바시와 요코하마 간의 건설공사 비용이 1km당 약 10만 엔이었으므로, 약 50km의 철도 건설공사 비용에 상당한다. 신바시 역장의 월급이 50엔, 요코하마 역장은 40엔이었던 시대였다.

개통 당시, 신바시와 요코하마 간은 단선이었고, 아침 8시부터 저녁 6시까지, 약 1시간마다 왕복 9회의 열차를 운행했다. 29km의 구간을 52분이 걸려서 달렸으므로, 표정속도는 시속 33km였지만, 당시의 신문은 그 빠르기를 "바람처럼 구름처럼 빠르고, 종래에는 막대한 재산을 투자해도 날개 없이 목적지에 도착하는 어려움"이 있었음을 기록하고 있다.

한 달 평균 이용객은 2,400명 정도였다. 일본 최초의 철도에서 안전 시스템은 어떠했을까? 철도의 안전에 가장 중요한 안전 시스템은 열차의 간격을 안전하게 유지하는 폐색 시스템과 브레이크이지만, 일본 최초의 철도에는 폐색 시스템은 있었지만, 브레이크는 초기의 영국 철도와 같이 기관차 증기 실린더 브레이크와 수동 브레이크만 있었다.

이 폐색 시스템은 아주 간단한 것으로 '블록 시스템'으로 부르고 있었다. 먼저 달리는 열차가 다음 역에 도착하고 출발하면 그 역에서는 전신으로 '개통'이라는 정보를 앞의 역으로 보낸다. 전화가 아니므로 어디까지나 긴 신호와 짧은 신호를 조합시켜 '부호'를 보내는 모스(morse) 신호였다.

이 신호를 받으면, 앞의 역은 다음 열차를 출발시켜도 된다. 상당히 위험한 시간 간격법으로 출발한 유럽의 철도와는 달리, 일본의 철도는 처음부터 보다 안전한 거리 간격법을 사용하고 있었다. 철도의 개통이 40년 늦은 덕분에 초보적이긴 했지만 안전 시스템은 갖추어져 있었던 셈이다. 이 안전 시스템을 위해 선로와 평행해서 3개의 전신선로가 부설되어 있었다. 일본의 철도는 처음부터 정보 시스템을 가지고 있었던 것이다.

현재의 철도역에는 반드시 역의 입구와 출구에 신호기가 있고, 역에 열차가 진입해도 되는지 아닌지, 출발해도 되는지 어떤지 하는 정보를 기관사에게 알리고 있다. 역 입구의 신호기를 '장내 신호기', 출구의 신호기를 '출발 신호기'라고 부르고 있지만, 일본 최초의 철도에는 장내 신호기는 있었지만 출발 신호기는 없었다. 열차의 출발을 역원의 신호에 의존하고 있었던 것이다.

안전 시스템이 있었던 덕택으로, 일본의 철도는 영국과 같이 첫날부터 희생자가 발생하는 사고는 일어나지 않았다. 기록에 남아 있는 최초의 사고는 철도 개통의 다음 해인 1873년 1월 27일에 기관차에서 발생한 불꽃 때문에 연선의 민가 5채가 불탔던 것인데, 이것을 본래의 철도사고라고는 할 수 없을 것이다.

7) 일본 최초의 사고

본격적인 사고는 개업 3년째인 1874년에 연속해서 일어났다. 가장 먼저 1874년 9월 11일에 요코하마에서 신바시로 출발한 열차가 신바시 역에 도착할 때 포인트 위에서 기관차를 비롯해 4량이 탈선했다. 포인트가 불량이었던 것 같다. 계속해서 12월 1일에는 고베에서 오사카로 출발한 열차가 소와 충돌하여 객차 2량이 탈선해 전복했다. 두 사고 모두 막 태어난 철도라서 그런지 말하자면 에피소드에 가까운 그런 사고였다.

그리고 1877년 최초의 희생자가 발생했다. 10월 1일 고베에서 오사카로 출발한 여객열차가 반대 방향에서 달려온 회송열차와 정면 충돌하고, 여객열차의 승무원 2명이 사망했다.

마침 이 해에는 서남전쟁이 일어나 군수물자 수송 때문에 열차가 지연하는 일이 많았으며, 이날도 열차시각표가 혼란스러워 회송열차가 상행열차와 교행하는 역을 착각했기 때문에 일어난 사고였다. 만족한 안전 시스템은 없었고, 열차는 열차시각표에만 의존하여 달리고 있었다.

서남전쟁에서 돌아오는 군인들을 수송하기 위해서 임시열차를 운행할 필요가 있었지만, 단선구간에서는 간단히 열차를 증차할 수 없었다. 이런 경우, 정기열차 앞에 임시열차를 운행하게 된다. 이날은 상행열차도 하행열차도 정기열차 앞에 임시열차가 달리고 있었다. 니시미야 역에 하행의 임시열차가 먼저 도착하고, 이어서 하행 정기열차도 도착했다. 같은 시간, 상행 임시열차가 니시미야 역으로 들어갔다. 그런데 하행 임시열차는 속행으로 오는 상행 정기열차의 도착을 기다리지 않고 출발해버렸다. 당연히 정면 충돌을 하게 된 것이다.

지금으로서는 믿을 수 없을 만큼 위험한 운전방법이었지만, 당시에는 이것밖에 방법이 없었다. 전화조차 아직 없었던 시대이다.

단선구간에 속행열차를 운행하게 하는 운전방법은 내가 국유철도에 입사한 1956년 무렵에도 남아 있었다. 그러나 열차시각표에만 의지하는 것이 아니고, 단선구간의 한 방향으로 달리는 열차인 만큼 '통표'라고 부르는 일종의 통행증을 건네준다. 반대 방향으로 달리는 열차에는 '통표'가 없으므로 정면 충돌사고는 일어나지 않는다.

그러나 '통표'는 하나밖에 없으므로, 같은 방향으로 속행열차를 운행하게 할 경우에는, 최후에 달리는 열차에 이 '통표'를 건네주고, 선행 열차에는 이 통표 대신 속행열차가 있다는 것을 기록한 '통권'이라 부르는 통행허가증을 건네준다. 이러한 단순한 방법으로 열차를 운행하는 지방선이 아직 남아 있었던 것이다.

이 사고의 희생자는 철도직원뿐이었지만, 1885년에 처음으로 승객 희생자가 발생하는 사고가 일어났다.

10월 13일, 마침 그때 이케가미 혼문사에 법회가 있었기 때문에 많은 참배 손님이 오오모리 역을 이용하게 되었다. 한밤중이 조금 지나 신바시에서 오오모리 역에 도착한 임시열차를 상본선으로 이동하는 도중, 포인트 위에서 객차 14량이 탈선하여 승객 한 사람이 중상을 입고 얼마 되지 않아 사망했다.

원인은 도착한 열차를 일단 다른 선에 인상하고 나서 기관차가 후부에서 객차를 밀면서 상본선으로 들어갈 때에 입환 신호를 잘못했기 때문이었던 것 같다. 연동장치가 없었기 때문에 일어난 사고였다. 일본에서도 '연동장치, 폐색, 브레이크'는 안전의 기본이었던 것이다.

명치시대의 철도에는 탈선과 충돌 등의 사고가 상당히 많았지만, 대형사고는 거의 일어나지 않았다. 오히려 처음에는 투석이나 레일 위에 돌을 올리는 등의 방해와 수해에 의한 선로의 피해가 많아서 곤란을 겪었다.

1889년 동해도선이 전선을 개통한 무렵부터 열차 횟수가 늘어나고 운전구간도 길어짐에 따라 사고는 급증하기 시작했다. 1897년대의 사고기록을 보면, 3일이나 4일에 한 번은 탈선사고가 일어났고, 열차의 충돌사고도 1년 동안에 20~30회 정도 일어났다. 그래도 많은 희생자가 발생하는 대형사고는 일어나지 않았다.

개업한 지 얼마 되지 않은 일본의 철도는 영국인을 중심으로 운영되고 있었다. 선로의 건설도 열차의 운행도 모두 외국인이 중심이었고, 기관사도 처음에는 전원이 외국인이었다. 일본인은 기관조사로서 1량에 두 사람씩 승무하고 있었다. 일본인의 기관사가 등장한 것은 1881년이 되고 나서부터이다.

차량도 처음에는 모두 수입품이었다. 철도의 운전규칙도 영국의 규칙을 그대로 번역한 것이고, 사고의 기록도 1887년경까지는 외국인이 기록하고 있었다. 모두가 외국의 복사품으로 출발한 일본의 철도였지만, 다행히도 대형사고의 복사만은 하지 않았다. 외국에서의 사고의 교훈을 되살리고 있었던 것인지도 모른다.

6 20세기 철도의 안전 시스템 탄생

1) 속도 경쟁을 촉진시킨 철의 기술혁신

20세기에 들어서면서 철도의 선진국인 영국에서는 계속 발생하던 대형사고가 획기적으로 감소하기 시작했다. 1901년과 1908년에는 희생자가 발생하는 사고가 전혀 일어나지 않았다. 19세기에 많은 대형사고를 경험한 결과는 안전의 기본인 '록, 블록, 브레이크'의 3대 주요 시스템을 만들어내는 것에 크게 기여했지만, 그와 동시에 미미하지만 안전의 규정과 차량이나 선로 등의 점검, 수리의 기준을 확립하게 했던 것에도 중요한 역할을 했다. 새롭게 태어난 기술의 안전이 확립되기 위해서는 많은 시간이 걸린다. 많은 실패나 사고를 경험하여 비로소 좋은 안전 시스템이 생기는 것이다.

영국의 쿠퍼라는 사람의 책에 의하면, "20세기 최초 10년 동안, 영국 철도의 안전성은 전 세계가 선망의 대상으로 여기고 있었던 것이다. 속도에 대해 일찍이 영국이 가지고 있던 우위의 자리는 프랑스, 미국에게 곧 빼앗겼지만, 급행열차의 쾌적함은 주간열차이든 야간열차이든 약간 더 걸리는 시간을 보충하고도 남음이 있었다. 많은 사고의 쓴 경험을 바탕으로 하여, 철도 운행의 규칙이나 규정은 거의 완비되었고, 안전을 위한 많은 대책도 진전하였다. 이 시대는 정말로 영국 철도의 황금시대였다. 수송량은 점점 증가하고, 자동차는 아직 철도의 적이 아니었다. 철도인은 상당히 열심히 일했다. 특히 주말 동안 철도의 안전은 두 그룹의 사람, 즉 신호원과 기관사들에게 의지하고 있었다."

신호원과 기관사의 실수를 어떻게 해야 막을 수 있을 것인가에 대한 과제가 20세기 철도의 안전에서 최대의 과제로 남아 있었던 것이다.

19세기 말에는 이러한 철도 고유의 기술뿐만 아니라, 더욱 본질적인 기술혁신이 일어났다. 제철기술, 전기통신, 내연기관, 전기동력의 실용화와 보급이 그것이다. 이는 철도 기술혁신의 큰 원동력이 되었을 뿐만 아니라 자동차, 항공기와 같은 철도의 강력한 라이벌도 만들어냈다.

철도는 문자 그대로 철 덩어리이고, 철을 다루는 기술의 진보가 철도의 속도나 견인력 등의 성능과 안전성을 크게 좌우한다. 철 기술의 역사는 기원전 1200년경부터 중앙아시아의 히타이트를 중심으로 발달한 철기문명에서 시작되었다고 전해지고 있지만, 15세기에 들어서면서 라인 강 유역을 중심으로 용광로의 기술이 일어나고 주철과 연철의 생산이 시작됨에 따라, 본격적인 철의 시대가 도래하게 되었다. 쇠로 만든 총이 발달하는 것도 이때쯤이다.

일본에서도 무로마치 시대부터 중국 지방을 중심으로 '대장간 제철'이라는 독특한 제철법이 발달해 농기구나 무기의 생산에 사용되고 있었다. 철의 산화물인 철광석으로부터 철을 만들어내기 위해서는 우선 철광석에 석회석이나 코크스를 섞어 고열에서 녹이고, 산소와 불순물을 제거하여 주철을 만들어야 한다. 옛날에는 철광석을 녹이기 위해 목탄을 사용하고 있었으므로, 영국 대부분 지방에서 이 때문에 산림이 벌거숭이가 되어가자, 엘리자베스 1세가 산림의 벌채 금지령을 내릴 정도의 상황도 만들어졌다.

18세기가 되면서 영국에서는 목재 대신에 석탄을 사용해서 제철하는 기술이 생기고, 제철업의 본격적인 발달이 시작된다. 이 시대의 철을 크게 분류하면, 탄소량이 많은 주철과 탄소량이 적은 연철이 있었다.

주철은 유동성이 높으므로 주물 등을 만드는 데도 적합하지만, 철도의 재료로서는 깨어지기 쉬운 결점이 있었다.

한편 연철은 탄소량이 적고 강한 성질을 가지고 있으므로 초기의 철도 기관차나 레일, 철교 등에 주로 사용되고 있었다. 다만 당시의 기술로 만들었던 연철에는 유황이나 인 등의 불순물이 많았고, 현재의 철강에 비하면 아직 결함이 많은 재료였다.

1879년에 붕괴된 티 교량은 주철제의 교량이었지만, 이런 미숙한 제철기술이 배경에 있었던 것을 부정할 수는 없다.

1850년대 말에 제철기술의 혁신이 일어났다. 벳세마의 전로를 사용한 제철법과, 이어서 개발된 마루탄의 평로에 의한 제강법으로, 이것에 의해 좋은 제품의 철강을 대량으로 생산할 수 있게 되었다.

제철기술의 진보가 철도기술에 준 효과는 대단히 컸다. 19세기 말경부터 증기 기관차의 성능이 눈부시게 진보하고, 열차의 견인력은 커지고, 높은 속도도 낼 수 있게 되었다. 레일도 튼튼해지게 되었다. 이 시대의 철도 속도 경쟁의 배후에는 이러한 기술의 진보가 있었던 것이다.

2) 철제 객차의 등장

제철기술의 진보가 철도의 안전을 위해 공헌한 또 하나의 효과는 철강으로 만든 객차의 등장이다.

19세기의 철도 객차는 대부분 모두 목조차였다. 쇠로 객차를 만들면 너무 무거워져서, 당시 기관차의 견인력으로는 충분한 수의 객차를 연결할 수가 없었다. 그러나 객차가 목조이었던 것이 사고의 결과를 비참하게 만들기도 했다. 당시에는 상당히 잦았던 열차의 탈선이나 충돌 등의 사고가 일어났을 때 구조가 약한 목조 객차는 금방 부서지고, 사고의 피해가 컸다. 그뿐만이 아니다.

1842년에 베르사유와 파리 사이에서 일어났던 대형사고와 같이 탈선, 전복한 증기 기관차 위에 후부의 객차가 올라앉으면, 불 위에 장작나무를 올려놓은 것같이 순식간에 화염에 휩싸이게 된다.

또 하나 안전상의 큰 문제는 조명이었다. 철도가 발명되고 나서부터 최초 10년간은 객차에 조명시설이 없었다. 당시에는 해가 지면 열차를 운행하지 않는 철도가 많았던 것 같다.

1840년대에 들어서면서 1등 열차와 2등 열차에 한해서 기름 램프가 사용되기 시작했다. 해가 지면 객차 천장에 가스등을 매어단다. 하나의 구분된 객실 공간에 2개의 램프가 표준이었던 것 같고, 현재의 밝은 차내와는 상당히 다른 것이었다. 그저 어렴풋하게 실내를 비추어 주는 정도였을 것이다. 이 가스등도 화재사고의 한 원인이었다. 객차가 탈선하면, 순식간에 램프 기름이 흩날리게 되고 이는 곧 화재의 원인이 된다. 19세기 철도에는 불씨를 가진 목제차가 달리고 있었던 것이다.

최초에 전등을 사용한 객차가 등장한 것은 1881년 런던과 도버 해협의 해변에 위치한 휴양지인 브라이튼 간을 달리는 '플맨차'였다.

플맨차는 특별히 훌륭한 차내 설비를 가진 살롱 카를 말하는 것이고, 현재도 베니스 생플롱 오리엔트 급행이 영국에서 운행되고 있다. 일본에서는 1898년에 동해도선 급행열차의 1등 열차와 2등 열차에 처음으로 전등을 사용했다. 전지를 사용한 전등이 본격적으로 보급된 것은 일본, 유럽, 미국에서도 20세기에 들어서면서부터였다.

제철기술의 진보에 의해, 목조차를 철제차로 교체할 수 있게 되었지만, 실제로 철제차는 좀처럼 보급되지 않았다. 영국에서는 1차대전 후인 1923년에 철도회사의 대합병으로, 4대 철도회사가 탄생했지만, 이때에 결정한 표준형 객차의 대부분은 아직 목조차였다. 철제차로 하면 중량이 무거워져, 견인할 수 있는 량수가 적어진다. 이것이 객차를 철제로 만드는 데 가장 큰 장애였다. 철제차로 하기 위해서는 기관차의 출력을 크게 하는 것이 필요했던 것이다.

그러나 목조 객차에 부분으로나마 철제가 사용되게 되었다. 우선 내화성을 높이기 위해서, 목조차의 외측에 철판을 붙였다. 또 차체의 강도를 높이기 위해서 바닥구조의 일부에 철판을 사용하게 되었다. 영국에서 본격적인 철제차가 표준설계로 되는 것은, 2차대전이 끝난 1950년대부터다. 프랑스에서도 사정은 같아 1938년에 5대 사철회사가 합병해서 프랑스 국유철도가 발족했을 때 3만 량의 객차가 있었지만, 그 중의 반수 이상은 목조차였다.

일본에서 철제 객차의 등장은 비교적 빨랐다. 1923년에 고베 시영 전철에 철제 전차가 등장하고, 계속해서 한큐 전철이나 한신 전차 등에도 철제 전차가 운행하기 시작했다. 국유철도도 같은 무렵부터 철제 객차의 연구에 착수하여, 쇼와시대(1925년 무렵)에 들어섬과 동시에 객차 및 전차 모두 철제차를 표준형으로 삼았다. 단 이 시대의 철제차는 대차와 차체의 바깥 부분은 철강이었지만, 차량 천장이나 바닥 등이 목제로 만들어진 '반철제차'였던 것이다.

이 철강제 객차의 본격적인 사용에 대한 결정도 대형사고가 계기로 작용했다. 1926년 9월 22일, 산요우 본선의 아키나카노와 카이타이치 사이에서 동경 출발 시모노세키 행 특급열차가 탈선, 전복하여 4량의 목조차가 산산조각이 나고, 34명의 희생자가 발생했던 것이다. 공교롭게도 호우 때문에 물이 불어나자, 약해지고 있던 강의 제방이 열차의 중량을 견디어내지 못하고 붕괴되었기 때문에 일어난 사고였다.

이미 철제 객차의 설계를 진행하고 있던 국유철도는 이 사고가 일어난 즉시 목조차의 제작을 중지하고, 객차, 전차, 모두 철제차로 하는 것을 결정하였다. 먼저 1926년에 최초의 철제 전차(모하 30형)가 등장하고, 다음 해에는 철제 객차(모하 30형)가 등장했다.

객차를 철제화한 것에 대한 효과는 컸다. 1929년에는 같은 산요우 본선에서 3년 전의 사고에 버금가는 큰 탈선사고가 일어났고, 이로 인해 기관사는 사망하였으나 승객의 희생자는 발생하지 않았다.

그러나 많이 운행되고 있던 목조차를 전부 철제 객차로 교체하는 데에는 긴 시간이 걸렸다. 2차대전이 끝났을 때에도, 일본 국유철도에는 아직 5,000량 이상의 목조차가 남아 있었다. 목조차가 종적을 감춘 것은 1950년대에 들어서면서부터이다.

또 하나 안전을 위한 중요한 기술로서 보기 대차의 사용을 들 수 있다.

최초에 유럽에 태어난 철도 객차의 대부분은 자동차와 같이 차축이 2개밖에 없는 2축차였다. 고무타이어를 사용하는 자동차와는 달리, 철의 레일에 안내되어 달리는 철도 차량의 경우에는 이 2축 차량은 달릴 때의 안정성이 불안전하고 승차감이 나쁘고, 또 탈선하기 쉽다. 그래서 태어난 기술이 보기 대차인데, 2개의 차축을 합쳐서 하나의 대차를 이루고, 이중의 스프링으로 지지한다. 현재의 전차를 보면, 차체의 양단에 반드시 대차가 있다. 예외로서 프랑스의 테제베나 오다큐의 로맨스카 등은 이 대차를 2량의 차체 중간에 배치하고 있다. 이론적으로는 이 방법이 주행안정성에 좋다고 한다.

미국이 보기 대차를 제일 처음 사용했다. 철도의 탄생과 거의 동시에 보기차가 등장하고 있었다. 넓은 국토에 서둘러서 건설한 미국의 철도 선로는 급곡선이 많고, 구조도 취약했기 때문에, 탈선사고가 끊이지 않았다. 이 때문에 주행 성능이 좋은 보기 대차가 빨리 보급된 것이었다.

유럽에서도 1870년대에 들어가면 보기 대차가 등장하지만, 그 보급은 상당히 늦은 것이었고, 1차대전 후에도 2축 객차를 계속해서 제작하고 있었다. 1938년에 대형 사철회사가 합병하여 프랑스 국유철도가 발족했을 때에도 전 객차의 3분의 2는 보기차가 아닌 2축차나 3축차였다.

일본 철도 최초의 객차는 영국에서 수입하여 사용하였고, 1875년부터 일부 객차의 국산이 시작되었지만, 영국의 디자인을 그대로 모방한 것이었다. 그러나 1905년의 철도 국유화 무렵부터 차차 미국식의 디자인으로 변해 갔다. 협궤이고 곡선이 많은 일본 선로구조의 약점이 같은 고민을 가진 미국 철도기술 쪽으로 관심을 돌리게 한 것이다. 철도의 국유화 이후 머지않아 새롭게 제작할 객차는 모두 보기차로 결정하고, 2축차는 될 수 있는 한 빨리 폐차하는 방침을 확고히 했다. 2축차의 탈선사고가 많았던 것임에 틀림없다. 그러나 실제로 모든 2축 객차를 폐지하는 것은 상당히 어려웠고, 1930년대 말경까지 남아 있게 된다. 그래도 이것은 2차대전 후에도 다수의 2축 객차가 남아 있던 유럽 철도에 비하면 상당히 빨랐다고 할 수 있다.

7 지하철과 전차의 탄생

1) 런던에 세계 최초의 지하철 탄생

세계 최초의 지하철은 잘 알려져 있는 것같이 1863년 1월 10일에 런던에 개통한 메트로폴리탄 철도이다. 그레이트 웨스턴 철도의 터미널인 패딩턴 역에서 런던의 중심까지 전장 6km의 노선이었고, 그레이트 웨스턴 철도의 도심 환승을 위한 지하철도였다.

영국 서부에 커다란 노선망을 가진 그레이트 웨스턴 철도는 천재 기사 브루넬의 신념으로 7피트 4분의 1(2,139mm)이라고 하는 광궤 선로를 사용하고 있었기 때문에, 메트로폴리탄 철도도 같은 광궤의 노선을 사용하게 되었지만, 도중의 킹스 크로스 역에서는 표준궤간 그레이트 노던 철도에도 접속했다. 이 때문에 메트로폴리탄 철도는 3개의 레일을 부설하고, 2개 회사의 열차가 진입할 수 있도록 했다. 그후 그레이트 웨스턴 철도도 표준궤간으로 고쳐졌기 때문에, 메트로폴리탄 철도의 3선 궤간도 종적을 감추게 되었다.

몇 개의 대형 사철회사를 중심으로 발달한 영국의 철도는 각각의 철도가 제각각인 터미널을 가지고 있었으므로, 이러한 터미널을 연락하는 철도가 필요하게 되었다. 메트로폴리탄 철도가 이 역할도 담당하고 있었다. 이른바 지하를 달리는 순환선인 셈이었다.

이 세계 최초의 지하철은 증기 기관차를 사용하고 있었다. 지하를 달리는 철도에 증기 기관차라니 하고 깜짝 놀라겠지만, 당시는 아직 전차도 전기 기관차도 없었던 시절이었다.

지하철이라고 해도 전 구간이 터널이었던 것은 아니고, 적당한 간격으로 천장이 없는 개착 구간이 있었으므로 그 구간을 이용하여 석탄의 연기를 뿜어낼 수 있었다. 터널이 연속하는 일본의 우스이 고개와 별로 틀린 것이 없었다. 우스이 고개도 처음에는 증기 기관차를 사용하고 있었다. 이 지하철이 전철화된 것은 개통 42년 후인 1905년이 되고나서이다.

터널 안에 연기가 가득 찬 지하철이라고 할 때 대단히 위험할 것이란 생각이 들지만, 이상하게도 증기 운전을 했던 사이 사고로 사망한 승객은 한 사람도 없었다. 어디 그뿐인가. 런던의 지하철은 그 후 1세기 가까이 거의 큰 사고를 일으키지 않았다. 안전설비가 그 시대의 가장 중요한 고려사항이었던 것은 틀림없지만, 안전이란 것이 간단한 상식으로 통용되지는 않는 일면을 가지고 있다.

런던 지하철에서 발생한 최초의 대형사고는 1953년에 일어났다. 스트래퍼드 역에서 열차가 충돌하여 13명이 사망한 것이다. 또 1975년에 42명의 승객이 사망하는 대형사고가 일어났다. 종착역인 무어게이트 역에 비정상적인 속도로 진입한 열차가 터널의 종단의 벽과 격돌했다. 그 결과 선두의 차량은 부서지고, 차체의 길이가 반이 되어 버렸다. 검사관의 결론은 기관사의 실수였지만, 진짜 원인은 모른

열차사고로 혼란스러운 런던 지하철의 무어 게이트 역(COSMOS PRIM 제공)

다고 하는 설도 많았다.

사고는 한 번 일어나기 시작하면 왠지 모르게 계속되는 속성이 있는데, 1987년에는 킹스 크로스 역에서 에스컬레이터의 화재 때문에 31명이 사망하는 사고가 일어났다. 에스컬레이터 밑에 쌓여 있던 쓰레기에 담배불이 옮겨 붙은 것이 원인이라고 한다. 이 사고가 난 이후 런던 지하철의 전 선로는 금연구역이 되었다.

2) 유럽에서도 지하철 개통

바다를 건넌 유럽 대륙에서 최초의 지하철이 개통한 것은 헝가리의 부다페스트에서이다. 왜 헝가리에서인가 하는 생각이 들겠지만, 당시는 전통 있는 하부스불가에 의한 오스트리아 헝가리 제국의 대도회, 세기말 문화의 꽃이 피어나고 있었고, 헝가리의 기업 간츠 사

파리 지하철

는 막 태어난 전기철도 기술을 이끈 선도기업 중 하나였다.

1900년 7월 19일, 19세기도 막을 내리려고 하는 그 마지막 해에 파리에서 지하철이 개통되었다. 예정은 혁명기념일인 7월 14일이었지만, 많은 무리가 발생하여 위험할 수 있다는 경시청의 강경한 반대에 의해 5일 이후로 개통을 늦춘 것이었다.

독창적인 기술과 아이디어를 창출해내는 것을 특기로 하는 프랑스인이 지하철의 건설에 영국보다도 30년 이상 뒤졌던 데에는 이유가 있다. 파리에 지하철을 건설하는 계획은 상당히 빨랐고, 1856년에 계획을 이미 세웠지만, 그 실현을 방해한 것은 정부와 파리 시의 주도권 다툼이었다. 정부는 대형 철도회사의 터미널을 연결하는 지하철을 건설하는 것에 집착했던 데 반해, 파리 시는 어디까지나 시민의 편리를 위한 철도의 건설을 주장했다. 이 싸움은 20년 이상이나 계속되었다. 그러나 드디어 결단을 내려야 할 때가 다가왔다. 1889년 파리에서 열린 만국박람회의 때에 파리의 시내교통이 불충분했던 것이 큰 문제가 되었다. 1900년 다음 만국박람회의 때까지는 이 문제를 어떻게든 해결하지 않으면 안 되었다. 결국 정부는 자신의 주장을 취하고, 파리 시가 지하철을 건설하는 것에 허가를 내주었다. 건설공사 자체는 파리 시가 직접 담당했다. 그러나 지하철을 운행하기 위한 기업은 설립할 필요가 있었는데, 이 기업을 인수한 사람이 비얀브뉴 기사이었다.

그는 프랑스의 엘리트학교인 토목전문학교를 졸업한 후 프랑스 서부 노르망디 지방에서 철도 건설공사에 종사했는데, 그때 공사용 차량에 깔려 왼팔을 잃어버리는 비운을 겪었다.

1898년 11월에 정식으로 공사가 시작되고, 2년이 채 안 되어 최초의 구간이 완성되게 된다.

개통하던 날 오후 1시, 개업을 알리는 처녀열차가 포트 도 판세느의 역을 출발했다. 차내에는 '메트로의 아버지'라고 불리는 페일장 비얀브뉴와 부하들, 또 몇 명의 시의회 의원만이 승차하고 있었을 뿐이었다. 처녀열차는 25분 후에 종착역 볼트 도피느에 무사히 도착했다.

지하철이 개업할 때까지 파리의 시민들은 지하철에 대한 각양각색의 반응을 보였다. "지하를 달리는 철도란 어떤 것일까" "터널이 무너지는 것은 아닌가" "터널 안에서 연기 때문에 질식하는 것은 아닐까" "열차가 탈선하면 어떻게 될까" 등. 아직 대부분의 사람들은 파리의 지하철을 전차라고는 생각하지 않고 있었다.

그러나 다음 날 신문은 모두 이 새로운 지하철의 개통을 축하했다. "청결하고 빠르고, 승차감, 차내의 밝기 등 모든 면에서 완벽"하다.

다음 날인 정식 개통일부터, 지하철의 이용객은 예상을 훨씬 상회했다. 7월중에만 50만 명의 승객이 이 새로운 지하철을 이용했다.

비얀브뉴의 이름은 몽파르나스에서 가까운 어느 한 도로의 이름으로 남게 되었다.

파리 최초의 지하철은 목조 전차의 3량 편성으로 혼잡한 시간에는 10분 간격으로 달렸다. 이 파리 지하철 최초의 목조전차는 그후 몇 차례 개조되어 1981년까지 달리고 있었다.

지하철의 최대 매력은 그 속도였다. 평균시속은 25km 정도였지만, 그래도 당시 달리고 있던 마차나 노면전차에 비하면 3배나 빠른 속도였다.

파리 지하철에서 최초 1년 동안 부상을 입은 사람에 관한 재미있는 데이터가 있다.

- 문 사이에 끼인 사고: 82명
- 열차가 정지하기 이전 하차: 94명
- 열차가 움직이기 시작하고 나서 탑승: 11명
- 계단이나 플랫홈에서 넘어짐: 36명
- 플랫홈에서 선로로 떨어짐: 9명

최초의 지하철이 대성공이었던 것을 계기로 해서 연이어 순환선, 남북선의 공사가 시작되었다. 그리고 1908년에는 본격적인 철제의 전차도 등장한다.

그러나 좋은 일만 있었던 것만은 아니었다. 1903년 8월 10일의 저녁, 에투아르 역에서 나시온 역을 향해 달리고 있던 전차의 선두 차량에서 화재가 일어났다.

종업원들은 승객을 내려놓고 불을 껐다. 그러나 빈차가 된 전차를 회송하던 중에 다시 화재가 일어났다. 그래서 뒤따라오는 전차는 승객을 크론느 역에서 내려놓고, 이 전차로 불타고 있는 전차의 후부에서 밀기로 했다. 연결해서 12량이 된 전차가 움직이기 시작했을 때, 큰 소리와 함께 전차의 전기회로가 쇼트하여, 연기가 일어나기 시작했다.

화재의 진압에 종사하고 있던 철도원들이 서둘러서 불타고 있는 전차를 내리고, 크론느 역에 겨우 도착해 보니, 거기는 대혼란상태가 되어 있었다. 이미 세 번째의 전차가 도착하고 있었고, 그 전 2개의 전차에서 강제로 내려진 승객들이 함께 빨리 전차를 운행하라고 떠들어대고 있었다. 거기에 돌연 맹렬한 연기가 들어와 출구의 계단도 연기로 가득차게 되었다. 도망갈 장소를 잃어버린 승객들은 플랫홈의 끝으로 몰렸다. 그러나 거기에는 출구가 없었다. 84명의 사람들이 생명을 잃었다.

이 사고가 일어난 뒤 계단에는 큰 기름 램프를 달고, 화재 경보장치를 마련하는 등의 대책을 세웠다. 파리 지하철에 비교적 빨리 철제차가 등장한 것도 이 대형사고의 교훈임에 틀림없다.

3) 상호 환승이 가능한 일본의 지하철

1927년 일본의 지하철이 아사쿠사와 우에노 역 구간을 개통했다. 물론 처음부터 전차 운전이었다. 런던보다 64년, 파리보다는 27년 늦은 것이다. 현재의 제도고속도교통영단의 전신인 동경지하철도주식회사에서 시공했다. 뒤늦게 출발한 일본의 지하철이었지만, 현재에는 10개 도시에 629km의 선로가 있고, 이는 세계 제3위에 상당한다. 영국의 지하철이 오랜 세월 동안 대형사고가 없었던 것같이, 일본의 지하철에도 큰 사고는 없었다. 지하를 달린다고 하는 악조건을 감수한 것이었으므로 이상하다는 생각이 들겠지만, 그만큼 항상 최신의 안전설비를 가지고 있었던 것이 높은 안전성에 공헌한 것이다. 런던의 지하철이 개통된 지 90년 후에 큰 사고가 일어났던 것같이,

영단 지하철 히비야 선 열차사고에서 대파된 차량: 2000년 3
월 8일

일본에서도 2000년 3월 8일에 히비야 선의 나카메구로 역에서 열차
끼리 충돌하는 사고가 일어났다. 동경의 지하철에서 처음 일어난 대
형사고였다. 절대 안전하다는 것은 있을 수 없는 일이지만, 가장 높
은 안전 시스템을 가지고 있는 철도가 사고를 일으켰다는 것은 대단
히 충격적이었다.

　일본의 지하철을 자랑해도 좋은 이유 중의 하나는 세계에 앞서 다
른 철도와의 직통 운전을 실현한 것이다. 1964년의 제도고속도 교통
영단의 히비야 선과 동급 전철의 직통 운전이 최초였고 현재는 많은
노선에서 직통 운전을 하고 있다. 이렇게 해서 교외에서 도심으로
진입하는 교통이 대단히 편리해졌다. 도심에 거액의 돈을 들여 대터
미널을 만들 필요도 없어졌다.

　1970년경 프랑스의 신문이 이 기사를 게재하고, '상호 환승'을 파
리에서도 실현해야 한다는 논설을 실은 적이 있다.

4) 전차의 탄생

20세기 철도의 3대 기술혁신이라고 하면, 철제 차량의 보급(일부는 알루미늄), 정보통신기술의 이용, 그리고 동력혁명이 아닐까 생각한다.

동력혁명이란 증기 기관에서 전기·내연 기관으로의 동력을 전환한 것을 말한다. 동력을 바꾼 효과는 컸다. 증기 기관차의 열효율은 기껏해야 5%정도이다. 이에 비해 전기 운전, 디젤 운전의 열효율은 20% 가까이 된다. 그뿐만이 아니다. 증기 기관차에서는 큰 출력을 내기가 어렵다. 미국의 유니언 퍼시픽 철도는 1940년대 초에 로키산맥 고개에 중량 화물열차의 견인용으로 '빅보이'라고 불린 거대한 증기 기관차를 운행시켰다. 동륜이 16축, 총 중량 346톤, 출력 7,500 마력이라고 하는 초 매머드급 기관차였다. 증기 기관차가 고속으로 달리는 것은 어렵다. 중량이 무거울 뿐만 아니라, 주행안정성도 그다지 좋지 않고, 선로에 주는 충격도 크다. 사실 증기 기관차의 최고속도 기록은 1938년에 영국에서 내놓은 시속 203km에 지나지 않는다. 빅보이의 출력도 나가노 신간선 '아사마'의 4분의 3정도였다.

전쟁 전의 일본에는 동경과 오사카 간을 증기 기관차로 시속 200km로 달리는 '탄환 열차계획'이란 것이 있었다. 만약 신간선을 증기 기관차로 운행한다면, 시험운전이라면 몰라도 매일 정확히 시속 200km로 달리는 것이 불가능하다고 할 정도로, 상황이 상당히 어려웠을 것이고 선로의 보수도 곤란했을 것으로 생각한다. 아마 대형사고도 일어났을지 모른다. 동력의 전환은 속도뿐만 아니라 안전에도 크게 공헌한 것이다.

에디슨이 램프를 발명한 1879년, 베를린에서 열린 산업박람회의 주력상품 중 하나가 독일인 기사 웰나 지멘스가 만든 세계 최초의

'전차'였다. 전차라고 해도 현재의 동경 시내나 신간선에서 달리고 있는 전차와는 전혀 다른 것이었다. 길이 불과 1.5m의 미니 기관차가 3량의 객차를 견인하여, 길이 550m의 원형 선로 위를 달렸다. 출력은 불과 2kw로, 신간선 '아사마'의 출력이 7,200kw인 것에 비하면 얼마나 작은 전차이었는지를 알 수 있다. 그래도 18명의 승객을 태우고, 시속 7km 정도의 속도를 냈다고 한다.

이 전차는 단지 박람회의 구경거리에 지나지 않았지만, 2년 후 1881년에 지멘스는 베를린에서 본격적인 전차의 영업 운전을 시작했다. 현재 동경의 일부와 히로시마, 나가사키 등에 달리고 있는 노면전차의 원조라고도 할 수 있다.

같은 해에 지멘스는 파리에서 열린 국제전기박람회를 위해 콩코드 광장과 박람회장 사이에 전차를 운행했다. 이 전차가 세계에서 최초였고, 전차 위의 가선으로부터 전력을 얻는 방법을 사용했다. 계속해서 미국과 유럽에서 전기 기관차의 개발이 경쟁하듯 시작되었다. 이 새로운 기술에 철도의 미래를 발견한 것이었다.

유럽에서 맨 먼저 전기 기관차를 사용한 것은 런던 지하철이다. 그럴만한 이유가 있었다. 지하철 속을 증기 기관차로 달리는 것은 아무래도 위험했고, 승객도 매연에 시달리고 있었을 것이기 때문이다.

1890년에 런던의 중심에서 템스 강 아래를 지나 건너편 강가까지 도달하는 전장 불과 2km의 지하철을 개통했다. 이 노선은 처음부터 증기 기관차가 아닌 전기 기관차로서 2량의 객차를 견인하여 달렸다. 이것이 세계 최초의 전기 운전 지하철이다.

독일, 영국에 이어 유럽의 주요국과 미국에서 잇달아 전기철도가 탄생한다. 프랑스에서는 최초의 지하철이 개통한 같은 해인 1900년에 파리의 올세 역과 오스텔리 역 사이에 최초의 전기철도가 개통되었다. 현재 유명한 미술관으로 되어 있는 올세 역은 프랑스 전기철도의 발상지이기도 하다.

이 시대에 전기철도의 기술을 이끈 것은, 세계 최초의 전기철도를 만들었던 독일의 지멘스 사와 스위스의 BBC 사, 미국의 GE 사와 웨스팅하우스 사 등이다. 전기철도와 전기통신은 문자 그대로 20세기 초기의 하이테크였고, 최초로 전기철도를 발전시킨 기업의 대부분이 현재 세계의 전기기술을 이끄는 대기업으로 발전해 있다. 스위스의 BBC 사는 그후 스웨덴의 ASEA 사와 합병해서 유럽 굴지의 대기업 ABB 사로 되었다.

5) 철도 전철화의 시대 도래

20세기에 들어서면서 각국은 본격적인 전철화 시대를 맞이한다. 특히 스위스 철도의 전철화 속도는 빨리 진행되어 1920년경에는 이미 전 선로의 반 이상이 전철화되었고, 현재는 거의 100% 전철화되어 있다. 이것은 스위스가 석유, 석탄 등의 천연자원이 없는 대신에 풍부한 수력발전소를 가졌고, 급한 구배구간이나 터널이 많은 산악선구에는 전기철도가 적합했기 때문이었다. 스위스의 전기철도 기술은 여러 가지 점에서 세계 최고 수준이었다.

유럽의 전기철도는 대도시속을 1량 단위로 달리는 노면전차와 그때까지의 증기 기관차를 대신해서 객차를 견인하는 전기 기관차로 나뉘어 기술이 발달해갔다.

한편, 미국에서도 유럽에 뒤지지 않고 전기철도가 급속히 발달해 갔다. 특히 미국에서는 도시의 노면전차에 대한 발달이 두드러졌다. 최전성기이었던 1920년경에 미국 전역에는 6만 량의 전차가 운행되고 있었고, 1년간 110억 명의 승객을 수송하고 있었다. 현재로서는 상상하기 어렵지만, 20세기 초기의 미국은 '전차왕국'이었던 것이다.

미국이 전기철도의 발전에 큰 공헌을 한 사람은 유명한 전기기사 프랭클린 스프라그이다. 그는 1888년에 리치먼드에서 전차를 운행하고 있었는데, 이 전차는 상공에 매단 가선으로부터 폴에서 전기를 집전하고, 차축 위에 탑재한 전동기로 열차를 움직인 것이었다. 그후 전차 기술의 기본을 만들었고, 다음 해 몇 량의 전차를 연결하여 선두차량의 운전대에서 모든 전차의 가속이나 브레이크를 원격제어하는 기술을 발명했다. 이 기술이 오늘의 전차 발전의 기초가 되었다고 할 수 있다. 지멘스가 전기철도의 아버지였다고 하면, 스프라그는 '전차의 아버지'이다.

이 스프라그의 기술을 사용하여, 19세기 말 미국에서는 뉴욕과 시카고에 고가선 위를 몇 량의 전차를 연결해서 달리는 '고가철도'가 생겼다. 일본의 야마노테 선이나 게이힌 토우호쿠 선의 원조라고 할 수 있다. 그뿐만 아니라, 2~3량의 노면전차를 연결하여, 고속으로 도시와 도시 간을 달리는 '도시간' 전차도 발달하고 있었다.

그러나 유럽과는 달리 미국에서는 전기 기관차가 그다지 발달하지 않았다. 철도를 전철화하기 위해서는 가선을 매달거나, 변전소를 건설하고, 경우에 따라서는 발전소의 건설도 필요하므로, 거액의 설비투자가 필요하다. 따라서 열차 횟수가 많은 구간이 아니면 채산이 맞지 않는다. 광대한 국토의 미국에서 장대 화물열차는 달리고 있었지만, 열차 횟수가 적은 구간이 많았다. 따라서 전철화 구간이 적었던 것이다. 그러나 긴 터널이 있는 구간은 증기 기관차로는 힘이 든다. 시카고에서 미국 북부를 지나서 태평양의 시애틀, 포틀랜드를 연결하는 시카고 밀워키 세인트폴 앤드 퍼시픽 철도는 로키산맥의 고개를 넘어가는 구간을 중심으로 1,000km 이상의 전철화 구간을 가지고 있었다. 그러나 이 구간도 1970년대에 디젤 기관차로 변했다.

이 정도로까지 발달했던 미국의 전차가 왜 대부분 종적을 감춰버린 것일까?

스넬이 쓴 『자동차가 철도를 멸망시켰다』에 의하면, 미국의 거대 자동차 제작회사인 GM은 1920년대 후반에 스스로 버스사업에 진출, 자사의 제품인 버스의 시장을 넓혀 갔다. 1926년에는 거대한 버스회사 그레이하운드 사를 설립했다. 그뿐만 아니라 도시의 노면전차 회사를 차례로 매수한 뒤, 그 노면전차를 폐지하고 버스로 바꿔 나갔다. 그런 일이 있었던 가장 대표적인 곳이 로스앤젤레스라고 한다.

이 설이 전부 정말인지 아닌지는 별도로 하고, 1970년대 미국의 전기철도는 시카고와 뉴욕의 고가철도, 뉴욕과 워싱턴 간의 본선을 제외하면 대부분 종적을 감추고 있었다. 그후 워싱턴, 애틀랜타 등에 새로운 지하철이 건설되고, 일부의 도시에서는 노면전차도 부활하고 있지만, 옛날의 전차왕국의 모습을 찾아 볼 수 없다. 미국 철도의 주요 간선 중 대표구간이라고도 할 수 있는 뉴욕과 보스턴 사이에서조차 2000년에 마침내 전철화가 완성되었지만, 기술상의 고장 때문에 개통이 대폭 연기되었다.

6) 일본의 전차 도입

철도의 개통이 유럽보다 40년 뒤진 일본이었지만, 전차가 운행하기 시작한 것은 비교적 빨랐다. 명치시대에 국가의 모든 힘을 다하여 선진국의 기술을 도입하려고 했던 결과일 것이다.

일본 최초의 전차는 1895년 1월 31일 교토에서 운행되기 시작했다. 세계 최초의 전기철도가 베를린 산업박람회 때에 탄생했던 것같이, 교토의 시영 전철도 이 해에 열린 내국산업박람회가 열리던 때에 개통했다. 교토 역 앞에서 후시미초우까지 약 7km의 구간이다. 이 구간을 무려 40분이나 걸려 달렸다. 어쨌든 그때까지 인력거나 마차밖에 달리지 않던 거리에 전차가 운행되기 시작했기 때문에 구경꾼이 쇄도했고, 사고도 많았던 듯하다.

이 때문에 당국은 전기철도에 대한 규제를 제정하고, 도로나 교량 위 등 위험한 장소에서는 통지인이라고 불리던 소년이 붉은 깃발이나 빨간 램프를 가지고 전차 앞을 뛰면서, 전차가 오는 것을 사람들에게 알리도록 하는 의무를 부과했다. 일본 최초의 전차에서 안전은 가장 골치 아픈 문제였다.

일본뿐만 아니라 유럽이나 미국의 철도에서 전기운전을 시작함에서 최대의 문제는 어떻게 전력을 확보할지에 관한 것이었다. 당시에는 발전소가 없었고, 전력 송전망도 거의 없었다. 지멘스가 베를린의 산업박람회에서 전차를 운행하기 위해서는 발전설비가 만들어지지 않으면 안 되었다.

교토에서는 비와쿄 호수의 물을 이용하여 발전을 하는 풍차사업이 시작되었고, 1892년에는 교토 전등회사도 발족했다. 전차사업은 이 풍차전력을 이용하기 위한 중요한 사업이기도 했다.

노면전차가 아닌, 현재의 야마노테 선과 같은 전차가 운행되기 시작한 것은 1904년으로, 현재 중앙선의 이이타초우와 나카노의 사이였지만 당시 이 선은 아직 사철의 갑무 철도의 노선이었다. 이 전차운전을 위해 갑무 철도는 신주쿠에 증기 기관을 이용한 발전소를 건설했다. 최초로 달린 전차는 목조의 차체에 폴(전차의 지붕에 설치되어 전기를 집전하는 장치)을 장착한 작은 전차였다.

이 노선은 2년 후 국유화가 되었고, 그후 머지않아 동경역으로 진입했고, 계속해서 야마노테 선, 게이힌(京浜) 선 등으로 전차 운전이 확대되어 갔다. 야마노테 선이 전선 개통하여 순환선 운전이 시작된 것은 1925년이 되고 나서부터이다.

야마노테 선의 신바시에서 시나가와를 돌아 시부야, 신주쿠를 지나서, 우에노 역과 아카바네로 가는 노선에는 1909년부터 이미 전차가 운행되고 있었지만, 우에노 역과 동경 사이가 미완성이었던 대정 시대에는 우에노 역 출발의 전차가 시부야, 시나가와, 신바시를 지나, 동경역에서 중앙선으로 갈아탔던 적도 있었다. 전차의 운행경로가 히라가나의 '노'자를 닮았기 때문에, 이것을 '노'자 형태의 운전이라고 부르고 있었다. 또한 처음에는 1량만으로 달리던 전차도 1916년경부터 2량 연결로 운행하게 되었다.

기술적으로 보면, 초기의 전기철도에서는 기관차의 기술이 전차보다도 훨씬 복잡한 고급 기술이었다. 일본 최초의 전기 기관차는 1912년 신에쯔 선의 요코가와와 카루이자와 사이를 운행하기 시작했다. 톱니바퀴를 사용한 아프트 식의 일본 최초의 전기 기관차는 독일로부터 수입된 것이었지만, 1919년에는 국유철도의 오오미야 공장에서 일본 최초의 국산전기 기관차를 만들 수 있었다. 일본 최초의 일본산 전기 기관차는 아프트 식 기관차였다.

전기철도가 노면전차나 지하철 등 대도시의 철도와 산악 노선에서 우선 사용된 것은 당연하다고 하면 당연한 일이었지만, 증기 기관차가 대량으로 뿜어내는 매연은 도시에 사는 사람들에게는 심각한 공해였다. 우스이 고개와 같이 터널이 많고, 급경사가 계속되는 구간은 증기 기관차로서는 가장 힘든 구간이었다. 따라서 일본 최초의 전기 기관차가 요코가와와 카루이자와 사이를 운행하기 시작했던 것이 자연스러운 현상이고, 유럽이나 미국 등에서도 철도의 전철화가 빨랐던 지역은 대도시 노선과 산악지대의 구배 구간이었다.

우스이 고개의 철도가 1893년 톱니바퀴를 이용한 아프트 식으로 개통한 이래, 전철화할 때까지 20년 가까이 증기 기관차가 운행되고

우스이 제일 터널 부근에서 탈선, 삼나무숲
에 굴러 떨어진 전기 기관차: 1950년 10월
28일

있었다. 불과 11km의 구간에 26개의 터널이 있는 급경사의 이 구간
을 증기 기관차로 1시간 20분이나 걸려서 달리는 데에는 상당한 어
려움이 따랐을텐데 이상하리만큼 큰 사고는 일어나지 않았다.

그러나 1901년 7월 12일, 고개를 오르고 있던 열차가 돌연 역 방
향으로 다시 내려가기 시작하는 위험한 사고가 일어났다. 증기 기관
차의 보일러가 파열해서 증기가 뿜어 나오기 시작하면서 고개를 더
이상 오를 수 없게 되었기 때문이었다.

당시의 열차에 직통 브레이크는 아직 장착되어 있지 않았다. 기관
조사와 열차에 타고 있던 브레이크 담당직원들은 서둘러서 수동 브
레이크를 걸었다. 그러나 급한 고개를 내려가기 시작한 열차는 좀처

럼 속도가 줄어들지 않았다. 이 열차에는 일본 철도회사 기사장인 모우리 시게 타스쿠 부자가 타고 있었지만, 철도기술의 전문가였던 이 사람은 순간 위험을 느껴 자식과 함께 열차로부터 뛰어내렸다. 이것이 결과적으로는 잘못되어 두 사람 모두 열차에 깔려 사망했다. 열차는 톱니바퀴가 붙어 있는 브레이크 객차의 수동 브레이크의 힘으로써 정차할 수 있었고, 다른 승객은 전원 무사했다.

이 구간을 달린 최초의 전기 기관차는 계속되는 고장으로 고생했을 듯하다.

당시 기관차 자체의 기술은 완전한 것이 아니었던 것이다. 그리고 점검이나 수리의 경험이나 기술도 불충분했다. 아프트 식 전기 기관차 시대에도 한 차례 열차의 역행사고가 일어났다. 1918년 2월 7일, 고개를 오르고 있던 화물열차가 전기 기관차의 고장 때문에 정지했고, 그대로 역 방향으로 다시 고개를 내려가기 시작했다. 이때에는 열차를 정지시키지 못했고, 화물열차는 인입선 터널의 벽에 격돌하여, 열차는 대파되고 승무원 4명이 사망했다.

이 급경사 구간은 1963년에 아프트 식을 폐지하고, 나가노 신간선이 개통하는 1998년까지 35년간 '고개의 셰르파'라고 불린 EF 63형 전기 기관차가 치차 없이 열차를 밀어 왕래하였지만, 이때에도 한 차례 대형사고가 일어났다. 1975년 10월 28일, 카루이자와에서 요코가와를 향해서 회송중이던 4량의 전기기관차가 내리막길에서 속도를 지나치게 내면서 멈추지 못하고 터널을 통과한 지점에서 탈선·전복, 제방의 아래로 굴러 떨어졌던 것이다. 다행히 사망자는 없었지만, 대단히 위험한 사고였다.

철도에서 급경사와 급곡선의 구간은 가장 위험한 구간이라고 할 수 있다. 특히 오르고 있을 때보다도 내려갈 때가 더 위험하다. 나 자신도 이 선의 아프트 식을 폐지하기 직전에, 신형 전기 기관차의 시운전을 담당한 적이 있지만, 화물열차의 경우 내리막길에서 시속 30km 이상의 속도가 되면, 관통 브레이크가 장착되어 있는 화물열차라도 정지시킬 수 없게 된다. 내리막길에서의 속도 초과는 위험하다. 다음에 소개하는 철도역사상 최대의 사고도 바로 그 내리막길에서 일어났다.

8 세계 각국의 비참한 대형사고

1) 프랑스 역사상 최대의 철도사고

기네스북에 의하면 역사상 최악인 철도사고는 1981년 6월 6일 인도의 비하르주에서 열차가 바구마티 천의 철교에서 낙하한 사고로, 800명 이상의 희생자가 발생했던 것이다. 사고의 원인은 기관사가 선로 위의 소를 발견해서 급제동을 걸었기 때문이라고 한다. 그런데 이 사고의 희생자에 관해 인도 국유철도의 간부에게 물으니 희생자는 500명 이하라고 말했다. 불명료한 점이 많았던 사고였다.

최근의 『철도 기네스북』에서는 인도에서 발생한 사고가 아니고, 1917년 12월 12일 프랑스의 생미셀 도 모리안느에서 일어났던 사고를 '완전한 기록이 있는 최대의 철도사고'라고 기록하고 있다.

이 해는 러시아 혁명이 일어났던 해로, 유럽 전 국토를 전쟁에 몰아넣은 1차대전이 4년째 계속되던 시기였고, 미국도 참전을 결정하

철도역사상 최대의 사고가 일어난 프랑스의 생미셸 도 모
리안느 역, 왼쪽 앞쪽이 샤베리

고 영국, 프랑스 측의 우세로 기울어지고 있던 시기였다. 그때 프랑
스와 이탈리아 국경과 가까운 산악지대에서, 사망자 543명이라는 철
도역사상 최악의 사고가 일어났다.

　프랑스와 이탈리아 사이에는 높이 4,000m 급의 알프스 산들이 줄
지어 서있다. 프랑스로부터 이탈리아로 가기 위해서는 무슨 일이 있
어도 이 알프스의 산들을 넘지 않으면 안 되었다. 이 대형사고가 일
어난 노선이 있는 모리안느의 산골짜기는 옛날부터 중요한 도로였
고, 표고 2,083m의 몬 스니 고개를 넘어 프랑스에서 이탈리아를 연
결하는 험한 고갯길이었다.

　로마시대의 옛날에 아득히 먼 아프리카에서 코끼리의 군단을 데
리고 로마를 공격한 카르타고의 장군 한니발도 이 근처를 지나간 것
같고, 나폴레옹도 이 고개를 넘어서 이탈리아로 공격해 들어간 적이
있다. 나폴레옹은 황제가 된 뒤 이탈리아를 지배하기 위해 반드시
지나가야 했던 이 길을 대폭 개량하고, 마차가 통과할 수 있는 훌륭
한 길로 만들었다.

　1871년에 이 고개 밑에 전장 13.7km의 철도 터널이 개통되었다.

이 몬 스니 터널이 유럽 최초의 알프스 횡단 터널이다. 이 터널 공사를 지휘했던 사람은 소메이에 기사로, 이 터널 공사에서 처음으로 공기 드릴과 화약에 의한 암석 폭파공법을 사용하였다. 비극은 이 터널의 프랑스 측에서 일어났다. 이탈리아 전선에서 독일, 오스트리아 연합군과의 싸움에서 유리하게 된 프랑스군은 크리스마스 즈음에 많은 병사들에게 휴가를 주었다. 오랜만의 귀국을 기뻐하는 병사들을 태운 2개의 특별 열차가 이탈리아를 출발, 터널을 넘어 프랑스 측 국경에 차례로 도착하고, 2개의 열차가 1개의 플랫홈을 사이에 두고 도착해 있었다.

양쪽 열차 차량을 합치면 19량의 차량이었다. 그 차량에는 1,025명의 병사들이 타고 있었다. 군 사령부는 2개의 열차를 연결해서 1개의 긴 열차로 마의 샤베리를 향해서 운행하도록 지시를 내렸다.

베테랑 기관사였던 지랄은 이 명령을 거부했었다. 전 중량 520톤의 열차를 견인하고, 1,000분의 30이라고 하는 급경사를 내려가는 것이 매우 위험했기 때문이다. 그러나 군의 명령에는 복종하지 않을 수 없었다.

밤 10시경 열차는 출발하여 급한 고개를 내려가기 시작했다.

이 열차에는 관통 브레이크가 있었다. 하지만 관통 브레이크를 최전부의 3량에만 사용하고, 후부의 객차 중 7량에서는 수동 브레이크를 조인 채 열차는 발차하였다. 서서히 열차의 속도는 조금씩 빨라져 갔다. 도중의 라 프라츠 의 역장은 맹렬한 속도로 통과해가는 열차를 보고 위험하다는 판단을 하여, 다음 역인 생미셸 도 모리안느 역에 전화를 해서 반대 방향의 열차를 정지시켰다.

1량째 객차의 브레이크 슈와 차륜은 열을 받아서 벌겋게 달아올랐고, 불꽃도 생기기 시작했다. 그런데 그 불꽃이 객차 밑바닥의 나무에 옮겨 붙어 불이 붙기 시작한 것이다. 열차 안에서는 비명이 터져나오고, 몇 사람의 병사가 열차 밖으로 뛰어내렸다. 타 죽는 것보다 낫겠다는 생각에서 택한 방법이었던 것이다.

불은 차례로 계속 다른 차량으로 옮겨지고, 열차는 맹렬한 화염에 싸여 고개를 달려 내려갔다. 생미셸 도 모리안느 역의 가까운 급커브에서 기관차는 탈선하였다. 게다가 차례로 이어지던 객차가 위에 걸터앉았다. 목조의 객차는 산산이 부서지고, 탄약은 폭발했다.

군대는 이 사고의 정보를 제공하지 않았다. 그 때문에 이 사고의 상세한 정황은 오랜 세월 동안 묻혀 있었다. 사고의 원인도 불분명한 점이 많고, 정확한 희생자의 수를 아직도 알지 못하고 있다. 희생자 수는 앞의 영국 『철도 기네스북』에 의하면 534명으로 집계되어 있지만 프랑스 측의 기록에서는 425명으로 되어 있다. 일설에 의하면 800명을 넘는다고도 한다.

기관사인 지랄은 기적적으로 무사했다. 그러나 이 사고 책임자의 한 사람으로서 감옥생활을 해야 했고, 8개월간의 심문 뒤에 책임이 없는 것으로 밝혀져 석방되었다. 이 기관사 지랄이 처음 발차를 거부했다는 것도, 열차가 주행중에 화재가 난 것도 사실이 아니다라는 설도 있다. 지금으로서는 진상은 확인할 수 없다. 이 사고의 위령비석은 지금도 생미셸 도 모리안느 역에 세워져 있다.

1944년에 이탈리아의 알루미 터널 안에서 일어난 대형사고도 2차 대전중의 사고였다. 전쟁이 사고의 직접적인 원인이 아니지만, 전쟁중의 무모한 수송이나 차량, 설비 등의 혹사가 사고의 원인이 되었던 것을 부정할 수는 없다. 이 사고는 600명 이상의 승객을 태운 여객열차가 상구배인 터널 안에서 움직이지 못하고, 승객의 대부분이 증기 기관차가 내는 연기와 일산화탄소에 중독되어 질식했던 것으로, 426명이 사망했다.

이 두 가지의 대형사고는 둘 다 구배가 심한 언덕길에서 일어났다. 역시 급경사 구간은 위험도가 크고, 특히 증기 기관차 시대에는 급경사의 구간에서 사고가 끊이지 않았다.

2) 직원의 실수에 의한 영국 최악의 사고

영국 철도역사상 최악의 사고도 1차대전중에 일어났다. 장소는 영국 서북부의 스코틀랜드 경계와 가까운 거리, 칼라일의 근교였다. 칼라일은 런던에서 글래스고, 에든버러로 출발하는 서해안선 철도의 중요한 거점이고, 옛날에는 여기에 큰 기관차 기지도 있었다.

런던에서 한밤중에 출발한 스코틀랜드 행 야간 급행열차는 다음날 아침 일찍이 이 역에 도착한다. 이 역에, 도중의 작은 역에 멈추는 지방 열차가 접속하는 것으로 열차시각표는 짜여 있었다. 그런데 런던 출발의 야간열차는 지연되는 일이 많았고, 그럴 경우 지방 열차는 먼저 출발해버리는 일도 가끔 있었다.

1915년 5월 22일, 이날도 런던 출발의 2개의 야간 급행열차는 30분 가까이 지연되고 있었기 때문에, 지방 열차는 먼저 출발하였고, 도중의 킨딘스힐 역에서 급행열차를 통과시키기 위해 측선에 대피하게 되었다(<그림 1> 참조).

그렇지만 이날 하행 대피선에는 이미 다른 화물열차가 정차하고 있어서 로컬 열차가 들어갈 수 없었다. 그래서 킨딘스힐 역의 신호원은 지방 열차를 일단 하행 본선에 도착시킨 뒤, 비어 있는 반대방향의 상행 본선으로 전선시켰다. 그와 거의 같은 시간에 상행 대피선에는 공차 화물열차가 도착했다. 킨딘스힐 역에서 런던 출발의 야간열차를 통과시키는 하행 본선 이외의 모든 선은 모두 열차가 유치되어 있었던 것이다.

여기서 킨딘스힐의 신호원이 두 가지의 큰 실수를 했다. 상행의

킨딘스힐 역의 열차사고 현장(COSMOS PRIM 제공)

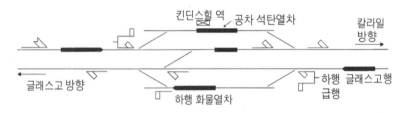

<그림 1> 킨딘스힐 역의 열차사고 현장(COSMOS PRIM 제공)

본선이 막혀 있는데도, 인접 역에 '열차 출발금지'라고 하는 정보를 보내지 않은 것과, 상행본선에 들어오는 열차에 대한 장내 신호기의 조작 레버 위로 오조작 방지용 나무조각을 끼워넣는 일을 잊어버렸던 것이다.

규정에는 역의 신호취급소에서 열차가 이미 들어 있는 선의 신호기에 실수로 진행신호를 보내지 않도록 하기 위해, 열차가 도착하면 그 신호기의 레버에는 오조작 방지용 나무조각을 끼우도록 되어 있었다. 이것을 잊은 것이다.

이러한 실수의 배경에는, 또 하나의 문제가 숨어 있었다. 킨딘스힐의 신호원들은 야간 근무의 신호원과 낮 근무의 신호원이 오전 6시에 교대하는 것을 규칙으로 하고 있었다. 그러나 오전 6시에 이 역에 들어오는 열차는 없었기 때문에, 낮 근무의 신호원은 문제의 지방 열차를 타고 6시 24분에 도착해서, 야간 근무의 신호원과 교대하는 일이 많았다. 숨겨진 규정 위반이었던 것이다.

이 사실을 들키지 않도록 하기 위해서, 야간 근무의 신호원은 오전 6시 이후의 열차운행표를 다른 종이에 기록해두고, 늦게 도착한 낮 근무의 신호원이 누가 보아도 자신이 조작한 것같이 보이기 위해 정확히 다시 고쳐 쓰고 있었다. 이날도 그랬던 것이다. 인접 역에 상행 열차를 멈추기 위해 신호를 보내지 않으면 안될 때에 이 막 도착한 낮 근무의 신호원은 열차운행표를 다시 고쳐 쓰고 있었다. 신호취급소에는 야간 근무의 신호원이 아직 남아 있었을 뿐만 아니라, 도착한 열차의 브레이크를 담당하는 직원들과 기관조사도 역에 들러 신문을 보면서 전쟁 상황 등을 이야기하고 있었다.

그때 인접 역을 출발한 상행의 군인 수송 임시열차가 이미 킨딘스힐 역으로 다가오고 있었다. 근무를 막 시작한 낮 근무조의 신호원은 레버에 나무조각이 삽입되어 있지 않았으므로, 그대로 열차가 역에 진입해도 좋다는 장내 신호기를 진행신호로 현시했다. 상행 본선에는 전선한 하행의 지방 열차가 정차하고 있었는데도 불구하고 진행 신호를 보냈던 것이다. 게다가 불행하게도, 이 역의 입구에는 커브가 있어서, 멀리서는 역 구내의 상황이 잘 보이지 않았다. 최고 속도로 달려온 군인 수송의 임시열차는 정차해 있던 지방 열차와 정면충돌 했다. 기관차는 대파되었고, 목조 객차는 산산이 부서졌다. 전장 200m인 열차가 충돌 후에는 60m로 되어 버렸다고 한다. 게다가 충돌한 기관차의 탄수차는 하행본선에 옆으로 넘어졌다.

때마침 그곳으로 하행 급행열차가 시속 100km의 속도로 진입해

들어오면서 다시 충돌을 하게 되었다. 증기 기관차의 불타는 석탄과 객차 가스등이 목조 객차에 옮겨 붙었다. 24시간 동안 계속해서 불타고, 군인 수송용 객차 21량 중 20량은 잿더미가 되었다. 이 사고의 희생자는 277명, 영국의 철도역사상 최악의 사고로 기록되었다.

독일 철도의 최악의 사고도 전쟁중에 일어났다. 2차대전이 시작된 지 얼마 되지 않은 1939년 12월 22일, 베를린과 하노버를 연결하는 본선의 도중에 있는 겐토힌 역에서, 오전 1시경에 정차하고 있던 쾰른 행 특급열차에 잘츠부루크 행 열차가 추돌하여, 196명이 사망했다. 사고의 원인은 뒤따라오던 열차의 승무원이 정지신호를 확인하지 않았기 때문이었다. 전시 군수물자 수송을 위해 낡은 목조 객차까지 동원해서 열차를 운행하게 한 것이 사고의 희생을 크게 했다.

영국의 킨딘스힐의 사고는 역 신호원의 실수에서 비롯되었다. 독일의 겐토힌의 사고는 승무원의 신호 확인 실수가 원인이다. 이 두 가지의 문제가 실로 20세기 철도의 안전을 위한 최대의 과제였다.

3) 미국 최대의 충돌사고

광대한 국토에 약 30만 km의 선로망을 가진 미국의 철도는 유럽이나 일본에 비해 비교적 대형사고는 많이 일어나지 않았다. 아마도 열차 횟수가 적었던 것과 열차가 별로 혼잡하지 않았기 때문일 것이다. 기록에 남아 있는 최대의 사고는 1918년 테네시 주 내슈빌에서 일어났던 정면 충돌사고이다. 이 사고의 희생자는 101명이었다.

영국의 사고역사를 살펴보며 앞서 소개한 것과 같이 열차의 충돌 사고를 막기 위해서는 전신기술을 이용한 '폐색' 시스템이 필수적이다. 앞을 달리는 열차가 다음 역을 출발한 것을 전신기로 알리고, 다음 열차를 출발시키는 시스템이다.

특히 단선구간에는 열차끼리의 정면 충돌을 막기 위해서 통표를 사용하여 하나의 구간에 1개의 열차밖에 운행할 수 없는 시스템이 개발되었다. 그런데 미국에서는 이러한 폐색 시스템이 그다지 발달하지 않았다. 아마 광대한 노선망에 이러한 시스템을 도입하는 데 비용이 지나치게 많이 소요되는 것과 열차 횟수가 그다지 많지 않은 구간에서는 특별한 안전 시스템이 없어도 열차를 안전하게 운행할 수 있었기 때문일 것이다. 그 대신 미국에서는 열차시각표를 기본으로 한 TTTO 시스템(Time Table and Train Order 시스템)이라고 부르는 독특한 운행방식을 만들었다. 열차는 우선 열차시각표대로 운행함으로써 안전을 확보한다. 만일 열차가 지연될 경우, 지연열차는 특별한 지시가 있을 때까지 다른 열차와 교행을 하거나 대피를 할 예정의 역에서 기다리고 있어야 한다는 규정이다. 상당히 단순하면서도 원시적인 방식이었고, 만일 승무원이 착각이라도 하면 대형사고가 될 우려가 있는 것이었다. 사실 1918년 7월 9일에 대형사고가 일어났다.

내슈빌 차타누가 세인트루이스 철도의 내슈빌에서 숍스까지는 복선 구간이었지만, 숍스에서부터는 단선이었다. 열차시각표에는 내슈빌을 출발한 보통열차가 숍스 역에서 멤피스 발 애틀랜타 행의 급행열차와 교행하게 되어 있었다. 이날은 급행열차가 지연되고 있었다. 그런데 보통열차가 지시도 없이 숍스 역을 발차해버리는 바람에, 2개의 열차는 정면 충돌하고 말았다. 이것도 1차대전중에 일어난 사고였다.

4) 일본 최대의 탈선사고

일본의 철도에서 가장 희생자가 많았던 사고는 1947년 하치코 선

사망자 184명과 가장 희생자가 많았던 하치코 선 탈선사고

의 히가시 한노우 역과 코마가와 사이에서 일어난 열차 탈선사고이
다. 탈선사고라고 하기보다도 전복사고라고 하는 편이 나을지도 모
른다. 이 사고는 전쟁중은 아니었지만, 전쟁 후 아직 일본 사회 전체
가 혼란에 빠져 있던 시기에 일어났다. 그런 의미에서는 전쟁에 따
른 사고의 하나라고 해도 될 것이다.

　1947년 2월 25일 아침, 만원의 승객을 태우고 하치오우지 역을
출발한 보통열차가 히가시 한노우 역을 7분 늦게 출발해, 1,000분의
20이라고 하는 하구배의 구간에 도착했을 때, 이미 속도는 시속
50km나 되었다. 제동을 걸었으나 속도가 좀처럼 감속되지 않았다.
비상 브레이크를 걸었는데, 기관차는 후부에 강한 충격을 받았다. 후
부의 목조 객차 4량이 탈선해서 선로 아래의 보리밭에 굴러 떨어지
고, 목조 객차는 대파되었다. 184명이 사망하고 497명이 부상을 입
었다. 4량의 객차에 적어도 681명이 타고 있었던 셈이 된다. 기관차
와 앞 부분의 객차 2량은 코마가와 역 구내로 들어간 곳에서 멈춰
섰다. 반경 250m라는 급곡선을 고속으로 운행했기 때문에 일어난
사고였다. 열차에 대단히 많은 승객이 타고 있었기 때문에, 객차의

무게 중심이 높아져 있었던 것과, 승객의 무게로 인해 객차 스프링이 극단적으로 압축되어 커브를 돌아갈 때 저항이 커진 것도 탈선의 원인 중 하나가 되었다. 브레이크 장치에 이상이 있었는지 없었는지에 대해서는 밝혀지지 않았다.

<표 3>은 일본 철도의 10대 사고를 나타낸 것인데, 두 번째에 있는 니시나리 선에서 있었던 가솔린 차량의 탈선 전복사고와 열 번째의 산요우 본선 오보시 역의 열차 충돌사고에 대해서는 나 자신도 상당히 선명한 기억을 가지고 있다. 초등학교에 입학한 전후의 사건이지만, 신문에 실린 사고의 사진이 지금도 머리 속에 선명하게 남아 있다.

니시나리 선의 사고는 아지가와구치 역에 도착하려던 3량 편성의 가솔린 차량이 분기기 위를 지나가고 있던 도중, 신호원이 이 분기기를 전환시켜버리면서 시작되었다. 최후부의 가솔린 차량이 탈선·전복함에 따라 연료 탱크가 부서지고 가솔린이 흘러 나왔다. 그리고 탈선할 때에 일어난 마찰의 불꽃과 전기회로의 쇼트에 의한 불씨가 인화되어 순식간에 불바다가 되었다. 마침 이 차량은 공장에 다니는 종업원들로 초만원 상태였다.

철도의 전철화에 대해서는 이미 소개했지만, 증기 기관을 대신하는 또 하나의 새로운 동력이 내연 기관이었다. 내연 기관은 19세기 말에 발명되어, 자동차나 항공기의 원동기로서 급속히 발달해갔다. 라이트 형제가 처음으로 하늘을 나는 데 성공한 것이 1903년이고, 유명한 T형 포드가 탄생한 것이 1908년이다. 내연 기관은 철도의 강력한 라이벌을 만들었다.

철도도 이 새로운 동력의 이용에 도전하여, 1920년대에는 유럽이나 미국에 디젤 기관차가 등장한다. 철도를 전철화하기 위해서는 거액의 설비투자가 필요하고, 열차 횟수가 많은 대도시 철도나 인구가

<표 3> 일본 철도의 10대 사고(국철, 민철, 전 JR)

1. 사망자수로 본 10대 사고

구분	사고 종별	발생 연월	발생장소	사고 내용	사상자 사망	사상자 부상	사상자 계
1	열차 탈선	1947. 2. 25	하치코 선 히가시 한노우~ 코마가와역 간	하구배에서 브레이크가 듣지 않아 커브에서 여객열차가 탈선	184	497	681
2	열차 탈선	1940. 1. 29	니시나리 선 아지가와	열차 통과중에 전철기를 전환했기 때문에 탈선	181	92	273
3	열차 충돌	1963. 11. 9	동해도본선 쯔루미~요코하마역 간	[쯔루미사고] 탈선한 화물에 여객열차가 충돌하여 탈선, 이 열차가 다른 여객열차에 충격	161	120	281
4	열차 충돌	1962. 5. 3	조우반 선 미카와시마역	[미카와시마 사고] 화물열차가 출발 신호를 보지 못하고 진행하여 하본 선에 지장, 여기에 여객열차가 격돌 해서 탈선, 여기에 다른 여객열차가 충격하여 탈선	160	296	456
5	열차 탈선	1923. 9. 1	동해도 본선 네후가와역	지진(관동 대지진)에 의해 지반이 붕괴되어, 열차가 바다 속으로 추락	112	13	125
6	열차 충돌	1943. 10. 26	조우반 선 쯔치우라역	입환중에 전철기 위에서 탈선한 화 차에 여객열차가 충돌	110	107	217
7	열차 화재	1951. 4. 24	게이힌 선 사쿠라기초우 역	[사쿠라기초우 사고] 전차의 팬터그 래프가 밑으로 떨어진 가선에 걸려, 불꽃으로 화재가 발생	106	92	198
8	열차 충돌	1945. 8. 24	하치코 선 코미야~하이지 마역 간	통신두절로 대용폐색을 시행할 때, 한쪽의 역이 독단으로 열차를 출발 시켰기 때문에, 양쪽 열차가 타마가 와 교량상에서 정면충돌	105	67	172
9	열차 탈선	1922. 2. 3	호쿠리쿠 본선 오야시라즈~아 오우미역 간	눈사태가 열차를 직격해서 객차가 대파	88	42	130
10	열차 충돌	1941. 9. 16	산요우 본선 오보시역	장내 신호기를 못보고, 여객열차가 선행의 여객열차에 추돌해서 쌍방의 객차가 대파	65	71	136

집중한 도시간의 노선이 아니면, 좀처럼 수지를 맞출 수가 없었다. 열차 횟수가 적은 미국의 철도에서는 현재도 디젤 기관차가 동력의 주류를 이룬다.

유럽에서는 특히 독일이 디젤동차의 개발에 열중하여, 1937년 베

<표 3> 계속

2. 사상자수로 본 10대 사고

구분	사고 종별	발생 연월	발생장소	사고 내용	사상자 사망	사상자 부상	사상자 계
1	열차 충돌	1972. 3. 28	소우부 본선 후나바시	[후나바시 사고] 출발신호기의 소 등으로 후나바시역에 정차하고 있 던 전차에 후속의 전차가 추돌	0	758	758
2	열차 화재	1972. 11. 6	호쿠리쿠 본선 쯔루가~이마조 우역 간	[호쿠리쿠 터널 사고] 식당차에서 발화한 화재가 객차에 불길이 번짐	30	714	744
3	열차 탈선	1947. 2. 25	하치코 선 히가시한노우~ 코마가와역 간	하구배에서 브레이크가 듣지 않아 커브에서 객차가 탈선	184	497	681
4	열차 충돌	1991. 5. 14	시라기 코오겐 철도 시라기코오노타 니~다이진구우 시타역 간	대용폐색 방식을 시행할 때 취급을 잘못했기 때문에 기동차열차가 정 면충돌	42	614	656
5	열차 충돌	1962. 5. 3	조우반 선 미카와시마	[미카와시마 사고] 화물열차가 출 발신호를 보지 못하고 진행하여 하 본선을 지장, 여기에 여객열차가 격돌해서 탈선, 다시 여기에 다른 여객열차가 충돌하여 탈선	160	296	456
6	열차 충돌	1979. 6. 2	신에쯔 본선 시노노이역	화차에 조차원이 타지 않은 채 돌 방 입환했기 때문에 본선으로 진입 하여 전차와 충돌	0	364	364
7	열차 충돌	1969. 7. 27	케이세이 전철 후나바시~다이 진구우시타역 간	신호기 고장시의 취급 잘못에 의한 열차 충돌	0	318	318
8	열차 탈선	1991. 6. 25	후쿠치야마 선 후쿠치야마~탄 바타케다역 간	건널목 사고에 의한 열차탈선	0	318	318
9	열차 충돌	1963. 11. 9	동해도 본선 쯔루미~요코하 마역 간	[쯔루미 사고] 탈선한 화물에 여객 열차가 충돌하여 탈선하여 이 열차 가 다른 여객열차에 충격	161	120	281
10	열차 탈선	1940. 1. 29	니시나리 선 아지가와역	열차 통과중에 전철기를 전환했기 때문에 탈선	181	92	273

* 4, 7, 8번은 국유철도 이외의 철도회사이다.

를린과 함부르크 간을 최고 속도 160km로 달리는 유명한 특급 '후

독일의 디젤 특급

리겐다 함부르크'가 등장했다.

일본의 가솔린 동차는 제일 먼저 손님이 적은 지방의 사철에 등장했다. 국유철도는 조금 늦어서 1929년에 지선용의 가솔린 동차를 만들었다. 기동이 어려운 디젤 기관에 비해 가솔린 기관은 소형으로 성능이 좋은 것을 만들기 쉽고, 항공기나 자동차용으로 개발한 기술을 그대로 사용할 수 있다. 그러나 가솔린은 인화하기 쉽다는 결점이 있었다. 이 약점이 드러난 것이 아지가와구치 역에서의 사고였다. 그후 급속히 철도 내연 기관은 가솔린 기관에서 디젤 기관으로 변해 갔다. 일본의 디젤 동차가 본격적으로 발달한 것은 2차대전 이후부터이다.

또 하나 오보시 역에서의 추돌사고는 오보시 역에 정차하고 있던 보통열차에 후속의 급행열차가 추돌했기 때문에 일어났던 사고였다. 원인은 기관사가 정지신호에서 멈추지 않았기 때문이고, 1939년에 독일의 겐토힌에서 일어난 사고와 같은 내용의 사고라고 할 수 있다.

9 빈발하던 철도사고에 대한 예방

1) 전기식 연동장치와 궤도회로의 등장

니시나리 선의 가솔린 차량의 탈선사고와 산요우 본선 열차 추돌 사고는 당시의 철도 안전 시스템에 기본적인 과제를 던져준 사고였다. 대형사고라는 것은 시스템의 최대 약점을 노리고 일어나는 경우가 많다. 이것을 교훈으로 살리는 것이 안전기술의 진보로 연결되고, 철도의 안전성의 향상에 공헌한다. 이 두 가지의 사고는 그 전형적인 예였다.

이미 말한 것과 같이, '연동장치, 폐색 시스템, 브레이크'의 정비에 의해 철도의 기본적인 안전 시스템은 완성되었다. 그러나 이 초기의 안전 시스템은 아직 인간의 주의력에 의지하고 있는 부분이 많았다. 만일 인간이 실수를 하면 대형사고로 연결될 우려가 항시 존재하고 있었다. 그 최대의 문제가 승무원의 신호 확인 실수나 역 신호원의 분기기나 신호기의 조작 실수였다. 오보시 역의 열차 추돌사고는 전자의 예이며, 니시나리 선의 탈선사고는 후자의 예이다. 영국 최대의 철도사고였던 킨딘스힐의 열차 추돌사고는 신호 조작의 실수에서 생긴 것이고, 독일 최대의 사고는 승무원의 실수에 의해서 열차가 추돌했던 사고였던 것이다.

이러한 사고를 막을 수는 없는 것일까? 이것이 20세기 전반기 동안 철도 안전에서의 최대 과제였다.

니시나리 선 열차 탈선사고는 열차가 분기기를 지나가고 있을 때, 분기기를 전환했기 때문에 일어났다. 이 열차는 공장에 근무하러 가는 많은 승객이 타고 있어서 예정보다도 늦게 아지가와구치 역에 도착했다. 단선인 이 구간에서는 반대 방향으로 출발하는 상행 열차가 아지가와구치 역에서 출발을 기다리고 있었다. 그 때문에 신호원은 분기기의 전환을 서둘렀고, 그로 인해 이 사고가 일어났다. 이러한 실수를 막을 방법은 없는 것일까? 열차가 분기기 위를 지나가고 있을 때 분기기를 움직이지 못하게 하면 된다. 이러한 장치는 이 사고가 일어나기 훨씬 전에 개발되어 상당히 보급되어 있었다. 분기기의 레일과 평행하게 디텍터 바(detector bar)라고 부르는 탐지봉을 설비해 두고, 열차가 개통하고 있을 때에 분기기를 움직이려고 해도 이 디텍터 바가 열차 차륜에 접촉되어 움직이지 못하도록 하는 것이다. 아지가와구치 역에도 이 장치가 설치되어 있었지만, 전쟁이 시작되면서 강재가 부족했기 때문에 철거해버린 듯하다.

이러한 원시적인 방법이 아니고, 아주 간단히 신호나 분기기의 조작 실수를 막는 기술이 있다. 그것은 '궤도회로'라고 부르는 기술로서, 선로의 양 레일에 전류를 흘려두고, 열차가 개통하면 차축이 이 전류를 단락함으로써, 열차가 그 구간에 있는 것을 알 수 있다는 것이다. 그때에도 분기기를 움직이지 못하게 하면 된다. 바로 이것이 전기식 연동장치이고, 마침내 계전기를 사용하여 안전회로를 설계하게 되었으므로 '계전 연동장치'라고 부르고 있다.

철도의 안전에 지극히 중요한 장치이고, 최근에는 일본의 대부분의 역에 이 장치가 설비되어 있다. 신간선도 오랜 세월 이 장치를 사용했다. 이 '궤도회로'의 기술을 사용하면, 분기기의 조작실수뿐만 아니라, 영국의 킨딘스힐의 사고와 같이 열차가 역 구내에 정차하고 있는데도 불구하고 역 입구의 신호기를 청신호로 조작하는 실수도 막을 수 있다. 열차가 어떤 구간에 있을 때에는 궤도회로에서 검지하고, 그 구간의 입구에 있는 신호를 자동적으로 정지신호로 현시하게 되는 것이다. 이것은 '자동신호'이고, 현재 철도 안전 시스템의 기본으로 되어 있는 기술이다. 신간선의 안전을 유지하고 있는 ATC (자동 열차 제어장치)도 기본적으로는 이 기술을 지금까지 사용하고 있는 것이다.

궤도회로의 기술이 개발된 것은 상당히 오래 전의 일이다. 이미 1860년대에 영국의 유명한 신호기술자 시크스와 미국인 로빈슨이 이 기술을 발명하였지만, 당시에는 전력망이 거의 발달하지 않았고 궤도회로를 대지에 절연하는 기술도 발달하지 못했기 때문에 좀처럼 실용화되지 않았다. 이 기술이 본격적으로 보급된 것은 20세기에 들어선 이후부터이다.

옛날의 철도 분기기는 모두 기계식 레버를 인간의 힘으로 당겨서 움직이고 있었다. 처음에는 분기기마다 이 레버가 설치되어 있었지만, 대단한 힘을 필요로 하는 중노동이었고, 이것을 전철기 담당 직원이 매일 수십 번 또는 100회 이상 조작해야 하기 때문에 꽤 힘든 일이었다. 마침내 역 전체의 분기기나 완목식 신호기의 조작 레버를 1개소, 또는 큰 역에서는 몇 개소의 신호취급소에 집중하여 멀리서 기계적으로 조작할 수 있게 되었다.

내가 일본 국유철도에 입사했던 1950년대에는 아직 이러한 장치가 많이 남아 있었다. 신주쿠 역에서 나에게 복잡한 분기기의 레버를 "조작해 보세요"라고 해서 발을 걸어 모든 힘을 다하여 잡아당겨 보았지만, 도저히 한 번만에 조작할 수 없었다. 2, 3회 당겨서 겨우 움직일 수 있었다. 그런데 이 일을 전문으로 하는 전철기 담당 직원은 가볍게 한 번에 움직여버렸다. 프로의 세계를 본 것이었다.

20세기에 들어서 전동기로 분기기를 작동시키는 기술이 개발된다. 또 앞서 말한 궤도회로를 사용한 연동장치 시스템이 등장하고, 1차대전 후 미국과 유럽을 중심으로 점점 보급되어 갔다.

일본에서도 대정시대에 이르러 전동식 분기기가 등장하고, 쇼와시대의 초기에는 전기 연동기가 등장한다. 계전기를 사용한 계전 연동장치를 최초로 사용한 것은 게이오테이토 전철의 이노카시라 선인데, 1933년에 사용을 시작했다. 국유철도는 2년 후 소우부 선의 쯔다누마 역에서 처음으로 이 계전 연동장치를 사용했다. 정확히 탄나 터널이 개통하여, 특급 '제비' 호가 운행되기 시작했을 때이고, 고속운전의 기술과 안전의 기술이 동시에 발달하고 있었던 것이다.

2) 자동신호의 실용

자동신호도 20세기에는 실용화된다. 현재 플랫홈에서 전차를 기다리고 있으면, 출발해간 전차가 점점 멀어짐에 따라 역의 출구에 있는 신호가 정지신호에서 황색신호로, 그리고 청신호로 자동적으로 변해가는 것을 볼 수 있다. 이것이 자동신호인데, 현재 대부분의 노선이 이 자동신호로 되어 있다.

옛날에는 그렇지 않았다. 지금도 일부 지선에는 완목식의 신호기가 남아 있고, 열차가 출발해서는 안 될 때에는 완목이 수평의 위치에 있고, 출발해도 좋을 때에는 비스듬히 아래로 내려간다. 이 신호기는 자동이 아니고, 역무원이 다음 역까지 다른 열차가 없는 것을 확인한 후 신호기를 조작하는 것이다. 따라서 열차가 역에 도착했는데 신호기를 정지신호로 하는 것을 잊고, 곧 다음 열차가 뒤따라와서 추돌하거나 최악인 경우에는 단선구간에서 양 방향의 열차가 진입하면서 정면 충돌하는 사고도 일어날 가능성이 있다. 사실 이러한 사고가 몇 번이나 일어났다. 통표를 사용한다고 해도, 만일 틀린 통표를 건네주게 되면 사고가 일어난다. 어디까지나 인간의 주의력에만 의지하고 있었던 것이다.

자동신호로 바뀌면서 같은 종류의 사고는 거의 완전히 막을 수 있게 되었다. 영국의 킨딘스힐 사고도 자동신호가 있었으면 막을 수 있었던 사고였다.

영국에서 최초로 자동신호를 사용한 것은 리버풀의 시내철도였지만, 20세기에 런던의 지하철은 본격적으로 자동신호를 도입했다. 우선 1903년에 완목 신호식의 자동신호를 설비하고, 대부분의 선이 자동신호로 변해 갔다. 지하를 달리는 지하철은 다른 철도보다도 안전에 대해 신경을 쓴다. 새로운 안전 시스템은 가장 먼저 지하철에서 사용하는 경우가 많다. 화물열차가 달리지 않고 전차만이 운행되고 있는 조선도 안전 시스템의 디자인을 비교적 쉽게 할 수 있었던 이유가 된다.

일본에서도 거의 동시에 자동신호를 사용하고 있었다. 1904년에 현재의 JR선 전차의 원조에 해당하는 전차가 현재 중앙선의 이이타초와 나카노 사이를 운행하기 시작했지만, 이 선은 처음부터 자동신호를 설비하고 있었다. 미국의 USS 사의 시스템이다. 단 일본 최초의 자동신호는 현재와 같은 적색이나 청색의 램프식이 아니고, 원반을 사용한 신호기를 사용하고 있었다. 당시의 전등은 단전되는 경우가 많아 도저히 안전 시스템으로서는 상용할 수 없었다.

　최초로 전등식의 자동신호를 도입한 것은 케이한 전철이고, 1915
년에 텐마바시와 교토 고조우 간의 모든 선로에 미국식의 색등식 자
동신호를 사용했다. 이것은 전 세계와 비교해 보아도 상당히 빨랐던
것이다. 국철은 색등식의 사용에 상당히 신중한 태도를 취했다. 램프
신호기 사용에 대한 안전에 자신이 없었고, 이미 완목식의 신호기를
사용하고 있었기 때문에, 양쪽을 병용하는 것을 망설였던 것이다. 그
러나 1925년에 동경과 유우라쿠초우 사이에 색등식 자동 신호기를
사용한 것을 시작으로, 전차 구간을 중심으로 색등식 자동신호가 보
급되어 갔다. 동해도선 전 구간이 자동신호로 변한 것은 1931년이었
다.

　궤도회로의 발명과 그 기술을 이용한 전기식 연동장치와 자동신
호의 도입에 의해 철도의 안전성은 현저하게 진보되었지만, 또 하나
의 안전상 큰 약점이 남아 있었다. 아무리 신호를 자동식으로 교환
하고, 위험한 때에는 정지신호를 현시해도, 열차를 조종하고 있는 승
무원이 깜박 놓치거나, 졸음으로 인해 정지신호에도 불구하고 열차
를 정차시키지 않게 되면 대형사고가 되는 것이다. 20세기에 들어서
면서 열차의 횟수가 늘어나고, 속도가 높아짐에 따라 이러한 사고는
증가되었다. 산요우 선의 오보시 역에서의 사고가 바로 이런 경우였
다. 이러한 사고에 고민한 것은 일본뿐만이 아니다. 유럽이나 미국에
서는 더 일찍부터 심각한 문제로 대두되어 있었다. 다음에는 이에
대해서 언급해 보기로 하자.

3) 계속 발생하는 충돌사고와 ATS의 등장

　1922년 영국에서는 많은 철도회사가 합병을 해서 4대 철도회사가

탄생했다. 20세기에 들어서면서 영국에서는 기술의 진보와 안전 시스템의 정비에 의해 대형사고가 확실히 줄어들었지만 1920년대에 다시 대형사고가 일어나게 되었다. 그 하나가 중앙선 철도에서 일어난 사고이었다.

1928년 10월, 영국 서부의 셰필드 역에서 급행열차가 장내 신호기의 정지신호를 확인하지 않고 역에 진입하여, 입환중이던 화물열차와 충돌했다. 사고가 난 직후 8량의 목조 객차는 화염에 휩싸였고, 15명의 승객이 사망했다. 사고가 컸던 것에 비해서 희생자가 적었던 것은, 이 열차의 승객이 대단히 적었기 때문이다.

계속하여 1929년 1월, 역시 같은 중앙선 철도의 아쉬처치 역에서, 이른 아침 안개속을 운전하던 급행열차가 역시 이 역의 장내 신호기의 정지신호를 보지 못하고 진입하여, 입환중이던 화차와 충돌했다. 화재가 일어나지 않았고 승객도 대단히 적어서, 희생자는 기관사를 포함하여 4명이었다.

1937년 12월 7일 다시 대형사고가 일어났다. 장소는 스코틀랜드의 에든버러와 글래스고 사이에 있는 카슬 캐리 역이었다. 이날은 심하게 눈이 내리고 있었기 때문에 열차는 지연된 채 차례로 이 역을 통과해갔다.

오후 2시경, 조금 전에 이 역을 출발해간 화물열차가 눈 때문에 분기기가 작동하지 않아 다음 역에 정차했다고 하는 정보가 카슬캐리 역의 신호취급소에 전해졌다. 머지않아 던디 출발 글래스고 행 급행열차가 들어오게 되어 있었다. 신호원은 이 역의 장내 신호기를 정지신호로 했지만 급행열차는 고속을 유치한 채로 역에 접근해오고 있었다. 신호원은 위험을 알리기 위해서, 창문을 열어 빨간 램프를 흔들고 피리를 불었다.

그러나 급행열차는 눈앞을 지나쳐 갔다. 이 열차가 카슬캐리 역을 통과해서 선행하는 화물열차와 추돌할 것이라고 이 신호원은 생각했다. 그때 계속해서 에든버러를 출발한 글래스고 행 급행열차가 접근 중이라는 연락이 왔다. 이 신호원은 바로 앞 역의 신호원과 타협을 한 뒤에, 이 급행열차를 카슬캐리 역에 진입시키기로 했다. 그러나 악천후였기 때문에 장내 신호기를 정지신호로 하고, 규정대로 레일 위에 신호뇌관을 설치했다. 눈 때문에 기관차 승무원이 정지신호를 잘못 보았을 경우에도 위험을 알리기 위해서이다. 그러나 그때 돌연 앞에 가버렸어야 할 던디 출발 급행열차의 기관조사와 역장이 신호 취급소로 왔다. 이 급행열차는 신호원이 흔드는 빨간 램프와 뇌관을 알아보고, 급제동을 걸어 역을 반쯤 지나 간 곳에 정차하고 있었던 것이다.

신호원은 당황하여 에든버러 출발의 급행열차를 멈추기 위해서 다시 레일 위에 긴급정지용의 뇌관을 설치하러 뛰어갔다. 그 직후 에든버러 출발의 급행열차가 맹렬한 속도로 통과했다. 뇌관의 소리에 비상 브레이크를 걸었지만 부족했다. 결국 정차하고 있던 던디 발 급행열차의 후부와 격돌했다. 이때의 충격으로 추돌된 열차 최후 부의 목조 객차 3량은 뛰어오르면서 추돌한 기관차 위를 뛰어넘어 객차 위에 낙하했다. 다행히 화재는 일어나지 않았지만, 35명의 승객이 사망하고, 179명이 부상을 입었다. 이 사고가 난 뒤, 2개 급행 열차의 기관사는 카슬캐리 역의 장내 신호기는 진행신호였다고 주장했고, 신호원은 절대로 정지신호이었다고 주장했다. 철도 감사관이 조사에 들어갔지만, 신호설비에는 이상이 없었고, 진상은 불분명했다. 이 사고가 난 뒤, 철도감사관은 모든 철도회사에 대해 다음과 같은 권고를 냈다.

- 역 구내의 궤도회로를 이용하고, 열차가 아직 역 구내에 정차하고

있을 때에는 자동적으로 장내 신호기에 정지신호가 나오는 시스템을 취할 것
- 승무원이 정지신호를 잘못 보았을 때에는 즉시 차내에 경보가 울리는 '차내 경보장치'(AWS)를 설치할 것

차내 경보장치란 열차가 정지신호에 근접하면 자동적으로 운전대의 부저를 울리고 승무원에게 경고를 주는 것이다. 신호확인 실수 방지의 결정적 수단이라고까지는 할 수 없지만 대단히 유효한 장치이다.

영국에서는 항상 새로운 기술에 도전적인 회사이념을 가진 그레이트 웨스턴 철도가 1906년경부터 'ATC'(자동 열차 제어장치)라는 설비의 설치를 적극적으로 진행시키고 있었다. 'ATC'라고는 해도 현재의 신간선이나 야마노테 선의 ATC와는 달랐고, 차라리 차내 경보장치라고 생각하는 편이 낫다. 그러나 다른 철도회사는 이 새로운 안전장치를 좀처럼 설치하려 하지 않았다. 거액의 자금을 필요로 하는 안전설비에 주저한 것과 다른 철도회사가 개발한 기술을 사용하고 싶지 않기 때문일 것이다. 카슬캐리의 사고가 난 후, 철도감사관이 사용을 권고한 AWS는 이 시스템과 거의 같은 기능을 가진 것이었다. 그러나 AWS의 설치는 그후에도 좀처럼 진전하지 않았다. 본격적으로 영국의 주요간선에 AWS의 설비가 보급된 것은 2차대전 후 영국의 철도가 국유화로 진행되고, 영국 국유철도가 발족하고 나서부터이다. 그것도 1952년에 사상자 112명을 내는 사고를 일으키고 나서부터이었다.

1952년 10월 8일, 아침의 혼잡한 시간에 교외에서 런던의 유스턴 역으로 가던 통근열차가 헤일로 앤드 웰더스톤 역에 정차하고 있을 때, 후부에서 바스 출발 런던 행의 침대 급행열차가 격돌했다. 그 충

정차중인 통근열차에 침대특급이 격돌, 탈선한 곳에 급행열차가 뛰어들어 벌어진 대참사: 1952년 10월 8일, 영국에서(COSMOS PRIM 제공)

격에 의해 탈선한 차량이 하본선에 밀려나온 곳으로 반대 방향으로 진행하던 리버풀 행 급행열차가 돌입하여 영국의 철도역사상 킨딘스 힐의 사고 다음가는 큰 사고가 일어났다. 이 사고 역시 침대열차의 기관사가 정지신호를 정확히 확인하지 않았기 때문에 일어났다. 이 날은 안개가 자욱히 끼어 있었지만, 원방 신호기에 주의신호를 현시하고 있었으므로, 장내 신호기가 정지신호라는 것을 예측할 수 있었을 것이다.

그리고 또 두 차례의 전후 영국에서 일어난 대형사고를 알아보자.

1957년 12월 4일, 런던의 캐논 스트리트 역을 출발한 레스터 행 급행열차가 세인트 존스 역에 접근해갔을 때에 돌연 기관조사가 '정지신호'라고 기관사에게 알렸다. 이에 기관사는 급제동을 걸었으나,

급행열차가 제동을 걸었지만 미급하여 정차중의 전차에 추돌, 탈선해서 철교에 격돌: 1957년 12월 4일, 영국에서(COSMOS PRIM 제공)

그 앞에 정차하고 있던 전차열차와 추돌하고, 전차 최후부의 차량은 그 앞의 차량 속으로 완전히 들어가버렸다. 또 급행열차인 증기 기관차의 탄수차와 다음 객차는 탈선해서 이 선로 위를 횡단하고 있는 철교 교각에 격돌하여, 교량 빔이 열차 위로 낙하했다. 이날은 런던 남부 일대에 짙은 안개가 자욱히 끼어 있었다. 급행열차의 기관사는 정지신호 앞에 2중의 황색신호와 황색신호의 2개의 신호를 보았어야 했는데 미처 안개 때문에 보지 못하고, 정지신호를 발견해서 급제동을 걸었을 때에는 이미 때가 늦은 상태였다. 충돌할 때의 속도는 시속 30km 정도였다. 운전대가 선두에 있는 전차는 안개 속에서도 신호기는 보이게 마련이다. 그러나 이 급행열차는 스피릿 파이어호라고 하는 대형증기 기관차가 견인하고 있었다. 증기 기관차는 운전석의 전방에 큰 보일러가 있어서 전방을 보기가 대단히 어렵다.

디젤 열차의 탈선·전복사고 현장: 1967년 11월 5일, 영국의
히자 그린 역에서(COSMOS PRIM 제공)

게다가 이 정지신호는 기관사의 자리와 반대측에 있었다.

사고가 난 뒤 기관사는 "지금까지 이 신호기가 정지신호이었던 적
은 없었다"라고 증언하고 있다. 이날은 짙은 안개 때문에 열차시각
표가 뒤죽박죽이 되어, 이 급행열차도 70분이나 지연되고 있었다.
역과 역의 중간에 전차가 정차하고 있다고는 생각지도 않았던 것이
다. 이 사고의 전년도인 1966년부터 영국 국유철도는 AWS의 정비
를 진행시키고 있었지만, 이 선에는 아직 설비되지 않고 있었다. 사
고라는 것은 이러한 때에 일어난다. 결국 이 사고는 영국의 철도사
고 역사상 세 번째의 대형사고로 기록되었다.

다음은 1867년 11월 5일 헤이스팅스에서 런던의 차링 크로스 역
을 향하고 있던 디젤 열차의 3량째 차량의 차축 1개가 탈선했던 사
고이다. 레일의 이음매가 결손되어 있었기 때문인 듯하다. 열차는 그
대로 1km 정도를 달려, 히자 그린 역의 분기기 위에서 11량 편성
중 10량이 탈선하고, 그 중 4량은 전복해버렸다. 이 열차는 만원으
로 대단히 혼잡했기 때문에, 49명이 사망했다. 또 탈선한 차량은 평

상시에도 진동이 심하여 승차감이 나쁜 것으로 소문이 난 종류의 차량이었다.

프랑스도 예외가 아니었다. 1차대전이 끝나고 얼마 되지 않은 1919년 11월 3일, 파리의 교외에서 생플롱 급행이 정지신호에 의해 정차하고 있던 곳에, 후부에서 파리 출발 제네바 행 급행이 들이닥치면서 추돌하여, 26명이 사망했다.

현재의 ATS(자동 열차 정지장치)의 근원이 되는 시스템이 19세기말 이미 프랑스에 등장하고 있었다. 이 문제가 그만큼 안전상 중요한 문제이었기 때문이다. '쿠로코딜'이라고 불리던 이 장치는 신호기 앞의 선로 사이에 지상자를 설치하고, 증기 기관차가 통과하면 그 하부에 설치되어 있는 부랏시가 이 지상자에 접촉하게 되어 있다. 전방의 신호가 정지신호인 경우에는 지상자로부터 전기신호가 없고, 그런 경우에는 운전대에 경보 부저를 울린다.

이 사고가 난 뒤, 프랑스에서는 영국의 AWS와 비슷한 '쿠로코딜'의 도입을 본격적으로 진행하고 있었는데, 그 도중에 또 사고가 일어났다. 1921년 10월 5일, 파리의 상라잘 역을 출발한 베르사유 행의 열차가 신호장치의 고장 때문에 파테뇰 터널 내에서 정차하고 있던 사이에 다른 열차가 추돌하여, 화재가 일어난 것이다. 이 사고로 28명이 사망하였다. 파리의 부근에서 비참한 사고가 일어났기 때문에 사회의 관심은 컸다. 이 터널은 상라잘 역을 지나 얼마 떨어지지 않은 곳에 있었고, 증기 기관차 시대에는 위험한 구간이었다. 이 터널을 부수고, 하늘이 보이는 일반구간처럼 절취구간으로 할 계획이었는데, 이 사고가 난 뒤 바로 이 터널을 부수는 시행을 했다. 또한 화재의 원인이 되는 가스등을 폐지해야 한다고 하는 권고가 나왔다.

이 해에 프랑스에서는 1년간 43건의 대형사고가 일어났다. 사망자는 140명, 부상자는 542명에 달했다.

일본에서 최초로 ATS를 사용한 것은 동경 지하철이다. 1927년에 개통한 일본 최초의 지하철은 처음부터 ATS를 설치하고 있었다. 현재 영단 지하철의 아사쿠사와 우에노 간이다. 역시 안전 시스템의 사용은 지하철이 가장 빨랐다. 국유철도는 오보시 역에서의 추돌사고가 난 뒤, 본격적으로 ATS의 검토를 진행시키고, 실제로 산요우선의 히로시마와 모지 간에 설치했지만, 폭격에 의해 대부분이 파괴되어 버렸다. 국유철도가 ATS를 본격적으로 도입한 것은 앞으로 살펴볼 산구우 선 사고와 미카와시마 사고 이후가 된다.

4) 사고의 교훈과 안전대책

<표 4>는 20세기에 희생자 100명 이상을 냈던 철도사고의 리스트이다. 모두 84건의 사고가 일어났고, 국가별로 보면 인도가 압도적으로 많으며, 다음으로 미국, 프랑스, 소련, 일본으로 이어진다. 대형사고가 많다는 것은 불명예스러운 일이지만, 사고를 교훈으로 삼아 보다 뛰어난 안전 시스템을 만들어가면 철도 안전 시스템의 발전으로 이어질 수 있다. 일본의 신간선에서는 개통 이래 약 30년 동안 대형사고가 일어나지 않았지만, 그 배경에는 이런 과거의 사고에 대한 교훈과 안전 시스템에 대한 기술의 축적이 있었다고 할 수 있다. 개통 후 많았던 고장의 교훈을 살려 개량에 개량을 거듭하고 있다.

또 하나 철도의 안전에서 중요한 과제로서 인간의 실수에 관한 문제가 있다. 영국의 킨딘스힐의 사고나 독일의 겐토힌에서의 추돌사고는 인간의 단순한 실수가 원인이었다. 19세기의 철도가 어렵게 만들어 낸 '록 블록 브레이크'를 중심으로 하는 안전 시스템도 인간의 주의력에 의존하고 있는 면이 많다. 이 문제가 20세기 철도 안전에서 최대의 과제였다.

<표 4> 세계의 철도사고(사망자수 순)

연월일	국가명	장소	사망자수	사고원인
1917년 12월 12일	프랑스	Modane	543	속도초과 (브레이크불량)
1985년 1월 13일	에티오피아	Awash	428	속도초과
1944년 3월 2일	이탈리아	Armi Tunnel	426	질식
1914년 12월 ?일	폴란드	Kalish	400	열차충돌 (분기기조작 실수)
1917년 1월 7일	루마니아	Ciurea	374	열차충돌
1993년 5월 31일	앙골라	Quipungo	355	
1995년 8월 20일	인도	Ferogabad	310	열차충돌
1999년 8월 2일	인도	Gaisai	310(?)	열차충돌
1990년 1월 4일	파키스탄	Sukhr	306	열차충돌
1918년 11월 1일	스웨덴	Near Norrkopping	300	열차탈선
1955년 4월 3일	멕시코	Guadalajara	300	열차탈선
1992년 1월 30일	케냐	Mombasa	300	열차탈선
1995년 10월 28일	아제르바이잔	바구아	300	열차화재
1915년 5월 22일	스코틀랜드	Quintinshill	277	열차충돌
1934년 3월 16일	남아메리카	San Salvador	250	화약폭발
1957년 9월 29일	파키스탄	Gambar	250	열차충돌 (분기기조작실수)
1926년 3월 14일	코스타리카	Varilla River	238	열차탈선 (정원초과)
1970년 2월 1일	아르헨티나	Benavidez	236	열차충돌 (신호조작실수)
1933년 12월 23일	프랑스	Lagny-Pomponne	230	열차충돌 (운전실수)
1946년 7월 28일	인도	Bhatni Junction	223	열차충돌
1998년 11월	인도	Penjar 주	209	
1972년 10월 5일	멕시코	Saltillo	208	열차탈선
1919년 6월 19일	인도	Firozabad	200	열차충돌 (신호조작실수)
1949년 10월 22일	포틀랜드	Nowy Dwor	200	열차탈선
1941년 5월 ?일	일본	Kyujo	200	열차충돌 (신호고장)
1939년 12월 22일	독일	Genthin	196	열차충돌 (운전실수)
1953년 12월 25일	체코슬로바키아	Sakvice	186	열차충돌
1946년 3월 20일	브라질	Near Aracaju	185	열차탈선
1947년 2월 25일	일본	고려천	184	열차탈선
1957년 9월 2일	자메이카	Kendal	179	열차탈선
1924년 10월 ?일	러시아	Moscow-lvanove-Vaseb ebsk 선	177	열차화재

연월일	국가명	장소	사망자수	사고원인
1940년 1월 29일	일본	오사카	176	열차탈선 (분기기조작실수)
1948년 11월 24일	인도	Sambhu	171	열차충돌
1989년 1월 15일	방글라데시	Pubali	170	열차충돌 (신호조작실수)
1963년 11월 9일	일본	쯔루미	161	열차탈선
1962년 5월 3일	일본	미카와시마	160	열차충돌 (운전실수)
1987년 10월 19일	인도네시아	Jakarta	155	열차충돌 (신호고장)
1974년 8월 30일	유고슬라비아	Zagreb	153	열차탈선
1953년 12월 24일	뉴질랜드	Walouru	151	화산분화
1913년 5월 11일	불가리아	Drama	150	연결기 파손
1945년 7월 27일	프랑스	St Fons	150	열차충돌
1951년 8월 18일	헝가리	Szekesfehervar	150	열차충돌 (신호조작실수)
1956년 11월 23일	인도	Ariyalur	150	교량파괴
1970년 2월 16일	나이지리아	Langalanga	150	열차탈선
1980년 6월 10일	캄보디아	Kampuchea	150	전쟁
1988년 7월 8일	인도	Near Quilon	140	교량파괴
1994년 9월 6일	앙골라		140	
1954년 9월 2일	필리핀	Fabrica	139	열차탈선
1954년 9월 27일	인도	Jangaon	139	교량파괴
1923년 9월 1일	일본	관동지방	130	지진
1982년 1월 27일	알제리	Beni Helouane	130	차량일주
1964년 12월 23일	인도	Dhanush kodi	128	교량파괴
1987년 7월 2일	자이루	Kasumbalesa	128	건널목 사고
1945년 2월 1일	멕시코	Cazadero	127	열차충돌
1932년 9월 14일	알제리	Turenne	120	열차탈선 (선로붕괴)
1908년 5월 ?일	인도	Moradabad	120	열차충돌 (신호조작실수)
1952년 3월 4일	브라질	Anchieta	119	열차탈선
1997년 3월 5일	파키스탄	판자푸주	119	브레이크 고장
1937년 1월 16일	중국	Sheklung	112	열차화재
1952년 10월 8일	영국	Harrow & Wealdstone	112	열차충돌 (운전실수)
1956년 9월 2일	인도	Mahububnagar	112	교량파괴
1958년 5월 8일	브라질	Rio de Janeiro	112	열차충돌 (신호고장)
1950년 4월 6일	브라질	Tangua 강	110	교량파괴
1960년 11월 14일	체코슬로바키아	Near Steblova	110	열차충돌

연월일	국가명	장소	사망자수	사고원인
1972년 6월 17일	프랑스	Vierzy Tunnel	108	터널파괴
1924년 8월 29일	인도	Montgomery	107	열차충돌 (신호조작미스)
1937년 7월 17일	인도	Bihta	107	열차탈선
1951년 4월 24일	일본	요코하마	106	열차화재
1987년 8월 7일	USSR	Kamensk-Shakhtinsky	106	과속
1921년 7월 25일	버마	Tawwi	104	열차충돌
1984년 8월 16일	인도	Madhya Pradesh	104	교량파괴
1994년 12월 30일	버마		102	열차탈선
1918년 7월 9일	미국	Nashville	101	열차충돌 (운전미스)
1903년 6월 27일	스페인	San Asensio	100	열차탈선
1913년 12월 6일	루마니아	Costesti	100	열차충돌
1938년 1월 3일	중국	New Shinchow	100	열차탈선
1948년 10월 28일	터키	Near Ankara	100	열차탈선
1969년 7월 15일	인도	Near Cuttack	100	열차충돌
1972년 9월 29일	남아프리카	Malmesbury	100	열차탈선
1988년 6월 4일	러시아	Arazamas	100	화약폭발
1989년 8월 10일	멕시코	Puente del Rio Bamoa	100	교량파괴
1998년 6월 3일	독일	Eschede	100	차륜파손
1920년 10월 ?일	러시아	Poqranitchnava	100	차량파손
1909년 12월 13일	미국	New York	다수	열차충돌
1981년 6월 6일	인도	Samastipur	다수	열차탈선

5) 사쿠라기초우 사고

1951년 4월 24일, 대단히 비참한 사고가 일어났다. 큰 사고는 모두 비참한 사고임에 틀림없지만, 그렇다치더라도 이 사고는 너무나 비참했다. 이날 오후 요코하마 역을 10분 늦게 출발한 케이힌 토우호쿠 선의 5량 편성 전차가 사쿠라기초우 역에 도착했을 때, 운전대 위에서 큰 불꽃이 생겼으므로 기관사는 비상 브레이크를 거는 것과 동시에 팬터그래프를 내리고 정차시켰다. 마침 그때 인접 상행선에서는 전차에 전력을 보내는 송전선(가선)의 절연애자를 바꾸는 작업을 하고 있었는데, 담당 작업원이 잘못하여 스페너가 가선을 떠받치

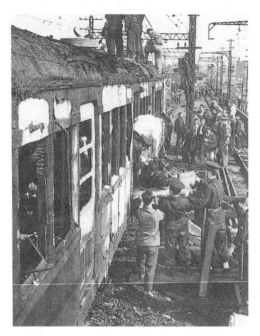

사쿠라기초우의 사고 현장

고 있는 지지막대에 접촉했고, 이로 인해 고전압인 가선의 전기가
접지되고 가선을 위에서 매달고 있는 조가선이 끊어져 아래로 떨어
지고 있었다. 거기에 이 전차가 들어온 것이다.

 이 전차는 사쿠라기초우 역에 도착할 때 하행선에서 일단 상행선
을 지나서 플랫홈이 있는 선으로 들어갔다. 이때 팬터그래프가 아래
로 떨어지고 있던 상행선의 가선과 얽히어, 팬터그래프와 가선이 모
두 부서져서 전차 지붕에 접촉했다. 1,500볼트라고 하는 높은 전압
의 전기가 직접 철강제의 전차에 접촉했기 때문에 큰 불꽃과 함께
대전류가 흘렀다. 이러한 비상사태에 대비하여, 국유철도의 변전소
에는 고속도 차단기가 설비되어 있었다. 비정상적인 큰 전류가 흐르
면, 순간적으로 차단기를 끊어 송전을 멈추는 설비이다. 그러나 종전
후 6년이 경과하고 있었지만, 아직 자재나 기재가 모자랐던 당시에

이 고속차단기는 충분히 작동하지 않았고 대전류는 계속해서 흘렀다. 전차 지붕은 목제이었기 때문에, 순식간에 전차는 화염에 휩싸였고, 2량째의 전차로 불길이 옮겨갔다. 대단히 불행스럽게도 106명의 승객이 사망했고, 92명의 부상자를 냈다. 일본의 철도사고 역사상 최대의 화재사고였다. 희생자를 많이 발생시켰던 원인은 이 전차의 조잡했던 구조에 있다.

전차의 형식이 '63' 형이었기 때문에 '육삼' 형이라고 부르던 이 전차는 문자 그대로 조잡하기 짝이 없는 전차였다. 태평양전쟁도 종전으로 접어들고 있던 1944년 전차를 제작하기 위한 자재나 기자재는 극도로 부족했다. 한편, 전쟁으로 인한 피해나 고장의 증가 때문에 운행할 수 있는 전차 또한 부족했다. 철저하게 재료를 절약하고, 될 수 있는 한 많은 승객을 수송할 있는 전차, 그것이 전시형이라고 불리던 '육삼' 형 전차로, 전부 945량이나 만들었다.

나도 몇 번이나 타본 적이 있지만, 지금 생각하면 아주 지독한 전차였다. 얄궂은 차체, 노출된 천장에 알몸 전구, 처음으로 보는 3단식 창문, 그래도 당시는 그다지 지독하다고는 생각하지 않았다. 다른 전차도 그리 나을 것이 없었기 때문이었다.

종전 후 머지않아 나는 중앙선의 코우엔지에서, 야마노테 선의 이케부쿠로에 있는 소학교에 다니고 있었는데, 도착하는 전차를 5~6대 기다리지 않으면 탈 수 없는 일이 많았다. 승객의 압력으로 문이 열리지 않는 일도 가끔 있었고, 문이 열려도 오히려 차내의 승객이 밀려 나와서 탈 수가 없었던 것이다. 그중에는 문이 전혀 없고, 굵은 가로대가 문짝 대신 설치되어 있어, 허리를 굽혀 이 가로대 밑으로 타기도 하고 내리기도 하였다. 초등학생이던 아이가 타기에는 상당히 어려웠기 때문에, 덮개도 발판도 없는 연결기 위에 타거나, 지붕에 오르기 위한 점검용 발판에 매달려서 신주쿠까지 간 적도 있다.

당시의 전차는 편성 도중에 운전대가 있었는데, 이 창문을 억지로 열어서 가운데에 승차한 적도 있었다. 이곳이 특등석이었다. 문을 잠그면 나만의 전용실이 되었던 것이다. 이러한 변변치 못한 구조와 3단계 창문이 사고의 피해를 크게 했다. 지붕이 목제였기 때문에 불이 번지는 속도가 빨랐고, 3단계 창문의 중간 창문이 고정식이었기 때문에, 화재가 났을 때 창문에서 뛰어나올 수도 없었다. 전차 문은 제어용 전원이 끊어져 있었기 때문에 열리지 않았고, 전차 사이 통로의 문도 열 수 없었다.

당시는 전차와 전차 사이의 연결부에 눈비 등을 막아주는 덮개가 없었기 때문에, 관통로 문도 열 수 없도록 되어 있었다. 이 사고가 난 뒤에 큰 문제가' 된 것은, 승무원이 'D 코크'를 조작하지 않고 있었던 것이었다. 전차의 자동문은 일단 닫아버리면, 승무원이 문을 여는 스위치를 밀지 않으면 열 수 없게 되어 있었다. 사쿠라기초우 사고가 났을 때는 차체에 대전류가 흘렀기 때문에 이 조작이 불가능해져 있었다. 전차에는 'D 코크'라고 부르는 비상용의 조작 레버가 있어서, 이것을 열면 문을 닫고 있는 압축공기가 빠지고, 문을 손으로 열 수 있도록 되어 있었다. 전차의 승무원은 갑작스런 대형사고에 당황한 때문인지, 이 'D 코크'를 조작하지 않았다.

전후 당시의 국철에서는 다수의 복귀한 직원들을 재채용하는 과정에서 긴급시의 교육이나 훈련을 충분히 하부조직에까지 전달하지 않았던 것임에 틀림없다. 교육과 훈련은 사고를 예방할 뿐만 아니라, 사고가 일어났을 때의 적절한 처치에 의해 대형사고를 막을 수 있다. 이것은 어디까지나 인간의 민첩한 판단과 평상시의 훈련이 결정적으로 작용하는 것이다.

이 대형사고가 일어난 뒤, 일본 국유철도는 즉시 이 '63' 형 전차의 개조에 착수했다. 우선 전차를 불연성으로 하기 위해서 지붕에 철판을 붙이고, 3단 창문은 모두 가동식으로 바꾸었다. 전차와 전차 사이에 통로용 덮개를 설치하고, 연결부의 문을 열 수 있도록 했다. 차내의 'D 코크'에는 비상시 즉시 인식할 수 있도록 빨간 페인트로 칠해 두었다. 종전 후 비정상적인 상태이었다고 해도 기술 수준이 떨어지면, 터무니없는 대형사고가 일어난다는 것을 가르쳐준 사고이기도 했다. 사쿠라기초우 사고는 전쟁중에 일어난 사고는 아니었지만, 전쟁에 따른 사고라고 생각해도 될 것이다. 전쟁이 대형사고를 만들어 내는 것이다. 사쿠라기초우의 사고가 난 뒤, 국유철도는 안전헌법이라고도 해야 할 「안전의 확보에 관한 규정」을 제정했다. 그때까지는 열차의 운전이나 각각의 작업에 관한 세밀한 규정은 있었지만, 안전의 기본방침을 정한 규칙은 없었다. 이 규정은 기본강령과 안전을 위한 원칙을 정한 것으로, 다음 5항목으로 되어 있다.

1. 안전은 수송업무 최대의 사명이다.
2. 안전확보는 규정의 준수로부터 시작되고, 부단한 노력에 의해 이룩할 수 있다.
3. 확인의 이행과 철저한 연락은 안전의 확보에 가장 중요한 요소이다.
4. 안전확보를 위해서 직책을 초월해서 일치단결하지 않으면 안 된다.
5. 의심스러운 때는 다시 생각하고 가장 안전한 방법을 선택해야 한다.

6) 국철의 2차대전 이후의 도전

전쟁이 끝난 직후 국유철도는 그후 철도 안전의 향상에 도움이 되는 4개의 중요한 기술적인 도전을 시작했다. 그것은 철도의 전철화, 고속대차의 개발, 목조 객차 철제화, 보안규정의 정비이다. 일본 철도의 전철화는 2차대전까지 좀처럼 진행되지 않았다. 동경과 교토, 오사카, 고베의 도시구간을 제외한 우스이 고개나 시미즈 터널 등 일부의 산악선과 칸몬 터널 등은 전철화되어 있었지만, 대동맥인 동해도 본선도, 중간에 위치한 탄나 터널이 있는 동경과 누마즈 간과 도시부의 교토와 고베 간을 제외하면 아직 증기 기관차가 주체였다. 전철화 구간은 폭격에 약하다고 하는 군대의 강한 반대가 철도의 전철화를 막았던 원인이다.

1946년 2월, 국유철도는 조우에츠 선의 타카사키와 미즈카미 간과 이시우치와 나가오카 간에 전철화 공사를 시작했다. 당시 일본에서 가장 긴 시미즈 터널이 있는 미즈카미와 이시우치 간은 1946년에 조우에츠 선이 전선로가 개통했을 때부터 전철화되어 있었다. 같은 해에 중앙선의 하치오우지와 고후 간의 전철화 공사도 완성되어 있었다. 이 구간도 터널이 많은 산악노선이었기 때문이다.

1946년 2월이라고 하면 아직 전쟁이 끝나고 나서 반년밖에 지나지 않았던 때였다. 차량이나 설비도 지독히 좋지 않았던 상태였기 때문에 전철화 공사를 시작했다는 사실에는 모두가 깜짝 놀랄 만하다. 계속해서 오우본 선의 후쿠시마와 요네자와 간의 전철화 공사도 시작했다. 이후에 자유민주당의 부총재가 된 니시무라 에이이치 씨가 당시의 국유철도 전기국장이었는데 주둔군 총사령부 민간운수국에 몇 번이나 찾아가서, 철도 전철화의 필요성을 설명하고, 양해를 얻었다고 한다. 기술자 출신 리더의 존재와 기술진의 정열이 전후 얼마 되지 않은 시기에 상식을 뛰어넘은 전철화 공사를 가능하게 한 것이다. 만약 이러한 끊임없는 노력이 없었더라면, 신간선도 아마 건설되지 않았을 것이다.

아마도 전쟁이 끝나고 군부로부터의 반대가 없어진 것과 패전에 의해 군부나 관료로부터의 지배가 돌연 없어진 시기를 좋은 기회로

삼고 기술자들이 품고 있던 꿈의 실현에 착수한 것은 아닐까?

1946년 같은 도전은 차량 부문에서도 시작되었다. 그 해 12월, 국유철도 동력차과장 시마 히데오와 철도기술연구소의 진동문제 전문기술자 마츠다이라가 중심이 되어 '고속대차진동연구회'를 발족시켰다. 시마 히데오는 이후에 국유철도 기사장이 되고, 신간선 실현을 위한 중심인물이 되었다. 마츠다이라는 진동문제의 제일인자로서 이후에 국유철도 기술연구소장이 되었다.

철도의 전철화도 그리고 고속대차도 직접적인 안전문제로 시작한 프로젝트는 아니다. 그러나 그 기술들이 안전을 위해 크게 공헌했다. 전기 기관차는 성능 면에서나 주행안정성 면에서나 증기 기관차보다 뛰어났고, 주행 성능이 뛰어나 고속으로 달릴 수 있는 대차는 철도 안전기술의 중심이다.

차량부문은 또 현실적인 문제에도 도전하고 있었다. 그것은 목제 객차에 대한 철제 차체화이다. 이미 몇 개의 대형사고를 언급하던 중에 말한 것과 같이 구조가 약하고, 화재가 나기 쉬운 목제 객차는 철도 안전상 큰 약점 중의 하나였다. 국유철도는 1925년 이후부터 목조차의 제작을 중지하고, 모두 철제차로 하는 것을 정하였지만, 태평양전쟁이 끝났을 때에는, 아직 반수 이상이 낡은 목제차였다. 미국 주둔군은 이러한 상황에 위기감을 느끼고, 국토 교통성에 대해 빨리 목제 객차를 철제 객차로 개조하도록 강력하게 권고했다. 그렇지만 당시 5,860량이나 되던 목제차를 모두 새로운 철제 객차로 바꿀 수 있을 만큼의 자금은 없었다. 그래서 낡은 목제 객차의 대차는 그대로 사용하고, 그 위에 새로운 철제의 차체를 만들기로 했다. 목제 객차는 길이 17m의 짧은 차량이 많았으므로, 4량의 목제차로써 3량의 철제 객차를 만들 수 있었다. 이 개조공사는 1949년부터 시작되었고, 1955년까지 3,530량을 철제 차량으로 개조하고, 목조 객차는 영업 열차에서 종적을 감췄다. 이는 유럽이나 미국의 철도보다도 빨랐던 일이다.

또 하나 안전상 대단히 중요한 사건이 있었다. 그것은 철도 열차 운전과 신호 설비에 대한 규정의 개정이다. 이미 말한 것같이 안전한 철도를 실현하기 위해서는 단순한 차량이나 선로기술의 진보뿐만 아니라, 열차 운행과 검사 수리를 위한 정확한 규정의 확립이 불가결하다. 이른바 안전을 위한 소프트웨어라고 할 수 있다. 국유철도의 운전규칙은 영국 규칙을 복사하는 것으로부터 시작되어, 1923년 일본 철도에 적합한 본격적인 규정이 완성되었다. 전쟁이 끝난 지 얼마 되지 않은 시기였던 1947년에 이 「국유철도 운전규정」과 「국유철도 신호규정」이 대폭적으로 개정되었다. 이 두 가지 규정은 철도 안전에 기본이 되는 규정이지만, 1923년에 제정한 규정은 이후의 기술 진보나 사고 교훈을 생각할 때 수정해야 할 점이 많이 있었다. 이미 1923년부터 규정에 대한 개정의 준비가 시작되었지만, 전쟁 때문에 실시가 지연되고 있었다. 규정의 개정이라고 하는 것이 그리 간단한 것은 아니다. 물론 그중에는 간단한 사항도 있었지만 많은 데이터나 의견을 모으지 않으면 안 된다. 새로운 규정을 정하려고 하면 낡은 규정에 익숙한 사람들로부터의 반대가 나온다. 그동안에 전쟁이 있었다고 해도 이 규정의 개정에는 10년이란 긴 시간이 필요했다. 내용은 좀 전문적인 사항이므로 생략하지만, 예를 들면, '열차의 브레이크 거리는 비상 브레이크를 걸었을 경우, 600미터 이내로 정지할 수 있게 할 것'이라고 하는 규정이 이때에 생겼고, 일단 열차가 사고 등으로 멈추었을 경우에, 이중사고를 막기 위해 우선 다른 열차를 정지시키는 조치를 취하도록 하는 원칙을 명확하게 세웠다. 이것도 많은 사고에서 얻은 교훈일 것이다. 열차의 최고속도는 그때까지는 시속 95km이었지만, 이 새로운 규정에서는 선로의 구조별로 최고속도를 정하고, '1급선'이라고 부르는 견고한 선로의 구조에서는 시속 110km까지 낼 수 있게 되었다. 그후의 속도 상승에 대비한 것이다. 그러나 현실적으로 이 속도로 달리는 열차가 등장한 것은 11년 후인 특급 '코다마'(메아리) 호가 나오면서부터였다.

10 국유철도에 입사해서

1) 국유철도에 입사했을 때

나는 1956년에 국유철도에 입사했다. 이 해의 『경제백서』는 '이제
는 전후가 아니다'라고 하는 유명한 표현을 사용했지만, 전쟁의 혼
란이 드디어 안정되고 본격적인 경제성장에 들어가는 시기를 맞이하
고 있었다.

국유철도에서는 1956년은 드디어 동해도선의 모든 선로에 전철화
를 완성되고, 신간선 프로젝트가 출발한 해이지만, 국유철도의 안전
은 지극히 심각한 상황이었다. 1954년에는 태풍 때문에 세이칸과 하
코다테 간의 연락선이 하코다테의 앞바다에서 침몰하고, 1,155명의
희생자를 내는 사고가 있었다. 그때까지는 일등침대차를 연락선에
싣고, 우에노 역에서 삿포로까지 직통으로 운행하고 있었지만, 이 사
고가 난 뒤 중지되었다. 그리고 다음 해에는 연락선인 시운마루 호

산구우 선 열차탈선 전복사고

가 악천후(짙은 안개) 때문에 화물선과 충돌하여 침몰, 168명의 희생자를 냈다.

사고는 그것으로 끝나지 않았다. 내가 국유철도에 입사한 1956년의 10월 15일, 산구우 선의 나고야 출발 토바 행의 하행 쾌속열차(제243열차)가 11분 지연되고 있었기 때문에 통과할 예정이었던 롯켄역에서 임시정차하고 반대 방향의 열차와 교행하는 것으로 변경되었는데, 이 열차는 출발 신호기가 정지신호였음에도 멈추지 않고 안전측선으로 들어가 탈선, 전복했다. 안전측선이라고 하는 것은 열차끼리의 충돌을 막기 위한 긴급정지선이다. 산악도로의 내리막길에 있는 긴급대피로와 같다고 생각하면 된다.

이 사고의 경우와 같이 역의 출발 신호기가 정지신호임에도 열차가 멈추지 않는 것은 대단히 위험하다. 특히 산구우 선과 같은 단선구간에서는 그대로 본선으로 계속해서 달리면 반대 방향에서 달려오는 열차와 정면에서 충돌하는 사고로 이어질 우려가 있다. 그래서출발 신호기가 정지신호인 경우에는 열차의 진로를 본선이 아닌 자갈을 높이 쌓아 놓은 정지선 쪽으로 개통해둔다. 그렇게 하면 정지신호를 지나친 열차는 자갈 속으로 진입하여 탈선한 채로 멈추게 된다. 다소 난폭한 이야기이지만 ATC나 ATS가 없었던 시대에 이중사고를 막기 위해 생각해낸 지혜였다.

롯켄 역의 사고 때에도 문제의 하행 제243열차는 정지신호에 멈추지 않고 안전측선으로 진입하여 탈선했다. 그런데 운이 없게도 기관차와 객차 4량은 상행 본선에 걸친 채 전복해버렸다.

이렇게 되면 안전측선의 효과는 없어진다. 그 직후에 상행 제246열차가 진입해 와서 전복해 있던 차량에 충돌, 희생자 40명, 부상자 96명이 발생하는 대형사고가 난 것이다. 특히 상행 제246열차에는 수학여행에서 돌아오던 중학생이 타고 있었으므로, 이 사고에 대한 사회적 비판은 차가웠다. 이 사고가 난 뒤, 국유철도는 총재를 위원장으로 하는 '운전사고방지대책위원회'를 설치하고, 긴급히 안전대책에 대한 검토를 진행하도록 했다. 이 위원회는 사고대책으로서 급행열차나 보통급행 열차가 달리는 주요한 선로에는 차내 경보장치를 설치하기로 결정했다.

이는 안전대책상 지극히 중요한 결정이었다. 이미 몇 번이나 말했듯이, 20세기에 들어서서 철도의 가장 위험한 사고는 승무원이 정지신호를 확인하지 않고, 열차를 운전했기 때문에 일어난 탈선, 충돌사고였다. 이러한 종류의 사고를 막기 위한 안전장치가 열차 경보장치이고, 유럽에서는 20세기 초부터 이미 설치를 시작하였고, 일본에서도 산요우 본선의 일부에 설비하려고 하였지만 전쟁 때문에 파괴되어 버렸던 것이다. 그런데 드디어 설비를 하게 되었다. 대형사고가 안전 시스템을 진보시킨다. 이것은 부정할 수 없는 사실이다.

이외에 '운전사고방지대책위원회'는 운전적성검사를 본격적으로 실시함과 동시에, 현장에서 승무원의 지도훈련을 강화하도록 결정했다. 그러나 이것은 1965년 관리체제 강화 반대의 슬로건 하에 노동조합으로부터의 엄청난 저항에 부딪히게 된다.

2) 현장에서의 체험

철도의 대형사고의 대부분은 인간의 실수에 의해 일어났다. 그뿐만 아니라 관계종사원이 적절한 조치를 했다면, 사고의 피해를 줄일 수 있었던 경우도 많았다.

사고를 일으킨 직원은 멍청해져 있는 것일까? 유감스럽지만 그런 경우도 있는 것 같다. 그러나 사고를 일으키고 싶은 철도원은 없는 것은 틀림없다. 무엇보다도 우선 자기 자신이 위험에 놓일 뿐만 아니라, 엄격한 책임 추궁을 받기 때문이다. 사고가 일어나면 '인명을 책임지는 직책에 있는 자가 무엇을 했느냐'라는 비난이 집중된다. 사실 그대로이지만, 철도원도 인간인 이상 무심결에 깜박하거나 깊이 생각에 잠겨 열차를 운행하는 일도 있다는 것을 생각해두지 않으면 안 된다. 산구우선의 사고도 그렇게 일어났을 가능성이 높다.

실제로 현장 제1선에서 일하고 있는 사람들이 어떤 기분에서, 그리고 어느 정도 규정대로 일을 하고 있는지를 모르면, 제대로 된 안전대책을 세울 수 없다. 안전문제는 탁상이론만으로는 되지 않는 것이다. 그것을 위해서 현장에 들어가 제1선에서 일하는 사람들과 함께 일을 해보지 않으면 알 수 없는 것이다. 그런 의미에서 나에게는 현장에서 보낸 3~4년의 경험이 대단히 귀중한 것이었다. 현장 사람들의 안전에 대한 진지함, 팀워크, 동료의식, 자신들이 만들어낸 일의 방식, 그리고 때로는 사고로 연결되었던 일 등이 있었다. 그러나 배울 점은 많았다.

입사 2년째, 규슈의 모지 기관차사무소에서 증기 기관차 운전에 대한 실습을 받았다. 증기 기관차의 보일러 모형을 사용한 모의훈련이 1개월, 실제로 기관차를 타고 석탄을 피우는 기관조사 견습을 1개월 동안 배운 후 드디어 기관사 견습을 받았다. 그렇다고 하더라도 곧바로 기관차 운전은 할 수 없었다. 기관사 견습에는 선생님에 해당하는 지도 기관사가 함께 탑승해 지도한다. 나의 지도기관사는 타다시노부 기관사와 쿠키 기관조사였다. 우선 처음에는 지도기관사의 운전을 보면서 많은 곡선과 분기기 등의 속도 제한이나 신호기의 위치를 머리 속에 익힌다. 큰 역에는 많은 신호기가 세워져 있지만, 그 한 개, 한 개가 어느 선의 신호기인지도 기억해두지 않으면 안된다. 그렇지 않으면 인접선 신호기의 진행신호를 착각하여 출발해 사고가 날 우려가 있다. 그뿐만 아니라 어느 지점에서 기관차 실린더에 증기를 보내고, 어디에서 그만 보내야 하는지, 어디에서 제동을 걸어야 하는지도 알아두어야 할 필요가 있다. 그렇지 않으면 열차시각표대로의 정시운전은 할 수 없다. 이것을 '선로견습'이라고 부른다.

열차의 운전에는 자신이 달리는 노선의 운전 조건을 머리 속에 넣어두는 것이 필요하다. 이 점이 자동차의 운전과 전혀 다르다. 선로의 조건을 대체로 기억하면, 이번에는 지도기관사의 지시를 받으면서 실제로 기관차를 운전하게 된다. 역시 가장 어려웠던 것은 정시에 정해진 위치에 정지시키는 것이었다. 점점 브레이크를 강하게 걸어 감속하고, 정지하기 직전에 브레이크를 늦춘다. 멈출 때의 충격을 없애기 위해서이다. 운전을 잘하여 정시에 도착하고, '정시'라고 환호하는 것이 얼마나 기분 좋은 일인지 모른다.

마지막 1개월 정도에는 지도기관사가 동승하고 있었으나 나에게 대부분 운전을 맡겨 주었다. 증기 기관차가 정말로 나 자신에 의해 움직이고 있다는 실감이 난다. 기관차 1량, 1량의 달리는 상태는 미묘하게 다르다. 증기압이 오르기 쉬운 기관차도 있고, 나쁜 기관차도 있다. 흔들리는 상태도 틀리다. 성능이 좋은 기관차를 타는 날은 기분이 좋고, 나쁜 증기 기관차에 해당되면 실망한다. 다행히 증기 기관차를 운전하는 사이에 큰 실수는 없었지만, 한번은 웃지 못 할 실수를 했다.

관문 터널을 전기 기관차에 견인되어 모지 역에 도착한 동경 발 급행열차에 증기 기관차를 연결하고, 부역장의 발차신호를 받고는 크게 기적을 울리면서 '발차'라는 환호와 함께 가감변을 힘껏 잡아당겼는데, 왠지 열차는 후진하기 시작했다. 기관차를 열차에 연결했을 때에 역전기를 전진 위치로 하는 것을 잊고 있었던 것이다. 부역장이 뛰어와서 어떻게 된 것인지 묻는다. 지도기관사는 나를 대신해서 '연결기가 조금 무거웠던 모양이네, 후진해버렸네'라고 말해 주었다.

이런 에피소드도 있었다. 어느 날 역시 동경 출발의 급행열차를 견인해 모지 역에서 발차를 기다리고 있는데 부역장이 뛰어왔다. 차장이 보이지 않는다고 한다. 10분 정도 기다리고 있으니까, 차장이 숨이차게 달려와서 열차에 올라타는 것이 보였다. 지각을 한 것 같았다. 곧 출발하여 종착역인 하카타 역에 도착했다. 한숨 돌리고 있으려니까 차장이 기관차에 뛰어 와서 '부탁합니다'라고 하면서, 300엔의 현금과 과일바구니를 내밀었다. 지각을 비밀로 해달라고 말하는 것이다. 지도기관사는 '이제부터 주의해라'라고 하고, 현금은 차장에게 돌려주고 과일 바구니만 받았다.

드디어 실습기간의 마지막에 접어들었을 때, 본직의 기관사가 될 때와 같은 실기시험을 치르게 되었다. 시험을 치르는 열차는 모지항 역 출발 가고시마 행의 보통열차였으며 내가 담당한 구간은 모지에서 후쿠마까지 였다. 다음 날 실기시험이 있었기 때문에, 시험과 같은 예행연습을 하게 되었다. 모지 역을 발차하여 순조롭게 후쿠마

증기 기관차에서 쉬고 있는 견습중의 저자
(오른쪽)

역 근처까지 갔다. 운전시간이나 정지위치도 대체로 잘 되었다. 후쿠마 역에서는 특급 '아사카제'(아침바람) 호를 대피시키기 위해서 '대피선'으로 들어갔다. 대피선 입구에는 분기기가 있었기 때문에, 속도를 시속 45km 이하로 줄이지 않으면 안 되었다. '제한 45'라고 외치며 제동을 걸고 대피선으로 들어갔다. 일단 브레이크를 늦추고, 플랫홈에 도착하고, 열차를 목표 위치에 정지시키기 위해 제동을 걸었지만, 브레이크가 말을 듣지 않았다. 새파랗게 질려 비상 브레이크를 걸었지만, 정지위치를 3량 반이나 지나쳐서 겨우 멈추었다. 승무원들의 전문용어로 '짬밥 부족'이었던 것이다.

전기 브레이크를 가지고 있는 전차와는 달리, 기관차가 견인하는 열차는 기관차만이 공기압축기를 가지고 있다. 브레이크를 잡기 위해 필요한 압축공기는 객차와 객차 사이에 연결되어 있는 브레이크

호스를 통하여 기관차에서 열차 전체로 보내고 있었다. 제동을 걸 때에는 이 공기관에서 공기를 빼내는 것에 의해 공기밸브를 작동시켜, 객차에 있는 공기 탱크의 압축공기를 브레이크 실린더로 보내 브레이크를 작동시킨다. 이것이 전술한 웨스팅하우스의 자동공기 브레이크의 원리이다.

한 번 완전 제동을 걸면, 이 공기 탱크 속의 압축공기가 없어져 버리므로, 다음에 브레이크를 걸 때까지 기관차로부터 각 차량에 압축공기를 공급해두어야만 한다. 따라서 후쿠마 역의 경우에는 분기기가 있는 곳에서 한 번 제동을 건 뒤, 브레이크 핸들을 '주입 위치'에 두고, 충분히 공기를 보낼 필요가 있었다. 이 경우와 같이 제동과 제동 사이의 시간이 짧은 때에는 '강제 주입'과 같은 강제적으로 높은 압력의 압축공기를 보낼 수도 있다.

그런 것은 당연히 알고 있었지만, 이날은 긴장하고 있었던 탓인지 깜박하고 있었던 것인지, 브레이크 핸들을 '유지 위치'에 두고 있었기 때문에 객차에 충분히 압축공기가 공급되어 있지 않았다. 좀더 갔으면 역 출구의 분기기를 파괴할 뻔했다.

시험의 결과는 최악으로, 합격점의 60점에서 상당히 먼 33점이었다. 물론 동시에 시험을 치른 동료 중에서 최악인 성적이었다. 시험관인 쇼키다 이사미 지도기관사는 아무 말도 하지 않고, 나의 얼굴을 보고 고개를 갸웃했다.

드디어 시험 날, 이번에는 잘 되었다. 성적은 80점을 넘었다. 충분히 합격할 수 있는 점수다. 쇼키다 지도기관사는 나에게 '야마노우치 씨, 오늘은 외출하는가'라고 물으며 웃었다.

모지 기관차사무소 다음에 오오미야 공장에서 4개월을 보내고, 이번에는 동경 기관차사무소에서 전기 기관차 운전실습을 하게 되었다. 이번에는 처음부터 기관사 견습이다. 우선 깜짝 놀란 것은 현장

분위기의 차이 때문이었다.

모지 기관차사무소는 자유로운 분위기에서 기관사들이 자신의 페이스대로 일을 하고 있었다. 이 기관차사무소는 다소 사고가 많았기 때문에, 특급열차의 승무를 모두 옆의 모지코 기관차사무소에 빼앗겼다는 소문이 있었지만, 한 사람 한 사람의 승무원이 '정확히 안전하게 운전을 하면 불만은 없을 것이다'라는 분위기였다. 그런데 일본왕의 초대 열차를 비롯해, 특급 '쯔바사'(제비) '하토'(비둘기)의 승무를 담당하는 명문의 동경 기관차사무소는 전혀 달랐다. 대단히 정확히 운전하고 있었고, 긴장감이 도는 직장이었다. 지도기관사들도 위엄이 있고 엄격했다. 특히 나의 지도기관사였던 오노자와 기관사는 엄격하고 훌륭한 사람이었다.

전기 기관차를 운전하는 첫 날, 동경 역까지의 회송열차에서 지도기관사와 함께 발차를 기다리고 있었는데, 갑작스럽게 '운전하세요'라는 말을 들었다. 이 말에 깜짝 놀랐다. 모지 기관차사무소와 같이 처음에는 선로 견습인가 하고 생각했었는데, 갑작스럽게 운전하라고 하는 것이었다. 이것 큰일났다라고 생각했다. 증기 기관차를 운전하고 있었기 때문에, 이 열차의 신호기가 어느 것인가는 대체로 알지만, 어디에 곡선이 있으며, 어디에서 제동을 걸어야 되는 것인지 전혀 모르는 상황이었다. 특히 오다와라를 지나치면 곡선이 연속하고, 곡선에 따라 제한속도도 다르다. 대충 짐작으로 달리고 있으면 '빨리 브레이크' '늦춰'라는 질책이 날아온다. 모지 기관차사무소에서는 승무중 지도기관사와 잡담을 하기도 했지만, 여기서는 그런 분위기가 전혀 없다. 누마즈 역에 도착했을 때에는 녹초가 되어 있었다.

그러나 이 사람은 기관사로서는 훌륭한 사람이었다. 항상 한 권의 노트를 소지하고 있었고, 열차마다 중요한 지점에서의 통과 속도, 브레이크를 거는 위치 등이 기록되어 있었다. 나와의 승무중에도 노트를 펴고, 메모를 하고 있는 모습을 보았다. 이 기관사는 전쟁중에는 공군 조종사였던 것 같다. 기관차사무소에서 쉬고 있을 때 '기관차와 비행기 중 어느 쪽이 좋습니까'라고 물으면, '나는 하늘을 날고 싶지'라고 말하면서 상공을 응시하기도 했다. 1개월 후 지도기관사가 바뀌었다. 이번 사람은 전혀 달랐다. 언제나 생글생글 웃고 있었고, 이야기를 잘 했다. 기관차사무소를 출발하기 전에 오노자와 기관사로부터 교육받았던 것과 같이, 기관차 지붕에 올라가서 팬터그래프의 점검을 하려고 하면, '그것은 하게 되어 있지만 하지 않아도 괜찮아요'라고 말한다. 단, 지도기관사인 만큼 운전이나 신호 환호 등 중요한 것은 정확히 하고 있었다.

전기 기관차 운전중 한 번 대단히 위험한 경험을 했다. 신간선이 개통하기 전의 동해도선에는 동경에서 오사카나 규슈로 출발하는 특급열차나 급행열차가 수없이 달리고 있었다. 내가 소속해 있던 '급행조'는 특히 야간 급행열차를 운전하는 일이 많았다. 밤에 동경역을 출발한 급행열차는 오전 0시에서 1시경 누마즈 역에 도착하고, 그곳에서 선잠을 잔 후 이번에는 오전 5시경에 속속 누마즈 역에 도착하는 동경 행 급행열차에 승무한다. 당시의 휴게실은 지금 생각하면 형편없었고, 10조 정도의 다다미방에 8인분의 이부자리가 깔려 있고, 그 안에서 3~4시간의 수면을 취할 수 있었다. 때로는 앞의 사람이 막 나간 따뜻한 이부자리에서 자게 되는 일도 있어서, 아무튼 기분이 나빴다.

이 상행 야간 급행열차의 운전은 편하지 않았다. 오다와라에서는 아침의 통근 전차와 같이 달린다. 도중의 역을 통과하는 급행열차가 완행의 전차와 같은 속도로 운행하기 때문에 성가신 것이다. 앞의 전차에 따라 붙지 않도록 천천히 달린다. 수면 부족에 게다가 아침 해가 정면에서 비치므로 졸음이 오게 마련이다.

어느 날, 오오후나 역의 장내 신호기를 보고 '장내 경계'라고 외친 뒤 깜빡 졸았다. 퍼뜩 정신을 차려 보니까 열차는 멈출 것 같은 속도로 움직이고 있었고, 눈앞에는 출발 신호기의 정지신호가 보였다. 당황하면서 열차를 멈추었다. 위험천만한 일이었다. 옆을 보니 본 임무인 지도기관사도 기관조사도 잠들어 있었다.

동경 기관차사무소에서도 최종 실기시험이 있었다. 나의 담당은 마지막 구간인 오오후나와 동경 간이었다. 가장 어려웠던 것은 요코하마 역의 정차 위치다. 이 역은 플랫홈의 중간쯤이 다소 높게 되어 있고, 그곳에서부터 약간 하구배로 되어 있다. 제동을 상당히 잘 걸지 않으면 정해진 위치에 정지시키는 것이 어렵다. 속도가 지나치게 높아서 정지시킬 때에 추가 제동을 걸면 감점이 된다. 그렇지만 속도를 지나치게 감속하면 운전 시분이 늦어지고, 이것 또한 감점이 된다.

어떻게 잘 되어서 요코하마를 출발해서 쯔루미 역을 옆으로 보면서 달리고 있었을 때, 돌연 옆에 앉아 있던 기관조사가 당황하고 있는 것이 보였다. 바로 앞에 청신호가 있었던 것이다. 당황하면서 '폐색 진행'이라고 외쳤다. 이것을 잊으면 실격이 된다. 순조롭게 동경 역에 도착해 기관차사무소에 돌아가서 이시이 이치로우 지도기관사로부터 채점표를 받아 보니, 합격점에 아슬아슬하게 도달한 60점이 적혀 있었다.

운전시간, 정차 위치, 속도 관측 모두 좋은 점수였지만, 승무태도가 0점에 가까웠다. 신호 환호를 거의 잊어버린 탓인지, 아니면 정말로 태도가 나빴던 것인지 이시이 지도기관사는 큰 눈으로 나의 얼굴을 보았다. 그렇게 생각해서인지, 희미하게 웃고 있는 것같이 보였다.

3) 동경 기관차사무소의 폐쇄 명령

삼십 몇 년 후 이 동경 기관차사무소가 폐쇄되리라고는 전혀 상상하지 못했다. 국유철도 말기에 국유철도의 현장은 심한 노사대립에 의해 혼란에 혼란을 거듭하고 있었다. 현장소장이나 부소장을 규탄하는 일이 드물지 않았고, 승무원의 훈련도 확실히 할 수 없는 상태였다. 지역에 따라, 또 전문분야에 따라 차이는 있었지만, 역, 운전, 선로 부문 예외 없이 규율이 엉망이었다. 이러한 상태가 10년 가까이 계속되었지만, 정부나 매스컴의 엄격한 비판으로 인해, 1982년경부터 국유철도도 직장 규율의 시정에 착수했다. 그 2년 후 안전점검을 위해 동경지구의 몇 개의 현장을 방문한 적이 있었다.

그해 연말에 산요우 본선의 니시아카이시 역에서 특급 '후지' 호가 과속 때문에 탈선하여, 침대차의 1량이 플랫홈에 격돌해 대파되는 사고가 일어났다. 니시아카이시 역에서 원래 장거리 열차가 달리는 방향으로 진로를 만들어야 했는데도, 실수하여 완행의 전차선 쪽으로 분기기를 개통시켜 버렸다. 열차가 선로를 달릴 때에는 분기기가 직선 방향으로 개통되어 있기 때문에 고속으로 달릴 수 있지만, 전차선에 들어갈 때에는 속도를 감속해야만 한다. 이것을 잘못 취급한 것이다.

역에서 진로의 조작을 잘못한 경우에도, 역의 장내 신호를 정확히 보고 있었다면 열차가 어느 쪽의 선으로 들어가는지는 즉시 알 수 있다. 이 경우에는 장내 신호가 주의신호이더라도 진로가 틀리면, 열차를 세우고 역직원에게 잘못에 대한 주의를 주지 않으면 안 된다. 그런데도 이 열차는 고속인 채로 역에 진입해버린 것이다. 또 불행하게도 이 기관사는 상당히 취해 있었다. 따라서 졸고 있었을 가능성이 높았다. 이 기관차에는 기관조사도 함께 타고 있었지만, 아무런

니시아카이시 역의 홈에 돌입한 특급 '후지': 1984년
10월 19일

사고를 일으킨 같은 형의 '후지' 기관차

주의를 한 흔적이 없었다.

　내가 동경의 현장을 방문한 것은 이 사고 직후였다. 현장 사무소
를 처음 본 순간 어느 정도 그 실정을 알 수 있다. 정리정돈의 상황,
지나다니는 직원의 용모나 태도, 그리고 분위기 등으로부터 알 수
있다. 동경 기관차사무소에 들어갔을 때의 인상은 최악이었다. 승무
원들의 태도는 형편없었고, 계장들은 매우 지친 얼굴을 하고 있었다.
대충 설명을 들은 후 소장의 안내로 현장을 돌아보았다. 승무원 휴게실 앞을 지나갔을 때 내부에서 '뭐야, 국장! 안에 들어올 생각도 없는가'라고 하는 소리가 들렸다. 소장은 안으로 들어가는 것을 망설이는 모양이었지만, 상관하지 않고 문을 열고 안으로 들어갔다. 그러자 방의 중앙에 태도가 좋지 않은 5~6명이 앉아 있었고, 나에게 불평의 말을 꺼내기 시작했다. "구조개혁을 하기 때문에 사고가 일어나는 것이다" "이렇게 형편없는 휴게실에서 잘 수 있을까, 그래서 사고가 일어난다" "빨리 돌아가" 등등.

솔직히 말하면, 이 정도의 온갖 욕설은 몇 번이나 경험하고 있었고, 단체교섭의 장소에서는 훨씬 심한 욕설을 들은 적도 있었기 때문에 놀라지는 않았다. 그러나 이번에는 용서할 수 없다고 생각했다. 감정적인 것은 아니었다. 국유철도가 진지하게 직장 규율의 시정에 착수하고 나서부터 이미 2년, 아직 이 모양인가 하는 생각과 니시아카이시 사고가 난 뒤, 전 승무원에 대하여 안전 운전을 호소하고 있는 가운데에도 이런 상황이 만들어지고 있는 것은 용서할 수 없다고 생각했다. 이런 상황에서 가만히 입을 다물고 물러나기 때문에 간부를 바보 취급하는 것이다. 본사에 돌아가서 즉각 동경 기관차사무소의 폐쇄를 명령했다.

일찍이 자신을 가르쳐 준 직장을 부순다는 것에 일종의 뼈아픈 감은 있었지만, 명문 기관차사무소를 폐쇄하는 것에 대한 미련과 감상은 전혀 느껴지지 않았다.

동경 기관차사무소에서 승무를 체험한 뒤, 북해도 코토치 기관차사무소에서 반년간 검사원으로서 근무했고, 이어 동경의 신쯔루미 조차장의 계장이 되었다.

이 조차장은 일본 유수의 대화차 조차장으로 (현재의 요코스카 선의 신가와사키 역의 근처) 1,000명이 넘는 직원이 일하고 있었다. 험프라고 하는 조금 높은 언덕 위에서 차례로 화차를 언덕 밑으로 향해서 달리게 해, 행선지별로 화차를 선로에 집어넣는다. 차례로 하구배를 달려오는 화차에 조차원이라고 부르는 직원이 뛰어 올라타서 발로 브레이크를 밟는다. 조금이라도 실수하면 큰 부상을 입을 가능성이 있는 위험한 작업이었다. 사실 조그마한 부상과 화차의 충돌사고가 끊이지 않는 직장이었다. 이 직장에서 우선 놀란 것은 '작업 열차시각표'라고 부르는 작업계획표와 실제 작업의 차이 때문이었다. 이 역에서는 아침 8시 반과 저녁 5시에 야간 근무와 낮 근무의 직원이 교대하고 있었다. 교대시간에는 작업 열차시각표와 실제의 작업이 일치했지만, 그후 조금씩 실제의 작업 쪽이 더 빨라지기 시작했다. 계획대로라면 저녁 5시에 끝나야 할 작업이 실제로는 오후 3시반경에 끝나버린다. 이래서는 안 된다고 생각했다.

역장과 직접 담판하여, 수송계장이라는 이 역 전체의 작업계획을 만드는 일에 근무하게 되었지만, 실제작업의 진행 상황을 항상 알고 있지 않으면 계획을 세울 수 없었다. 그런데 전문가인 수송계장들은 방 안에 머물러있어도 현재 어떻게 일이 진행되고 있는지를 알고 있는 것이다. 다른 작업 열차시각표를 만들고 있는 것은 아니었다. "어떻게?"라고 질문하면, "오랜 세월의 경험이요. 기관차 소리만 들어도 알아요"라고 말한다. 그렇다고 해도 공식의 작업계획표와 실제의 작업이 전혀 다르다고 하는 것은 납득할 수 없었다.

"이해가 안 되는 일이다"라고 친한 계장에게 질문했다. 그러자 "현장이란 곳은 이런 곳이요. 모두 5분이라도 빨리 일을 끝마치기 위해서 열심히 일하고 있어요. 만약 작업 열차시각표대로 하라고 지시하면 지금보다 능률이 떨어지지요"라고 하는 대답이 돌아왔다.

이 사람은 현장에서도 신뢰가 있는 유능한 계장으로, 그후 관리국의 간부가 된 사람이다.

화차 조차장은 문자 그대로 힘이 센 사람들의 직장이었다. 이 역

현장소장 회의. 맞은 편 왼쪽에서 네 번째가 저자

에서 오랫동안 지낸 사람들에게는 역장으로 출세할 수 있는 기회도
빈약했다. 이 역의 역장도 수석계장도 관리과의 화물과에서 온 말하
자면 외부 출신이었다. 국철 내부의 일종의 낙하산 인사였던 것이다.

어느 날 이 대조차장의 본토박이로 가장 지위가 높은 수송 총괄계
장인 오카와 하루요시가 역장으로 결정되고, 송별회가 열렸다. 그 역
은 난부선의 중간에 위치한 작은 역이었다. 송별회는 마치 밤샘할
것 같은 분위기였다. 술잔을 가지고 오카와 씨에게 인사하러 가니까,
"야마노우치 씨, 현장에는 이러한 인간이 있다는 것을 잊지 말아 주
십시오"라고 하면서 가만히 나의 얼굴을 응시했다. 그 날은 부담이
없었는지 술기운을 조금 띠고 있었다.

현장소장 때는 이런 일이 있었다. 어느 날 저녁, 내가 근무하고 있
던 차량기지 내에서 전기 기관차가 탈선했다. 역의 조차원이 분기기
가 개통되지 않았는데도 기관차를 유도했기 때문에 분기기를 부수고
탈선한 것이었다. 기관차의 승무원도 역의 조차원도 내 직장의 소속
직원이 아니므로 책임은 없었지만, 탈선한 기관차 복구를 돕지 않으
면 안 되었다. 직원을 모아서 준비를 하고 있으니까, 상부조직의 운

수실장실에서 전화가 걸려왔다.

"소장님 죄송하지만, 증기 기관차 1대를 준비해주시지 않겠습니까?" "알았습니다." 곧 가장 가까운 기관차사무소에 전화를 하여 기관차를 보냈다. 틀림없이 이 증기 기관차로 탈선한 기관차를 복구하려니 생각하고 있었다.

그런데 증기 기관차가 도착하니 어떻게 된 일인지 이 기관차를 탈선한 선로와 동해도 본선 사이의 선로에 넣고 정지시키는 것이었다. 탈선한 개소는 동해도 본선의 부근이었으므로, 그 바로 앞을 빈번하게 전차가 지나간다. 이 증기 기관차로 탈선한 기관차가 보이지 않도록 하고나서부터 기관차 복구작업이 시작되었다. 증기 기관차는 병풍 역할을 했던 것이다.

4) 본격적인 안전대책

이야기를 안전문제로 돌리자. 내가 국유철도에 입사한 1956년에는 한 해 동안 139건의 열차사고가 일어났다. 열차사고란 열차가 탈선, 충돌 또는 화재를 일으킨 사고로서 실로 가장 중대한 사고라고 할 수 있다. 니시나리 선의 사고도, 사쿠라기초우 사고도, 산구우 선 사고도 모두 열차사고였다. 건널목에서 열차와 자동차 등이 충돌하는 건널목 사고는 열차가 탈선하지 않는 한 열차사고가 아니다. 또한 역의 측선이나 차량기지 내에서 입환중이던 차량이 탈선하거나, 충돌하거나 하는 사고도 열차사고라고는 말하지 않는다. 어디까지나 본선을 달리는 열차에서 일어난 사고만을 말한다. 1956년에는 그런 열차사고가 1년 동안 139건이나 일어났다. 이것은 3일에 한 번은 열차가 탈선하거나 충돌한 것이란 뜻이다. 이 해에는 열차화재는 일어나지 않았다. 덧붙이자면 1999년 JR 전체 회사에서 일어난 열차사고

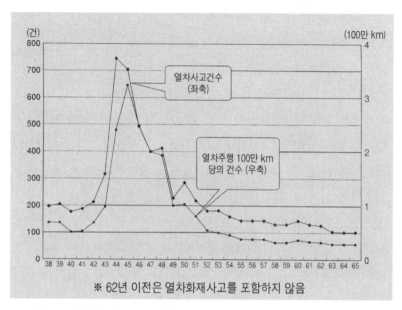

（件）　　　　　　　　　　　　　　　　　　　　　　　（100만 km）

※ 62년 이전은 열차화재사고를 포함하지 않음

<그림 2> 열차사고의 추이(국유철도: 1938~1965년)

는 14건, 그 대부분은 작은 사고였다. 열차사고는 격감했다. 그동안 열차 주행거리는 두 배로 증가했는데도 말이다.

내가 국유철도에 입사했을 때 국유철도의 안전문제는 위기적 상황에 있었다고 기록했지만, 이때쯤은 매년 거의 이 정도의 빈도로 열차사고가 일어났다.

<그림 2>를 보자. 이것은 열차사고의 추이를 나타낸 것이지만, 사고가 가장 많았던 것은 태평양전쟁중의 1944년으로, 실제 그 1년 동안에는 742건의 열차사고가 일어났다.

차량이나 설비가 고장나고, 중견 직원의 대부분이 전쟁터로 나갔던 그 시기에 매일 2건의 열차사고가 일어났다.

전쟁이 끝나자 열차사고는 급속히 감소했지만, 사쿠라기초우 사고가 일어난 1951년에는 또 1년 동안에 200건 이상의 열차사고가 일어났다. 그 열차사고도 1960년부터는 점점 감소하고 있다.

국유철도는 1957년에 제1차 5개년 계획을 시작했다. 전쟁 후의 혼란도 마침내 안정되고, 국유철도의 여객이나 화물의 수송량이 급속히 증가하기 시작했다.

그에 비해 차량이나 선로 등의 수송설비는 상당히 부족했고, 노후된 설비가 도처에 남아 있었으며, 또 사고도 많았다. 이 5개년 계획의 주요 과제로서 제시되었던 노후 설비와 차량의 갱신, 안전설비 강화, 수송력 증강, 동력의 근대화 등에서 상당한 성과를 올렸다.

이 계획에 의해 주요 간선의 복선화와 전철화가 진행되고, 새로운 특급 '코다마' '아사카제' '하츠까리' 등이 등장하기 시작했다. 조직 전체가 계획을 만들고, 실행에 옮기면 확실히 효과가 나온다.

안전대책도 예외가 아니었다. 과거의 고장난 차량과 설비의 교체가 진행되어, 자동신호와 차내 경보장치, 계전 연동장치의 정비 등도 시작했다. 1960년부터 급격히 사고가 감소했던 것은 이러한 조직적인 안전대책에 의한 영향이 컸다.

산구우 선 사고가 난 뒤에 설치된 운전사고방지대책위원회는 구체적인 사고방지대책을 세운 후 반 년 뒤에 폐지가 되었지만 1960년에 부활했다. 이 해의 설날에 동경역 바로 앞에서 상행 코난 전차가 추돌하는 터무니없는 사고가 일어났기 때문이다.

이후 이 위원회는 상설위원회로 되었고, 'ATS전문위원회' '설해대책전문위원회' '노동과학전문위원회' '화물붕괴방지전문위원회' '건널목대책전문위원회' 등 다수의 전문위원회를 그 안에 두고 있었다. 본 위원회는 국장급의 간부를 중심으로, 안전문제에 그다지 관심이 없는 회원이 많았고, 형식적인 회의가 되는 경향이 있었지만, 전문위원회는 관계 부문의 전문가가 모여 열심히 논의를 해서 구체적인 대책을 세웠다. 이 전문위원회가 안전대책에 공헌한 역할이 컸다고 생각한다.

5) 미카와시마 사고의 교훈

안전대책에 대한 본격적인 조직과 마스터 플랜이 완성되었고, 열차사고는 1960년부터 조금씩 감소하기 시작했는데, 이에 찬물을 끼얹는 대형사고가 연속해 일어났다. 1962년의 미카와시마 사고와 그다음 해에 일어난 쯔루미 사고이다.

이 2개의 사고는 사고의 비참함은 물론 국유철도의 안전 시스템의 약점을 찌른 사고였다는 생각이 든다. '안전대책의 본질을 놓쳤구나'라는 신의 계시 같은 것이 떠올랐다.

1962년 5월 3일, 봄 연휴가 한창이었던 가운데 이 사고가 일어났다. 밤 9시 37분, 타바타 조차장을 정각에 출발한 조우반 선의 하행 화물열차는 고가선 위에 있는 조우반 본선에 합류하기 위해서 1,000분의 10이라는 급구배에 도착했다. 우에노 역 출발의 조우반 선 열차는 닛포리 역에서 급커브해서 고가선 위를 달리지만, 화물열차는 타바타 조차장이 지상에서 출발한지 얼마 안 되어 상구배에 이르고, 미카와시마 역에서 전차가 달리는 본선에 합류한다. 1,000분의 10이라고 하는 것은 중량 화물열차에게는 상당히 심한 구배이다. 화물열차는 상구배 위에 일단 정차하면, 다시 발차하는 것이 쉽지 않다. 기관차의 동륜이 공전할 수도 있고, 화차의 연결기가 분리되면 움직일 수도 없다. 기관사로서 될 수 있는 한 정차하고 싶지 않은 구간인 것이다.

미카와시마에서는 먼저 하행 전차가 출발한 후 이 화물열차가 본선에 들어가는 순번으로 되어 있었다. 그러나 이날 이 전차는 늦어지고 있었다. 따라서 화물열차가 본선에 들어갈 때의 신호는 정지신호였다. 그러나 이 화물열차는 이 정지신호에서 멈추지 않고, 안전측선에 진입해 탈선해버렸다. 게다가 불행하게도 탈선한 증기 기관차

미카와시마의 사고현장, 왼쪽은 상행 전차, 가운
데가 하행 전차, 오른쪽은 화물열차

와 화차는 하본선 쪽으로 기울어져 탈선을 한 것이었다. 산구우 선
의 사고와 같은 일이 일어났다. 안전측선이 안전측선의 역할을 할
수 없었다. 이때 미카와시마 역을 4분 늦게 출발한 하행 전차가 이
탈선한 차량과 충돌하고, 이번에는 전차가 상행 본선 위로 기울어져
탈선을 해버렸다.

그곳으로 또 반대 방향에서 달려온 전차가 충돌해와 2량의 전차
는 고가선 밑에 전락하고, 탈선해 있던 하행 전차도 대파했다. 국유
철도 역사상 최악인 이중 충돌사고가 일어난 것이었다. 이 사고의
희생자는 160명, 부상자는 300여 명에 달했다.

나는 이 사고 때, 교토의 교외에 있는 무코우마치 운전사무소 소
장이었지만, 그 일주일 후 본사로 전근이 되어 다음 날 즉시 올라오
라고 하는 명령을 하달 받았다.

본사는 희생된 사람들이나 부상을 입은 사람들에 대한 사죄와 조문, 사고 원인의 해명, 사고 재발방지를 위한 긴급대책의 결정 등으로 문자 그대로 대혼란 상태였다.

이 사고가 난 뒤, 국유철도는 즉시 미카와시마 사고 특별대책위원회를 설치하여 사고방지대책의 검토에 들어갔다. 위원회에는 직원의 지도훈련을 철저히 하는 제1분과회와 새로운 보안설비를 검토하는 제2분과회가 있었다.

이 사고는 철도의 안전에 대한 기본적인 문제를 제시했다. 우선 첫 번째 이유는 화물열차가 정지신호에서 멈추지 않은 것이지만, 이 점에 대해서는 정지신호가 아니었다고 주장하는 기관사의 고소로 오랫동안 재판이 진행되었다. 그러나 이 신호가 정지신호가 아니었다는 것은 있을 수 없는 일이다.

뒤에서 살펴보겠지만 철도의 사고는 페일 세이프 시스템으로 되어 있기 때문에 그런 일은 있을 수 없다. 신호공사 때 배선의 실수가 있어 비정상적으로 진행신호가 나와 사고가 난 예는 있지만, 미카와시마 역에서는 신호공사를 하지 않았다. 아마 기관사는 평상시처럼 진행신호일 것이라고 생각하고 계속 달렸을 것이다. 정지신호를 확인하지 않는다고 하는 것은 승무원에게 있어서 최대의 실수이다. 그러한 일은 모든 승무원이 충분히 알고 있는 일이다. 그렇지만 그래도 사고는 일어나는 것이 인간세계의 현실이다. 1961년만 해도 신호 실수로 인한 열차사고가 1년 동안 20건이나 일어났다.

미카와시마 사고방지대책위원회는 국유철도 전선에 자동 열차 정지장치(ATS)를 설치하기로 결정했다. 총 공사비용은 163억 엔으로 1966년에 전선의 설비가 완성되었다.

이 사고의 결과로 겨우 일본 철도에 ATS를 설치하게 되었다. 이는 가장 중요한 안전 시스템이다. 일본에 국한하지 않고 외국의 대

사고의 예를 보아도, 승무원 확인 실수에 의한 사고는 대단히 많기 때문이다.

국유철도가 이 문제에 무관심했던 것은 아니다. 이미 1921년에 동해도선에서 자기식 ATS의 시험을 하고 있었지만, 1933년에는 당시 가장 열차 횟수가 많았던 야마노테 선과 케이힌 토우호쿠 선의 유우라쿠초우 역에 동경의 지하철이 사용한 것과 같은 타자식 ATS를 실제로 설치하고, 시험하고 있었다. 당시 야마노테 선과 케이힌 토우호쿠 선은 타마치 역과 타바타 사이에서 같은 선로 위를 달리고 있었다. 따라서 열차 횟수는 대단히 많았고, 1분 30초 간격의 운전도 검토를 진행시키고 있었다. 그렇게 하기 위해서는 ATS가 반드시 필요했던 것이다.

그후도 몇 번이나 시험을 반복하였지만, 국유철도의 전기부문과 차량부문 사이에 설치할 시스템의 선택에 대해서 의견대립이 있었던 관계로 실현이 되지는 않았다.

그러나 1941년, 산요우 본선 오보시 역에서 일어난 충돌사고는 이러한 무모한 대립에 종지부를 찍었다. 연속 코드식 ATS를 사용하기로 결정하고, 1934년부터 산요우 본선의 히로시마와 모지 간에 ATS 설치공사를 시작해 거의 완성되었지만, 공교롭게도 완성되어가던 차상장치가 폭격으로 소실되고, 모처럼의 설비도 못쓰게 되어버렸다.

전후에도 시험은 계속하고 있었지만, 결국 산구우 선 사고 때까지는 실현되지 않았다. 산구우 선의 사고 직후에 차내 경보장치를 사용하는 것이 결정되었지만, 그 장치는 순조롭게 작동하지 않았다. 기술적으로 문제가 있었기 때문이다. 열차 횟수가 대단히 많은 동경, 오사카의 전차 구간과, 동해도 신간선, 산요우 본선용의 차내 경보장치는 완성되어 사용하고 있었다. 그밖의 선구용에는 비교적 간단한 기능으로 값싼 차내 경보장치가 설치되었지만 그 기능에 그다지 만족할 수 없었다. 게다가 기술면에서는 신형 트랜지스터가 등장했고, 이것을 이용하기 위한 연구와 시험도 필요했다. 겨우 실용할 수 있는 장치가 완성되었을 때에 미카와시마 사고가 일어났다.

새롭게 모든 선로에 설치하는 것으로 결정된 ATS는 차내 경보장치에 자동 비상 브레이크의 기능을 설치한 것이었다. 그러나 이 ATS는 자동 열차정지장치라고 부르기에는 거리가 좀 먼 감이 든다. 실질적으로는 차내 경보장치와 거의 다르지 않은 설비였다.

그 기능을 설명해보면, 열차가 정지신호의 수백 미터 앞에 접근한 곳에 지상자가 있고, 열차가 그 위를 지나가면 운전대에서 부저가 울린다. 그 상태에서 5초 간 승무원이 아무 동작도 하지 않으면 자동적으로 비상 브레이크가 걸려서 열차가 멈춘다. 그런 의미에서는 확실히 자동 열차 정지장치라고 할 수 있다. 그러나 운전대에는 '확인 버튼'이라고 하는 단추가 있고, 5초 이내에 이 단추를 누르면 자동 비상 브레이크는 작동되지 않게 된다. 그후 승무원이 정지신호를 못 보고, 계속해서 달려도 자동적으로 브레이크는 작동되지 않는다. 대부분의 경우, 승무원은 반사적으로 이 확인 버튼을 누르므로, 자동 비상 브레이크가 걸리는 일은 없다. 자동적으로 열차가 멈추는 것은 승무원이 정신을 잃었을 때 정도이다.

왜 이런 시스템을 사용한 것인가? 거기에는 이유가 있다. 야마노테 선이나 케이힌 토우호쿠 선과 같은 전차 전용구간을 제외하고 국유철도에는 여러 종류의 열차가 운행되고 있다. 특급열차도 있고, 기관차가 견인하는 객차도 있다. 화물열차도 달리고 있다. 각각의 열차에 따라 브레이크의 성능이 다르고, 화물열차에 따라서는 연결한 화차의 량수, 짐의 무게에 의해 브레이크의 성능이 크게 달라진다. 그뿐만이 아니다. 열차의 속도도 승무원의 운전방법에 따라 차이가 있다. ATS가 안전장치인 이상 브레이크 성능이 가장 안 좋은 중량 화물열차가 비교적 과속으로 신호기에 접근했을 때에도, 정지신호 앞에 정지되도록 하지 않으면 안 된다. 열차가 지상자를 통과한 시점에 자동적으로 비상 브레이크가 걸리면 중량 화물열차는 좋지만, 브레이크 성능이 좋은 전차는 정지신호보다 훨씬 앞에서 멈추어버린다. 승무원이 신호기를 정확히 보고, 올바른 운전조작을 하고 있는 경우에도 열차를 멈추어 버리게 되고, 열차시각표에도 혼란이 따를지 모른다.

참된 의미에서의 자동 열차 정지장치라고 하기 위해서는 후술할 ATC나 일종의 컴퓨터를 차 위에 탑재하여 열차마다 자동 비상 브레이크를 거는 위치를 변경하도록 하는 것이 필요하다. 당시에는 아직 이러한 기술이 없었다.

그 무렵 건설을 진행시키고 있던 신간선에는 ATC를 설비하기로 결정했지만, 이 ATC는 기술적으로 화물열차에는 상용할 수 없다. 열차에 따라 브레이크 성능이 다를 뿐만 아니라, 화물열차는 브레이크를 한 번은 걸 수 있지만, 신간선의 ATC와 같이 2단계, 3단계로 브레이크를 걸 수는 없다. 이렇게 하려고 하면, 내가 증기 기관차의 운전중에 경험한 브레이크의 '짬밥 부족' 현상이 일어난다. 이 ATS가 만족할 수 있는 안전 시스템이라고는 할 수 없다. 그러나 당시의 기술과 자금으로 이보다 더 좋은 것을 설치하기는 어려웠다.

이런 사실 때문에, 그후 이 ATS의 결함으로 인한 사고가 일어나게 된다. 또 여담이지만, 이 ATS의 설치에 대한 많은 승무원의 반발의 소리가 있었다. '기관사를 신뢰하지 못한다는 것인가' 하는 소리였다. 지금은 필요불가결한 시스템이 된 ATS에 대하여 이러한 반발이 있었던 것도 사람, 기계, 시스템이 일치되는 일에 대한 어려움의 일면을 나타내고 있다.

안전측선이 충분히 본래의 역할을 다하지 못하고 있는 것도 문제가 되었다. 이런 상태로는 불안전측선이라고 하는 것이 나았을지도 모르겠다. 그래서 전국의 안전측선에 대한 총점검을 실시하고, 중요한 개소에는 긴급 정지장치를 설치했다. 이는 만일 열차가 안전측선에 진입했을 때, 신호회로의 전류를 절단하여 관계되는 신호기가 모두 자동적으로 정지신호로 변하도록 한 장치이다. 국유철도 내부에서는 이 장치를 '쥐 잡기'라고 부르고 있었다.

또 다른 문제는 이중 충돌을 막을 수 없었는가에 관한 것이었다. 국유철도의 규정에서는 이번과 같이 열차가 탈선하거나 충돌하거나 했을 때, 승무원은 즉시 사고를 일으킨 열차의 전방과 후방을 향해 달려가, 신호 염관을 태워서 이중사고를 막지 않으면 안 되었다. 하행 전차가 탈선하고 나서 상행 전차가 충돌할 때까지 그 사이에는 약간의 시간이 있었다. 이때 민첩하게 열차사고 방호를 했으면, 이중사고를 막을 수 있었을지도 모른다.

이 점은 재판에서도 큰 문제가 되었다. 국유철도 본사에서 속도계획 담당이던 나에게 이 3대의 열차의 운행 상황에 대한 시뮬레이션을 하라는 명령이 떨어졌다. 시뮬레이션이라고 해도 아직 컴퓨터가 상용되지 않았던 당시에는 종이 위에 모든 열차 주행 상황의 그래프를 그리고, 달리고 있던 열차의 속도, 도착한 시간 등의 추계를 한 것이었다. 최대의 문제는 이 하행 전차가 탈선한 후 상행 전차가 올 때까지 몇 분이나 여유가 있었는가 하는 것이었다.

국유철도에서는 정기적으로 이러한 열차 방호의 훈련을 실시하였다. 그러나 실제로 한 사람 한 사람의 승무원이 열차 방호를 하는 기회는 지극히 드물다. 나도 1년 가까이 운전 경험을 했지만, 그런 기회는 한 번도 없었다.

미카와시마 사고 때 증기 기관차와 하행 전차의 승무원은 사고에 당황했던 탓인지, 열차 방호를 충분히 하지 않았다. 만약 정확히 하였다면 대형사고로 연결되지는 않았을 것이다. 관계자에게 책임을 물었다. 직원의 재훈련은 반드시 필요하다. 그러나 안전대책은 그것만으로 이루어지지 않는다. 사람인 이상, 앞으로도 실수가 일어나지 않는다는 보증은 할 수 없다. 그래서 어떻게 하면 이중사고를 막을 수 있을까 하는 것이 큰 문제로 대두되었다. 이를 위해 모든 운전대 지붕 위에 차상식 신호 염관을 장착하였다. 그렇게 하면 사고가 일어났을 때 버튼 하나로 신호 염관을 태울 수 있다. 또 승무원에게는 신호 염관뿐만 아니라, 궤도 단락 동선이라고 하는 장치를 휴대하도록 했다. 이것을 사용하면 자동신호 구간에서는 좌우의 레일을 동선으로 단락하면 바로 신호기를 정지신호로 바꿀 수가 있다.

또 조우반 선 전차에는 열차 무선장치를 설비하여, 사고 등의 긴급한 상황에 비상 경보 버튼을 누르면, 부근을 달리고 있는 전차의 운전대에 비상 부저가 울려, 열차를 바로 멈출 수 있도록 했다. 이것은 열차 방호 시스템으로서는 최선의 것이었지만, 이것을 설비하기 위해서는 거액의 비용이 소모되었으므로, 국유철도 말기까지 조우반 선 이외에는 보급되지 않았다.

승무원의 실수, 열차 방호의 철저하지 못함, 기본적인 안전 시스템의 불완비, 이것은 당시 국유철도의 안전을 위해 해결해야 할 최대 과제였다. 이 사고는 이 약점을 정확하게 찌른 것이었다.

이 사고에서 또 하나 큰 문제가 된 것은 '과밀 열차시각표'에 관한 것이었다. 매스컴의 대부분은 과밀 열차시각표를 사고의 원인으로 지적했다. 확실히 열차 횟수가 적은 구간에서는 이러한 대형사고가 일어나기 어렵다. 그러나 단선인 산구우 선에서도 대형사고는 일어났다. 당시의 조우반 선 전차는 혼잡한 시간에도 3~4분 간격으로 달리고 있었지만, 이 정도의 운행 간격은 세계의 도시전차에서는 결코 드문 일이 아니다. 만약에 전차의 운행 간격을 더 길게 하면, 역

청색신호 　황색신호 　적색신호

신호확인거리

투 섹션 방식

에는 승객이 가득 차게 되고, 전차는 만성적으로 늦어지게 되어 오
히려 위험한 상태가 된다.

　미카와시마 사고가 났을 때도 하행 전차가 열차시각표대로 운행
되었으면 사고는 일어나지 않았다. 정확한 열차시각표대로의 운전은
안전을 위한 기본이다. 도대체 누가 과밀이라고 하는가? 3분 간격이
면 과밀이고, 5분 간격이면 과밀하지 않다고 할 수 있는 것인가? 국
유철도에서도 이 점이 논의가 되었고, 열차시각표의 계획담당자로부
터는 불만스러운 소리가 나왔다. '우리들은 빈틈없이 안전을 위해
필요한 간격을 두고 열차를 운행하고 있다. 결코 과밀이 아니다'라
는 의견이다. 안전을 위한 열차 신호의 기본원칙은 '투 섹션 클리어'
이다. 이것은 무엇을 말하는 것인가? 한 대의 열차가 달리고 있는
구간의 입구에 있는 신호기는 당연히 정지신호로 되어 있다. 그 앞
의 신호기는 주의신호, 또 하나 더 앞의 신호기는 진행신호로 되어
있다. 열차시각표를 계획함에 있어 큰 역에 들어갈 때 항상 기관사
는 진행신호로 달릴 수 있도록 한 것은 선행열차와의 사이에 최소한
두 개의 신호 폐색 구간은 개통되어 있다는 것이므로, 이 규정을 지
키고 있는 이상 '과밀'은 아니다는 주장이었다.

　그래서 전국의 열차시각표를 전면적으로 다시 점검하고, 정말로
이 원칙이 지켜지고 있는지 아닌지를 확인하는 긴급회의를 열었다.

그런데 그렇지 않은 구간이 꽤 있었다. 열차의 증발을 위해 무리한 열차시각표를 만들고 있었던 것이다. 놀라웠던 것은 단선구간의 중간에 쌍방향의 열차가 교행을 한다고 제시한 열차시각표가 있었던 사실이다. 그러한 일은 있을 수 없다. 그럼에도 불구하고 어떻게 이런 일이 있었는가? 이러한 구간에서는 양단의 역에 먼저 도착한 열차를 이 구간에 진입시킨다. 통표를 사용하고 있으므로, 2개의 열차가 동시에 이 구간에 들어간다는 일은 있을 수 없다. 반대 방향의 열차는 교행하는 열차가 도착할 때까지 기다리게 된다. 이런 열차시각표를 현지에서는 '약속 출발 시각표'라고 부르고 있었다. 그래도 제법 열차는 잘 운행되고 있었다. 열차시각표 중에 상당한 여유시간을 예상해 두었으므로, 지연을 만회할 수 있었던 것이다.

그러나 미카와시마 사고 후 이러한 종류의 열차시각표는 엄격히 금지되었다.

영업부문에서 이에 대한 강한 불만의 소리가 나왔다. 현재 운행되고 있는 열차가 없어지는 것이므로 이용자로부터도 불만이 나오고, 그런 열차시각표로도 매일 안전하게 운행되었는데 괜찮지 않겠는가 하는 의견도 있었다. 그러나 원칙은 원칙이다. 평상시는 설득할 수 없는 것이 대형사고 후에는 가능하게 된다. 사고는 안전 시스템을 근본부터 다시 고칠 수 있는 기회가 된 셈이다.

6) 원인 규명이 곤란했던 쯔루미 사고

미카와시마 사고의 다음 해인 1961년 11월 9일, 또 동경에서 이중 충돌사고가 일어났다. 늦은 밤 9시 51분에 동해도선의 쯔루미와 신코야스 사이를 달리고 있던 45량 편성의 화물열차 43량째가 돌연 탈선해서 좌측으로 크게 기울고, 가선을 받치고 있던 전주와 충돌했

요코스카 선의 대형사고 현장, 오른쪽이 상행 요
코스카 선, 왼쪽이 하행 요코스카 선

다. 동경에서 오는 것이면 정확히 케이힌 토우호쿠 선 선로가 동해
도선 위를 넘어서 바다 측으로 내려온 지점이 된다. 계속해서 2량의
화차도 탈선했다.

　그때 평행하고 있는 여객선에는 탈선한 화물열차 바로 뒤에 나란
히 요코스카 선 하행 전차가 달리고 있었다. 이 전차의 기관사는 가
선이 이상하게 흔들리는 것을 보고 급정지했다. 이 2개의 열차 사이
에는 상선 여객열차가 있었다. 탈선한 화차는 이 상행선 위에 기울
어진 형태로 탈선한 것이었다. 이때 상행선에 요코스카 선 전차가
달려와서 탈선한 화차에 충돌하고, 그 충격으로 이 전차의 선두차가
탈선하여 옆으로 횡단하는 형태로 인접선에 정차하고 있던 하행 요
코스카 선 전차의 4량째와 5량째에 돌입해, 2량이 대파되었다. 사망
자 161명, 부상자 120명이라는 대참사가 일어났다. 상행 요코스카

선 전차의 기관사는 사망했기 때문에, 충돌 했을 때의 상황을 알 수는 없었지만, 하행 요코스카 선 전차 기관사의 증언에 의하면, 비상 브레이크를 걸어서 정차하기 직전에 상행 전차가 스쳐지나갔다고 했으므로, 극히 짧은 사이에 벌어진 사건이었다.

국유철도는 사고 직후 쯔루미 사고기술조사위원회를 설치하여 사고의 조사에 착수했지만, 이 사고에 대한 원인 구명은 극도로 곤란을 겪었다. 문제의 화물열차인 '와라1형'이라 불린 2축 화차 차륜이 주행중 레일 위를 올라타고 탈선한 것은 알았지만, 왜 레일 위를 올라타는 탈선을 일으킨 것인가? 탈선한 화차 차륜과 탈선을 일으킨 지점의 선로의 상황을 조사했지만, 특별히 문제가 될 정도의 이상은 없었다. 탈선한 화물열차와 거의 같은 상태의 화물열차를 편성해서 사고가 일어난 지점을 운행하는 주행시험을 두 번이나 실시했지만, 측정 데이터를 분석해도 탈선할 만한 이유가 없었다. 단 '와라1형'은 다른 화차보다도 사고지점에서의 주행 성능이 다소 나쁘다고 하는 것만은 알 수 있었다. 기술조사위원회의 결론은 하나의 원인에 의한 것이 아니라 차량, 선로, 화물적재, 운전상황 등 몇 개의 요인이 겹쳐서 탈선이 일어난 '경합탈선'이란 것이었다. 기술적으로 사고의 원인을 전부 해명할 수 없었던 것이다.

그래서 1968년에 새롭게 '탈선사고기술조사위원회'를 설치하고, 폐지가 된 북해도의 가리카치 고개의 폐선로를 사용하여 탈선사고의 본격적인 원인 조사에 들어갔다. 고의로 선로를 틀리게 만들거나, 화차 적하물의 상태를 치우치게 해보거나, 차륜의 치수를 바꾸어 보거나 해서 주행시험을 되풀이했지만, 의외로 화차는 좀처럼 탈선하지 않았다. 명확한 사고의 원인을 해명할 수 있었다고는 할 수 없지만, 탈선을 막기 위해서 기술적으로 개선해야 할 점을 알 수는 있었다. 그 결과, 1965년대 전반에는 1년 동안 10건 정도 일어났던 경합 탈선사고를 3∼4건으로 감소시킬 수 있었다. 그러나 이때부터 보기화차의 경합탈선도 일어나기 시작하고 있었다. 탈선의 기술적인 해명은 아직 완전하지 못하다.

미카와시마 사고와 쯔루미 사고는 철도의 안전에 대한 본질적인 문제를 제기하고 있었다. 전자는 인간의 실수를 어떻게 막을 것인가에 대해서, 그리고 후자는 안전을 위해 아직 해명해야 할 기술적인 과제가 많이 남아 있다고 하는 점에서였다. 게다가 실수 중에서 가장 위험한 신호확인 실수와; 철도차량 중에서 가장 주행성능이 좋지 않은 2축차의 탈선이라는 점에서 그러했다.

7) 건널목 사고의 급증

이 무렵, 철도의 안전에 심각한 위협을 가하는 또 하나의 문제가 일어나고 있었다.

건널목 사고의 급증이 그것이다. 1955년부터는 경제의 급성장이 시작되었고, 그것과 함께 자동차가 급증하기 시작했다. 1960년에는 10년 전과 비교해서 일본의 자동차 수가 7배 증가하고, 그와 동시에 건널목 사고도 급증하기 시작했다. 전쟁 전에는 1년 동안 700건정도의 건널목 사고가 일어났지만, 가장 많았던 1961년에는 1년 동안 무려 3,123건의 건널목 사고가 일어났다. 이 무렵에는 아직 대부분의 건널목에 경보기나 차단기가 없었고, 보안설비가 있는 건널목은 전체의 13%에 지나지 않았다. 1962년 8월 7일에는 난부 선에서 건널목에 들어온 소형 트럭에 양 방향의 전차가 충돌해 승객 3명이 사망, 197명이 부상하는 대형사고가 일어났다.

이를 그냥 방치할 수는 없었다. 정부는 1960년에 새롭게 도로교통법을 제정하고, 그 중 자동차 등에 건널목에서의 일단정지 의무를 부과했다. 계속해서 다음 해에는 건널목 도로 개량촉진법을 정하고, 건널목 입체화, 건널목 경보기나 건널목 차단기 등 보안설비의 정비를 진행시키기로 했다.

이를 계기로 국유철도도 본사 내에 새롭게 건널목보안부를 설치하고, 즉시 건널목 정비 5개년 계획을 만들어서 본격적인 건널목 사고 방지대책에 착수하기 시작했다. 이후 11년 간 건널목의 개량을 위해 1,200억 엔이라는 거액의 자금이 투입되었다. 1960년에 4만 2,500개소가 있었던 건널목 중 1만 개소가 없어지고, 전체 건널목의 52%에 차단기나 경보기가 설치되었다. 그 결과, 건널목 사고는 줄어들기 시작했다. 1949년에는 722건이었던 건널목 사고는 1961년에 3,123건까지 증가했지만, 이후에 감소를 시작하여, 1970년에는 2,000건을 밑돌았다. 이 사이 일본의 자동차 수는 18배로 증가하고, 열차 주행거리도 2.5배나 증가한 것을 고려하면, 건널목 대책의 안전효과는 컸다. 역시 조직 전체가 본격적인 안전대책을 세우면, 사고는 감소하는 것이다.

8) 신간선의 등장

1964년에 영업을 시작한 신간선은 모든 의미에서 근대적인 철도의 모델이며, 새로운 기술의 결집이기도 했다. 무엇보다도 시속 210km의 속도에 주목받는 경향이 있지만, 신간선 시스템의 본질은 안전 시스템이었다. 열차를 고속으로 운행하는 것은 쉬운 일이 아니지만, 그렇게 어려운 일도 아니다. 이미 말한 것같이, 유럽에서는 이미 20세기 초부터 시속 200km의 속도 시험에 성공하고 있었다. 그러나 시험에서 성공하는 것과 매일 영업운전을 하는 것에는 전혀 다른 어려움이 있다. 어떻게 매일 안전하고 정확하게 고속열차를 운행할 수 있는지, 거기에 신간선 기술의 본질이 있다. 신간선에는 당시에 생각할 수 있는 철도 안전대책의 모든 것을 도입했다. 오히려 기술자들이 가지고 있던 안전에 대한 꿈을 실현한 것이 신간선이라고 하는 것이 좋을지도 모른다. 신간선은 각각의 안전대책을 모아놓은 것이 아니다. 그것은 하나의 안전 시스템으로서 디자인된 것이었다. 이것도 간과해서는 안 될 안전의 원점이다. 그렇게 했기 때문에, 38년 이상 대형사고를 일으키지 않고 계속해서 달리고 있는 것이다.

우선 열차의 충돌사고를 막기 위해서, 전 열차에 ATC를 설비했다. ATC는 ATS와는 다른데, 속도를 감속하거나 열차를 멈추지 않으면 안 될 경우에는 시스템이 자동적으로 작동하여 속도를 낮출 수 있다. 승무원의 신호확인 실수는 거의 완전히 막을 수 있다.

그리고 건널목은 전혀 없는 구조로 만들었다. 이것도 자주 발생하는 건널목 사고에 고민하던 철도관계자에게는 꿈과 같은 이야기다. 열차와 사령실 간에는 열차무선을 설치하여, 직접 연락을 취하도록 했다. 이것도 당시의 철도에서는 대단한 진보였다. 재래선에는 주행중인 열차와 연락할 수 있는 정보 방법이 없었고, 역에 정차했을 때에 역무원으로부터 종이에 쓴 메시지를 받고 있었던 것이다.

그러나 그래도 만일 이상이 있었을 때에는, 긴급히 열차를 멈추는 시스템을 생각해두지 않으면 안 되었다. 선로나 차량의 이상, 절벽 붕괴, 지진 등이 일어날 가능성이 없다고는 말할 수 없기 때문이다. 미카와시마 사고가 난 뒤에 문제가 된 열차방호 시스템이 있었다. 열차에 보내는 전력을 차단하는 것으로 위험을 알리기로 했다. 가선이 정전하면, ATC에 비상 브레이크가 걸리고, 즉시 열차를 정지시킬 수 있다. 운전대에는 긴급 방호 스위치가 있어서, 이것을 누르면 가선의 전기를 접지하여 변전소의 차단기 스위치를 차단한다. 지진의 진도가 어느 한도를 넘으면, 변전소에 있는 지진계가 송전의 전

마지막 신간선이 통과한 후, 보수차로 선로보수를 하는 작업원

원을 차단한다. 그러면 달리고 있는 열차는 ATC 비상 브레이크로
급정차할 수 있는 것이다.

또 하나 중요한 문제는 보수문제, 특히 지상설비의 보수문제였다.
열차의 안전한 운행을 위해서는 차량이나 지상설비의 정확한 보수가
절대로 필요하다. 그러나 동해도선 등 재래의 주요간선에서는 선로
나 전력설비 등의 정확한 보수를 하는 것이 대단히 어려웠다. 아침
부터 밤까지, 그리고 야간에도 많은 열차가 달리고 있었기 때문에
레일과 침목을 교환하고, 도상 다지기, 가선 교환 등의 작업을 할 수
있는 시간이 확보되지 않았기 때문이다. 하루에 불과 1~2시간의
'차단시간'(열차를 운행하지 않는 기간)을 만들고, 그동안에 부랴부랴
이러한 작업을 하고 있었다. 어떻게 '차단시간'을 확보할지는 보선작
업 담당자에게 큰 고민거리였다.

신간선은 심야의 오전 0시부터 오전 6시까지, 모든 열차를 멈추고
보수작업을 하기로 했다. 비록 야간이긴 했지만 이것은 보수에 관한
한 대단히 중요한 문제의 해결이었다. 신간선의 안전을 유지하고 있
는 것은 ATC 등의 시스템뿐만 아니라, 매일 정확한 차량과 지상설

비의 보수가 중요한 요소였던 것이다.

또 하나 신간선 시스템의 특징으로는 대단히 단순한 디자인의 철도였다는 점을 들 수 있다. 개통 당시 차량은 한 종류, 그리고 열차도 '히카리' 호와 '코다마' 호로 단 두 종류였을 뿐, 역의 배선도 아주 간단하게 만들었다. 간단하고 무리가 없는 시스템을 만드는 것은 철도의 안전에서 매우 중요한 일이다.

신간선의 최초 계획은 야간에 화물열차를 운행하기로 한 것이었다. 만약 그렇게 했다면, 신간선의 안전에는 더욱 어려운 문제가 발생했을 것임에 틀림없다.

신간선이 개통하고 나서부터 1999년까지 57억 명의 승객을 날랐다. 그동안의 열차 주행거리는 25억 km, 이것은 지구와 달 사이를 6,500회 왕복한 것이 된다. 또 1량, 1량의 차량 주행거리를 합계하면 330억 km나 된다. 신간선이 개통하고 나서 38년의 세월이 지났지만, 그동안 한 번도 승객이 사망한 사고는 일어나지 않았다. 대단한 일이다.

그러나 모두가 순조로웠던 것은 아니다. 신간선은 개통 직후 1~2년 동안은 차량이나 설비의 고장으로 고생을 했고 비에도 약했다. 또 개통 후 10년째에는 수송 혼란이 빈발하는 쓴 경험을 하였다. 그러한 고장을 경험하고, 개량에 개량을 거듭한 것이 현재의 안전한 신간선을 만들었다고 할 수 있다. 고장중에는 열차가 움직이지 않고, 열차의 운행을 크게 혼란시킨 일도 적지 않았지만, 대형사고로 될 만한 고장은 거의 없었다.

그러나 얼마 안 된 일이긴 하지만, 위험한 고장도 경험했다. 최초의 위험한 고장은 개업 3년째인 1966년 4월 25일에 일어났다. 이날 나고야 역을 출발한 동경행 '히카리 42호' 최후부의 차량에 타고 있던 차장은 열차의 비정상적인 흔들림을 알아차리고 있었다. 토요하시 역에 근접했을 때, 이상한 소리와 함께 불꽃도 새나왔다. 차장은 곧 기관사에게 연락을 취하고, 열차를 멈추었다. 조사해본 바, 최후부의 차량 차축이 파손되어 있었다. 나고야를 출발하고 머지않아, 차축은 이미 파손되어 있었지만, 기어상자 등이 파손된 차축을 떠받치고 있었으므로 탈선을 하지는 않았다. 기술적으로 보면 중대한 사건이라고 할 수 있지만, 행운이었다. 행운을 살려서 충분한 대책을 세우는 것도 중요한 일이다.

이후에 국유철도는 초음파 탐상장치를 사용한 차축의 검사를 강화하고, 특히 주의 깊은 검사를 하고 있었기 때문에, 차축의 파손사고는 더 이상 일어나지 않았다. 차축과 차륜은 고속철도의 안전한 주행을 위해 특히 중요한 부분이며, 그 정확한 보수가 신간선의 안전을 유지하고 있다. 고장의 경험을 살린 것이다.

신간선의 다음 대형사고는 1973년 2월 21일에 신오사카 부근에서 일어난 탈선사고였다. 신오사카의 교토 근처에 있는 차량기지에서 출발한 신오사카 행의 회송열차가 차고와 본선이 합류하는 지점에서 ATC에 '정지신호'가 나왔음에도 불구하고 멈춰서지 못하고 분기기를 부수고 선두부가 본선에 들어가버렸다. 이것은 대사건이었다. 분기기는 본선 열차가 통과하는 방향으로 개통해 있었다. 타이밍이 나쁘면 고속으로 달려오는 본선 열차와 충돌할 가능성이 있었다. 아직은 본선 열차가 통과할 때까지 약간의 시간적인 여유가 있었고, 회송열차가 본선에 진입한 것과 동시에 본선 열차의 ATC에는 정지신호가 나왔기 때문에 충돌사고를 일으키지 않고 무사히 멈출 수 있었다. 이것도 행운이었다.

그러나 기술적으로 보면 생각할 수 없는 사고였다. 이러한 경우에 회송열차는 ATC에 의해 본선에 들어가기 전에 자동적으로 정지하지 않으면 안 된다. 그렇게 ATC 시스템을 설계했던 것이다. 그럼에도 불구하고 열차는 정차 위치를 넘어서 본선쪽으로 진입해버렸다. 게다가 불행하게도, 이 회송열차는 당황한 가운데 후진을 시도했기 때문에, 파손된 분기기 위에서 탈선해버렸다.

국유철도는 곧 사고조사단을 현지에 파견해서 조사에 착수했다. 기술적으로는 대단히 일어나기 어려운 사고였지만, 분기기 바로 앞의 레일에 칠해져 있던 마모방지용의 기름 때문에, 차륜이 미끄러져 넘어선 것이라고 결론을 내렸다. 차륜 미끄러짐에 의한 사고는 그후에도 몇 번이나 일어났다. 미끄러짐을 막는 것은 신간선의 안전에 절대적인 것은 아니지만 중요한 기술이다.

세 번째 고장도 기술진으로서는 전혀 상상조차 하지 못했던 사건이었다. 이런 일이 일어나는 것에서 안전기술의 어려움과 안전문제의 무한함을 느낀다.

1974년 9월 12일, 상행 코다마 120호가 시나가와에 있던 차량기지 옆에 도착했을 때, ATC에 정지신호가 나왔고, 자동적으로 제동이 걸렸다. 열차가 정지하기 직전에 ATC의 신호가 '정지신호'에서 '30신호'(운행속도 30km)로 변했으므로 기관사가 앞을 보니, 전방에 있는 분기기는 본선측이 아닌 차량기지에서 본선으로 나가는 방향으로 개통되어 있었다. 기관사가 놀라서 열차를 정차하고, 사령센터에 이상 사태를 신고했다.

기술적으로는 생길 수 없는 현상이다. 전방에 다른 열차가 정차하고 있던지, 열차의 진로가 정확한 방향으로 개통되지 않고 있을 때에 ATC에서는 즉시 '정지신호'가 나오지 않으면 안 된다. 이것은 ATC의 원리이며, 안전의 대원칙이다. 그런데 그렇지 않은 현상이 일어났다.

ATC 장치도 고장날 수는 있다. 그 경우에는 다음에 말할 '페일 세이프'의 원칙 때문에, 위험한 이상신호는 나오지 않도록 설계되어 있다. ATC는 신호장치의 일종이지만, 지상 신호기에 비유해서, 청신호가 나와야 할 때에 정지신호가 나올 수는 있지만, 정지신호가 나와야 할 때에 청신호는 절대로 나오지 않도록 설계한다.

그런데 이 고장은 이 원칙에 반하고 있다. 곧 전문기술팀이 조사한 바, 신간선의 선로 옆에 있는 ATC 장치 기기실의 바로 옆에 큰 전류가 흐르는 전력장치가 있었고, 그 전류에 의한 전자유도에 의해 ATC의 전기회로 내에 비정상적인 전류가 발생했고, 이러한 이상 현상이 일어난 것을 알았다.

이 사건 뒤, ATC 기기와 전력장치는 격리했으므로 그러한 현상이 다시 일어날 걱정은 없어졌지만, 정말로 믿을 수 없는 사건이었다.

9) 독일에서 ICE의 탈선 대형사고

1998년 6월 3일, 독일 북쪽의 하노버에 가까운 에쉐데 역에서, 독일의 고속열차 ICE의 2량째 차량이 탈선하고, 분기기 위에서 탈선한 차량이 크게 옆으로 흔들리면서, 역의 출구 쪽에 있던 도로교의 교각에 격돌해서 전복, 그 위에 차곡차곡 겹치듯 후속의 차량이 올라타는 사고가 일어났다. 희생자 101명의 대형사고였다. 이 사고는 고속철도에서 최초의 대형사고이며, 독일뿐만 아니라 세계의 철도인에게도 큰 충격을 주었다.

이 사고는 엄밀하게 말하면 일본의 신간선과 같은 새롭게 만든 고속선 위에서 일어난 사고가 아니다. 유럽의 철도는 고속선과 과거부터 있었던 재래선 선로의 폭이 같으므로, 고속 신선용 열차가 재래선 위를 그대로 달릴 수 있다. 일본의 야마가타 신간선이나 아키타 신간선과 같다. 이 사고는 재래선 위에서 일어났지만, 시속 200km를 낼 수 있었던 구간이었다.

사고의 결과는 비참하였고, 고속열차의 탈선사고의 무서움을 충분히 깨닫게 해주었다. 이 사고의 원인은 객차 차륜의 내측에서 작은 균열이 생기고, 그 균열이 주행중에 차차 커져, 에쉐데 역 앞에서 결국 이 차륜이 파괴되어, 몇 개의 파편조각으로 흩날린 것이다. 그렇지만 이 차량은 탈선한 채 5km 가까이나 달렸고, 결국 에쉐데 역에서 대형사고를 일으켰다.

일본의 신간선이나 프랑스의 테제베는 차륜 부분과 륜심이 일체가 된 차륜을 사용하고 있다. 자동차에 비유하면, 고무타이어 부분과 휠의 부분이 하나의 철 재료로 만들어졌다는 것이다.

그런데 독일 'ICE' 형의 최초의 고속열차는 차륜 부분과 륜심 부분을 별도로 만들고 륜심에 차륜을 끼워 넣는 구조로 되어 있었다.

일본에서도 과거의 차량은 증기 기관차를 포함해 이러한 구조였다. 장거리를 달려서 차륜이 마모했을 때는 차륜만 교환하면 되므로 재료를 절약할 수 있었다. 그러나 이 구조는 차륜이 이완될 수 있다는 결점을 가지고 있다. 그래서 일본에서는 신간선을 만들 때부터 차륜을 별도로 하는 구조를 중지하고, 차륜과 륜심을 일체로 해서 만든 일체 차륜을 사용하게 되었다.

그러면 왜 독일의 고속철도 ICE는 이러한 낡은 형태의 차륜을 사용하고 있었던 것인가? 실제로 이것은 낡은 유형의 차륜이 아니다. 오히려 정반대로 탄성차륜이라는 새로운 구조의 차륜이었다. 독일의 고속철도는 정식으로 운행을 시작하고 얼마 지나지 않아, 달리는 동안 차륜이 타원 모양으로 바뀐다고 하는 기묘한 현상에 고민하게 되었다. 단단해진 도상 위를 달린 것이 원인이라고 하는 의견도 있었다. 차륜이 타원 모양이 되면 차체의 진동이 심해진다. 독일 철도는 이 현상을 막기 위해서, 차륜을 륜심 부분과 차륜으로 분리하여 그 사이에 고무를 넣었다. 이것을 탄성차륜이라고 한다. 이 기술은 결코 새로운 것이 아니다. 노면전차에서는 이미 1950년대부터 이 탄성차륜을 사용하고 있었다. 도시 속을 달릴 때의 소음을 적게 하기 위해서이다.

일본 국유철도도 신간선의 소음과 진동이 큰 문제로 대두되었을 때에 이 탄성차륜의 사용을 검토한 적이 있었다. 그러나 결국 사용을 결정할 수 없었다. 역시 고속으로 달리는 열차에 사용하는 데에는 무리가 있었기 때문이다. 별도의 시험에서 이상현상이 발견되었기 때문은 아니다. 주의를 한 것뿐이었다.

독일은 굳이 이 탄성차륜을 사용했다. 결과는 대형사고의 발생이었다. 독일 고속철도의 탄성차륜에 대한 도전은 실패였던 셈이다. 그러나 이 사고는 독일의 고속철도가 운전을 시작하고 나서 7년째 되던 해에 일어났다. 7년간은 괜찮았던 것이다. 바꿔 생각하면, 7년간은 괜찮더라도, 8년째에는 모르는 일이라는 것이다. 여기에도 안전문제의 깊이가 끝이 없다는 것을 느낀다.

이 사고가 난 후, 독일의 고속철도 ICE 1형의 탄성차륜은 모두 일체차륜으로 변경되었다. 그러나 최근 독일의 고속철도 ICE 1형의 대차에 균열이 발견되어, 순차적으로 공장에 보내져 수리를 한다고 한다. 독일의 ICE 1형은 운과 기술에서 혜택을 받지 못했던 것 같다.

10) 프랑스 테제베의 사고

프랑스의 테제베에서도 대형사고는 아니었지만, 몇 차례의 사고가 일어났다.

1992년 12월 14일, 파리와 리옹 간을 연결하는 테제베 남동선에서 탈선사고가 일어났다. 앙시를 출발한 파리행 테제베 920열차가 고속선에 진입하여, 마콘 역에 근접했을 때, 운전대에 빨간 램프가 켜졌다. 승무원은 서둘러서 급제동을 걸었고, 약 2.5km를 지나 정차했다.

열차의 탈선이 일어난 것이 마콘 역 바로 앞이었고, 탈선한 차량이 선로에 있는 자갈을 날렸기 때문에, 역의 플랫홈에서 열차를 기다리고 있던 승객 27명이 부상을 입었다.

곧 탈선한 열차를 조사해 본 바, 3호차와 4호차 사이의 대차가 탈선한 것으로 드러났다. 이 사고의 원인은 차축의 축받이 부분이 뒤틀려 회전하지 않았기 때문이었다.

다음 사고는 1993년 12월 21일에 일어났다. 완성한 지 얼마 되지 않았던 테제베 북쪽선의 파리에서 북쪽으로 130km 정도 지나간 솜 근처에서, 18량 편성의 바란새느 행 테제베 7150열차가 시속 300km로 운전하던 중에 5량이 탈선하고, 약 2km 정도 지나서 멈추었다. 승객 중 사망자는 없었지만, 10여 명이 부상을 입었다.

사고가 일어난 원인은 선로의 지반이 침하했기 때문이었다. 동해도 신간선에서도 개통한 지 얼마 안 되어 호우가 내렸을 때에 역시 지반 침하가 일어났지만, 탈선사고는 일어나지 않았다.

사고가 일어난 개소를 조사해보니, 어찌된 일인지 그 아래로 1차 대전 때 뚫어놓은 지하 반공호가 많이 있었다. 그 위에 테제베 선을 건설했기 때문에 노반 침하가 일어난 것이었다.

솜은 1차대전중의 격전지로 유명한 장소이다. 프랑스 국유철도도 테제베를 건설할 때에 지하호가 있는 것을 예측하고 조사도 한 것 같지만, 예상을 훨씬 초과하는 수의 지하 반공호를 만난 것 같다. 전쟁의 영향은 이런 곳에서도 나온다.

테제베 북쪽선은 2000년 6월 5일에도 유로스타의 선두 차량과 2량째가 탈선, 6명이 부상을 입는 사고가 났다. 사고의 원인은 동력 구동장치 부품이 파손되었기 때문인 듯하다.

이 두 차례의 사고에 대해 프랑스 국유철도는 테제베의 차량이 연접구조로 되어 있어, 탈선을 해도 대형 사고로 이어지지는 않았다는 것을 강조하고 있지만, 다소 궤변으로 들린다.

독일의 고속철도 ICE의 에쉐데 사고(탈선 후 5km를 달린 뒤, 역 구내의 분기기 위에서 대참사를 맞은 사고)와 같은 일이 테제베에서도 일어날 가능성은 있다.

이외에 프랑스의 테제베에서는 1997년 10월 12일, 남동선에서 선두의 동력차가 화재를 일으킨 트러블이 발생했다. 이때는 화재가 난 곳이 앞부분의 동력차이었으므로 부상자는 없었다. 이외에도 고속 신선이 아닌 재래선상 위에서 테제베가 소형 차량과 충돌하여 동력차가 탈선하는 사고도 일어났다.

신간선은 지극히 안전한 시스템이다. 그러나 언제까지 완전한 시스템이란 것은 있을 수 없고, 현실적으로는 매일의 보수로써 안전을 지탱해야 하는 것이다. 신간선의 무사고를 어떻게 이어가고, 그 기술과 경험을 어떻게 재래선에 살릴 것인지에 대한 문제가 앞으로의 신간선 기술의 과제가 아닐까 생각한다.

11) 페일 세이프

신간선의 안전을 유지하고 있는 시스템의 기본에는 '페일 세이프' 사고방식이 있다. 페일 세이프란 문자 그대로 하나의 시스템이나 장치가 페일(고장, 파손)했을 때 안전하게 하는 것, 말하자면 위험한 상황이 되지 않도록 될 수 있는 한 시스템 자체를 설계해두는 것이다. 이 말은 원래 미국의 군사용어로서, 본래는 핵무기의 폭발, 우연적인 전쟁의 억제를 목적으로 태어난 시스템 설계방식인 것 같고, 1940년대의 후반부터 사용되기 시작했다고 한다. 현재는 군사부문뿐만 아니라, 원자력 발전소, 각종 기계 설비, 로봇 등 넓은 분야에 보급되어 있고, 특히 교통기관에서는 안전을 위한 기본적인 사고로 되어 있다.

일본 공업규격(JIS)의 Z8115의 페일 세이프 설계라고 하는 항목에서는 '아이템에 고장이 발생해도, 안전성이 보증되도록 배려한 설계'라고 정의하고 있다.

철도에서도 페일 세이프는 안전을 위한 기본 철학이라고 해도 될 것이다.

철도에서 일하고 있는 직원도 실수를 할 수 있다. 차량이나 설비도 고장이 날 수 있다. 그러한 때에도 대형사고가 발생되지 않도록 해야 한다. 오랜 철도의 역사를 되돌아보면, 철도의 안전문제란 정말로 어떻게 해서 페일 세이프 시스템을 만들 것인가를 고민했던 노력의 역사였다.

반복하여 19세기 영국의 안전대책 중에서 '연동장치, 폐색, 브레이크'가 안전의 기본이라고 말하고 있었지만, 이 세 가지의 장치는 페일 세이프라고 하기보다 철도를 안전하게 운행하기 위한 불가결한 기본 시스템이라고 하는 편이 좋을 것이다. 그러나 그 속에서 이미 페일 세이프의 사상을 발견할 수 있다.

우선 '록,' 즉 역의 연동장치는 인간의 오조작을 막는 데 목적이 있다. 이것은 지극히 초보적인 사람과 기계 및 시스템의 페일 세이프 기능이다.

웨스팅하우스가 개발한 자동 관통 브레이크도 페일 세이프 기능을 가지고 있었다고 생각할 수 있다. 그가 최초로 생각한 공기 브레이크는 제동을 걸 때에 기관차에서 직접 압축공기를 각 차량에 보내고 있었다. 만일 연결기가 분리되어 각 차량 사이에 관통되고 있는 공기 호스가 끊어지면, 브레이크는 작동되지 않게 된다. 그래서 웨스팅하우스가 개량해서 만든 새로운 자동 관통 브레이크는 미리 차량의 공기 탱크에 압축공기를 보내두고 제동을 걸 때에는 구형과는 반대로, 직통 공기관의 압축공기를 빼내는 것이다. 그 결과, 자동 브레이크 밸브가 작동하여 각 차량에 있는 공기 탱크의 압축공기가 브레이크 실린더에 들어가서 제동을 걸게 된다. 이렇게 해두면 공기 호스가 끊어지거나, 공기 압축기가 고장나서 공기의 압력이 내려갔을 때 자동적으로 제동이 걸린다. 이 역시 초보적인 페일 세이프 시스템이라고 불러도 된다. 철도의 안전을 유지하고 있는 신호 시스템에는 특히 이 페일 세이프에 대한 사고가 중요하다.

최근에는 그다지 볼 수 없게 되었지만, 지선 등에 있던 완목식 신호기도 일종의 페일 세이프의 기능을 가지고 있었다. 이 신호기는 철제의 연결장치와 철선으로 조작된다. 완목식 신호기에서는 신호를 나타내는 완목이 비스듬히 아래로 내려갔을 때가 진행신호가 되므로, 만일 조작용 와이어가 끊어졌을 때 신호기가 떨어지면 위험해진다. 그래서 이 기계식 신호기의 완목 기구에는 추가 설치되어 있어서, 와이어나 연결장치가 끊어졌을 때에는 신호기의 완목이 위로 올라가 정지신호가 현시되도록 설계되어 있다. 이것도 초보적인 페일 세이프 장치이다.

그후 전기기술이 진보하여, 자동신호 장치나 계전기를 사용한 계전 연동장치가 발전하면서, 어떻게 페일 세이프적인 전기회로로, 페일 세이프적인 시스템을 설계할 것인가 하는 것이 신호기술에서 가장 중요한 설계방식이 된다.

우선, 첫 번째로 전기회로라고 하는 것은 본질적으로 정전이 일어나거나, 회로의 어디에선가 절연이 나빠져서 전류가 흐르지 않게 될 수 있다. 이러한 경우에는 반드시 정지신호가 나오도록 회로를 설계한다. 이것은 신호기술이 페일 세이프를 유지하고 있는 기본적인 사고방식이다.

계전 연동장치는 여러 개의 선로가 부설되어 있는 역에서 열차를 출발시키거나 역에 도착시킬 때 열차의 안전을 보증하는 안전장치이다. 열차를 출발시킬 때를 예로 들면, 열차가 출발해 가는 진로의 도중에 있는 분기기는 모두 정확히 열차가 달리는 방향으로 개통되지 않으면 안 된다. 또 열차가 움직이기 시작하고 나서는 갑자기 이 분기기를 움직여도 안 된다. 열차가 완전히 통과할 때까지 모든 분기기를 고정해 놓아야 한다. 그렇지 않으면 아지가와구치 역에서 디젤차량의 전복사고와 같은 사고가 일어날 가능성이 있다. 또 역을 출발하고 나서부터 전방의 본선에 다른 열차가 없는 것도 확인해 놓아야 한다.

이뿐만이 아니다. 나란히 다른 출발 본선에서 다른 열차가 동시에 출발하거나, 열차가 출발해가는 진로를 횡단하는 입환 작업이 있어도 안 된다. 1개의 본선 출발 신호기가 진행신호를 냈을 때에는, 그 진로와 경합해 방해되는 그 이외 일체의 신호기나 입환 신호기에서는 작동해도 된다는 정보가 나오지 않도록 한다. 이것도 연동장치의 대단히 중요한 역할이다.

그러면 어떻게 페일 세이프적인 연동장치를 만들 것인가? 분기기는 정확한 방향으로 개통하고 있는지, 또는 경합해서 곤란하게 되는 본선의 신호기가 모두 정지신호로 되어 있는지 등의 조건은 모두 회로 안에 들어 있는 계전기의 작동상태로 판단하고 있다. 계전기의 접점은 통상 스프링의 힘으로 누르고 있지만, 분기기가 정확한 방향으로 개통하거나, 다른 본선의 신호기가 정지신호로 되는 등 1개의 열차가 인진하게 출발하기 위해서 필요한 조건이 갖추어지면, 전자력의 힘으로 계전기 접점의 스프링 힘에 역으로 전기회로의 접점이 연결된다. 연동회로 안에 있는 많은 계전기의 전기 접점이 모두 정확한 위치로 작동하면, 비로소 출발 신호기에 진행신호가 나온다. 하나 하나의 계전기가 분기기의 개통 방향이나 다른 신호기의 지시내용을 확인하고 있다.

만일 하나의 조건을 나타내는 계전기가 정확한 방향으로 작동하지 않고 있거나, 어떠한 고장으로 움직이지 않으면, 출발 신호기에 진행신호는 나오지 않는다. 또한 계전기는 전자력에 의해 스프링의 힘과 반대로 작동되므로, 만약 계전기를 작동시키는 전기회로에 단선 등의 이상 사태가 일어나면, 계전기는 스프링의 힘으로 곧 원래대로 돌아가고, 전기회로를 끊어 버린다.

"필요한 조건이 어느 하나라도 누락되고 있지는 않는지 어떤지, 이상이 있으면 즉시 신호회로의 전류를 차단하고 신호기에 정지신호를 현시한다." 이것이 신호 시스템의 페일 세이프의 기본이다.

1974년에 동해도 신간선의 시나가와 차량 기지 근처에서 일어난 ATC의 이상 신호사건은 이 페일 세이프 설계의 근본을 뒤흔든 사건이며, 그만큼 기술진의 충격도 컸다. 지극히 드물다고는 해도, 이러한 일이 일어날 수도 있다고 하는 것에 안전문제에 대한 위험과 그 끝이 없음을 알 수 있다.

컴퓨터 기술의 진보에 의해 철도의 신호 시스템도 전통적인 계전기를 대신하여 컴퓨터 중심의 기술로 전환되었다. 이것은 신호 시스템의 페일 세이프 설계에 근본적인 과제를 주었다.

일렉트로닉스 전자 부품에는 계전기와 같은 '일방향성의 동작기능'이 없기 때문이다. 계전기에는 스프링이 있어서, 계전기를 작동시키고 있는 전기회로에 이상이 있으면, 이 스프링의 힘으로 접점은 끊어진다. 항상 안전한 위치로 돌아가는 기능이 페일 세이프를 보증하고 있다. 그런데 일렉트로닉스 부품에는 이러한 성능이 없다. 신호 회로의 어딘가에 이상이 발생했을 때에 정지신호가 나온다는 보장은 없어진다. 전자 회로에는 계전 회로와는 다른 페일 세이프 설계가 필요하다.

어떻게 하면 컴퓨터 회로를 페일 세이프로 할 수 있을 것인가? 자주 이용하는 방법으로서 '투 아웃 오프 쓰리'(다수결)의 회로가 있다. 이것은 같은 컴퓨터 회로 세 개를 나란히 배치해두고, 동시에 작동시킨다. 세 개의 회로에서 나오는 결론이 같으면 문제는 없다. 만약 다른 결론이 나오는 회로가 있는 경우에도, 세 개 중 두 개가 같은 결과이면 이 결론을 옳은 것이라고 판단하고, 다른 결론이 나온 고장회로를 신속하게 분리한다. 실제의 신호 시스템은 더욱 복잡하지만, 두 개의 회로가 동시에 같은 과오를 범할 가능성은 제로에 가까우므로, 이것도 페일 세이프에 가까운 기능이라고 생각해도 된다.

신호 시스템이 아무리 페일 세이프라고 해도, 신호를 보면서 열차를 운행하는 승무원이 정지신호를 보지 못하고 운전하면 사고가 발생한다. 그래서 철도 시스템 전체로 보면 페일 세이프가 완전히 이루어지지 않고 있는 것이다.

인간의 실수를 어떻게 막을 수 있을지, 이 문제를 해결하지 않는 한 철도 시스템의 전체적인 페일 세이프는 완성되지 않는다. ATS나 ATC는 인간의 실수를 막기 위한 안전장치로서, 열차 운행의 종합적인 페일 세이프 시스템의 실현을 목표로 했다고 생각해도 되겠다. 그것이 신간선의 안전을 유지하고 있는 것이다.

다른 재래 철도는 아직 이 수준에 도달하지 않았고, 입환 작업, 보수 작업 등 아직 페일 세이프의 안전 시스템을 실현하기 위한 과제가 남아 있는 부분도 있다.

철도에서는 '위험한 때에는 열차를 정지시킨다'라는 사고방식이 안전에 대한 기본적인 사고방식이다. 그러나 같은 교통기관이라도 항공기의 페일 세이프는 철도와는 전혀 다르다. 항공기의 경우에는 정지시키는 것이 반대로 위험하기 때문이다. 항공기의 경우에는 어딘가에 이상이 발생해도 계속해서 비행하도록 하는 것이 페일 세이프가 된다. 점보기의 경우에는 4개의 엔진 중 2개가 고장이 나도 계속해서 비행할 수 있고, 유압을 사용한 날개의 제어회로도 중요한 부분은 4중, 5중의 회로로 되어 있다고 한다.

"이상이 일어났을 경우에도 필요 최소한의 기능은 남기도록 한다." 이것이 항공기의 페일 세이프이며, 이상이 있어도 괜찮다고 하는 의미에서 '폴트 톨러런트'(fault tolerant)라고 부르기도 한다. 페일 세이프라고 해도, 대상에 따라 그 의미는 전혀 다른 것이다.

✐✐ 사고의 원인 규명

1) 액시던트와 인시던트

사고란 무엇인가? 당연한 것 같아도 정확하게 이에 대해 정의하려고 하면 의외로 어렵다. 희생자가 발생한 충돌사고는 틀림없이 사고이지만, 단순히 열차가 지연한 경우도 사고인가? 자동차의 경우에는 자동차가 충돌하거나 사람과 부딪혔을 경우에는 교통사고가 된다. 하지만 자동차가 고장이 나서 움직일 수 없게 된 경우 '고장차'라고는 부르지만 사고라고는 말하지 않는다. 또 도로가 함몰해서 지나갈 수 없게 된 경우에도 사고는 아니다.

그런데 철도의 경우에는 가선이 끊어져서 열차가 운행할 수 없게 된 경우에는 '가선사고'라고 불리는 경우가 있고, 『일본 국유철도 1백년사』 중에도 차량 고장사고라는 말이 나온다. 일본어로는 사고와 단순한 고장의 구별이 다소 애매하지만, 구미 국가에서는 사고를 액시던트, 단순한 운행상의 고장은 인시던트라고 구별하여 부르고 있다. 가선이 끊어져서 열차가 장시간 멈춘 것을 고장사고라고 하면 의아한 얼굴을 할 것이다.

파리에 본부가 있는 국제철도연합(UIC)에서는 액시던트를 다음과 같이 정의하고 있다.

- 철도 차량의 주행에 의해 사람이 사망하는 사태가 일어났을 경우 (사람이 사고 후 30일 이내에 사망한 경우)
- 마찬가지로 중상자(14일 이상의 휴업이 필요한 부상)가 있을 경우
- 100만 엔(약 1,000만 원)의 물적 손해를 냈을 경우

덧붙여서 이 정의에 의하면, 동해도 신간선의 신오사카 차량 기지에서의 탈선사고는 액시던트가 아니고 인시던트가 된다. 1997년의 테제베의 동력차 화재도 신문에서는 인시던트라고 보도하고 있었지만, 일본에서는 아마 '대형사고'라고 보도될 것이다.

일본의 국유철도에서도 과거에는 사고의 정의가 애매했고, 작은 고장도 사고라고 부르고 있었다. 그러나 그 말을 그대로 사용하면 국제적인 데이터를 비교할 경우에 곤란함이 발생하고, 사고의 건수도 너무 많아진다. 그래서 국유철도는 <표 5>와 같이 외국 철도의 액시던트와 인시던트의 구별을 연구하고, 1968년에 새롭게 「운전사고보고규정」을 정했다. 이 규정에 의하면, '철도 운전사고'란 열차사고(열차의 충돌, 탈선, 화재), 건널목 장해사고(건널목에서 사람 또는 자동차와 충돌했을 경우), 철도사상 장해사고(역 홈에서 추락한 여객이나, 선로 내를 통행하던 사람과 충돌했을 경우, 단 자살은 제외), 철도물 손사고(열차의 운전 또는 입환중의 차량 이동에 의해 5,000만 원 이상의 물적 손해가 났을 경우)를 말한다. 그밖의 차량이나 설비의 고장, 철도직원의

<표 5> 액시던트와 인시던트의 분류

액시던트와 인시던트의 분류를 아래와 같이 한다.
액시던트: 손님 또는 차량의 운전(입환 작업 포함)에 의해 사람(사원 및 협력 회사, 손님 등)
의 사상 또는 물건의 손상(500만 엔 이상의 손해액)이 발생한 것
인시던트: 액시던트 이외의 사람의 사상 또는 물품이 손상이 된 것. 그밖에 열차 또는 차량
의 운전(입환 작업을 포함)에 장해(운휴, 지연 등)가 발생한 것. 또 자살사건은 인시던트로
분류한다.

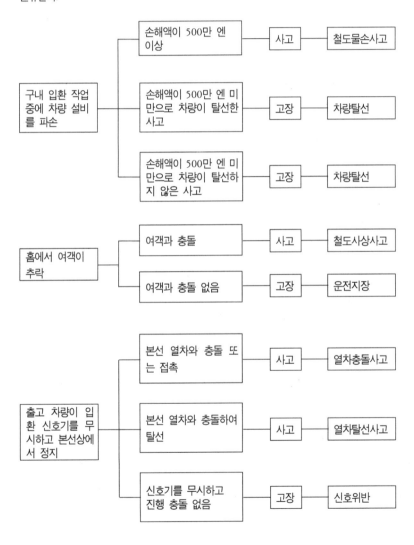

실수에 의해 열차가 지연되었을 경우, 또는 바람이나 눈 등으로 열차가 멈추었을 경우 등의 자연재해에 의한 열차의 지연 등은 '철도 운전사고'는 아니고 '운전장해'라고 부르게 되었다. 이로써 외국의 액시던트와 인시던트의 구별과 비슷한 분류가 되었다. 덧붙이자면 1999년의 JR의 철도 운전사고는 284건으로, 그 대부분은 건널목 사고였고 열차사고는 14건이었다. 운전장해의 건수는 2,804건으로 많았다.

국유철도시대에는 '중대사고'라고 불리는 사고도 있었다. 철도 운전사고 중 특히 피해가 큰 사고인데, 그 정의는 다음과 같이 되어 있었다.

- 철도의 여객에게 사망자가 발생한 사고
- 철도의 여객, 공중, 철도직원을 통해 10명 이상의 사상자가 나온 사고
- 20량 이상의 차량이 탈선한 사고
- 그 외의 특히 중대한 사고

1897년부터 일본 국유철도가 민영화된 1987년까지 661건의 중대사고가 일어났다. 사쿠라기초우 사고, 미카와시마 사고, 쯔루미 사고 등은 모두 중대사고이다. 국유철도시대 말 무렵에는 보통 1년에 1~3건의 중대사고가 일어났다.

2) 거듭되는 사고의 체험

사고의 체험이라고 해도 나 자신이 사고를 일으켰던 것은 아니고, 조직의 책임자로서 사고의 복구와 조사, 원인의 구명에 참여하면서 얻은 경험이다. 1966년부터 2년간 동경철도관리국의 전차과장으로

<표 6> 일본 철도의 중·대형사고 발생 현황(1981~1987년)

연도	중대사고건수		내용
1981	국철	2건	열차탈선 나가사키 선 쿠보타~우시즈 간 부상17명
			사상장애 한와 선 텐노 지역 부상27명
	민철	0건	
1982	국철	1건	열차탈선 세키호쿠 선 아이노나이 간 부상27명
	민철	3건	열차탈선 고베 전철 미타 선 건널목 사고 부상24명
			열차탈선 히타치 전철 히타치 전철선 조우덴 부상14명
			열차탈선 에노시마 전철 에노시마 전철선 에노시마~케이에츠 간 부상10명
1983	국철	1건	열차탈선 소토보 선 야츠미~모바라역 간 사망1명, 부상62명 건널목 사고
	민철	1건	열차탈선 호쿠리쿠 철도 이시가와 선 노마치역 구내 부상114명
1984	국철	1건	열차탈선 산잉선 히가시 마츠에~마츠에 간 사망1명, 부상21명 건널목 사고
			열차탈선 산요우 본선 니시아카이시 역 부상32명
			열차충돌 하코다테 선 이시쿠라역 부상16명
	민철	2건	열차충돌 한큐우 전철 고베 선 무코우역 구내 부상72명
			열차충돌 조우신 전철 조우신 선 아카리츠 신호소 구내 사망1명, 부상132명
1985	국철	3건	열차탈선 노토 선 후루키미~우카와역 간 사망7명, 부상29명
			열차탈선 치쿠히 선 이마주쿠~메이노하마역 간 부상189명, 건널목 사고
			사상장해 신에쯔 선 시노노이 역 구내 부상39명
	민철	1건	열차충돌 세이부 철도 신주쿠 선 타무역 구내 부상204명
1986	국철	3건	건널목 사고 난부 선 이나다즈쯔역 구내 부상14명
			열차탈선 산잉 선 야리~쿠지라부역 간
			열차탈선 료우모 선 토치기~오모이가와역 간 부상 25명 건널목 사고
	민철	1건	건널목 사고 칸토우 철도 조우소우 선 타마가와~소우도우역 간 사망3명, 부상 8명
1987	JR	2건	둘다 건널목 사고에 의한 것
	민철		나고야 철도 이누야마 선 히라타바시~나카오타이역 간 부상 187명 건널목 사고
합계	국철	15건	
	민철	9건	
	총합계	24건	

근무했었다. 동경 주변의 모든 전차의 수송 계획, 차량과 승무원의 운용 계획, 승무원의 지도, 사고의 원인조사와 방지대책, 전차의 검

사와 수선 등을 담당하는 중책이었다.

가장 힘들었던 것은 노동조합 문제였다. 열차시각표 개정, 새로운 차량의 도입, 새로운 선로의 개통, 임시열차의 운전이나 시운전 등 모든 사항에 대해서 노동조합과 힘든 교섭을 하지 않으면 안 되었다. 하나의 문제를 해결하기 위해서 몇 개월 동안 교섭해야만 했던 것도 있었고, 200명 가까운 조합원에게 둘러싸여 몇 시간이나 교섭하는 일도 가끔 있었다.

'시간 개정에 협력할 테니까, 조합의 요구를 인정하라'는 것이 노동조합의 주장이었다. 조합의 요구란 근무의 완화, 인원의 증가, 소정의 일 이외의 일은 가령 근무시간 중이라도 초과 근무 수당을 지급하라, 직장의 설비를 개선해달라고 하는 것이었다. 조합의 주장을 인정하면 생산성은 내려가고, 때로는 근무규정 위반이 될 우려가 있었다. 대부분 모든 요구를 거부하게 되지만, 그렇게 하면 '전진이 없다'고 하여 다음번의 단체교섭을 거부한다. 매스컴은 '노사가 충분히 상의해라'는 허울 좋은 의견을 내놓지만, 노사교섭의 실제 상황이란 힘을 배경으로 한 협박 행위에 가까웠다.

전차과장은 노사문제뿐만 아니라, 안전에 대해서도 대단히 무거운 책임의 지위에 있다. 전후의 대형사고를 되돌아보아도, 하치코 선 열차 전복사고, 사쿠라기초우 사고, 미카와시마 사고, 쯔루미 사고와 그 대부분이 동경지구에서 일어났다. 임기중에 대형사고가 일어나면 인책 사임할 각오는 하고 있어야 했다.

다행히 고객의 희생자가 발생하는 대형사고는 일어나지 않았지만, 자칫 잘못 하면 대형사고가 될 뻔한 사고를 몇 번이나 경험했다. 그 중 몇 가지를 소개한다.

1966년 12월 18일, 터무니없는 사고가 일어났다. 단, 영어로 말하면 액시던트가 아니고 인시던트에 해당될 것이다. 이날 오후, 케이힌 토우호쿠 선 차량 기지의 카마타 전차사무소에서 검사중이던 전차가 갑자기 움직이기 시작했다. 있을 수 없는 일이 일어난 경우이다. 잠깐 동안 1949년에 일어난 미타카 사건이 머리를 스쳐지나갔다. 카마타 전차사무소는 동경의 15개의 전차사무소 중에서 조합문제로 제일 성가신 현장이기도 했다.

현장에 급히 가보니, 충격적인 상황이 눈에 들어왔다. 검사선 안에 있던 전차가 폭주하여, 차막이를 부수고, 제방을 뛰어넘어, 도로를 횡단해, 민가에 돌입해 있었던 것이다.

부상자는 없는지, 왜 이렇게 된 것인지, 운전한 사람이라도 있었던 것인지? 여러 가지 일들이 머리를 스쳐지나갔다. 우선 파괴된 민가에 급히 가보니까, 앞쪽 차량은 민가 거실에 뛰어들어 정차하고 있었다. 이 방에 있던 중년의 부인은 마침 화장실에 갔었기 때문에 무사했다고 한다.

폭주한 전차가 횡단한 도로도 사람의 왕래가 많은 도로이었지만, 다행히 부상자는 없었다.

한숨을 돌림과 동시에, 만약 반대 방향으로 폭주해서 케이힌 토우호쿠 선 본선으로 갔다면 어찌 되었을까 생각하니 등줄기가 오싹해졌다. 어쨌든 탈선한 차량을 본래 자리로 되돌리지 않으면 안 되었다. 이러한 어려운 현장에서도, 막상 사고복구를 할 때는 전원이 열심히 노력한다. 중년의 검사원도 평상시 노동운동가로서의 얼굴은 사라지고 '오늘은 모두가 열심히 하기 때문'이라며 미소지었다.

그러나 사고조사가 시작되면서 이야기가 달라졌다. 아무도 입을 다물고 사고의 원인을 이야기하려 들지 않는 것이다. 어쩐지 꺼림칙한 기운이 감돌고 있었다.

우선, 폭주한 전차 팬터그래프는 올라가 있었다. 따라서 전차가 움직일 가능성은 충분히 있었던 것이 보였다. 그러나 전차가 운행하

검사 도중에 폭주하여 민가에 뛰어든 전차

기 위해서는 그밖에도 몇 가지 조건이 더 필요하다. 전차바닥 밑에
는 '부스'라고 하는 나이프 형의 모양의 전원을 넣고 끊고 하는 차
단기가 있다. 이 차단기가 켜져 있지 않으면 전동기에 전원은 흐르
지 않는다. 조사해 보니까 이 차단기도 '온'의 위치에 있었다. 이것
만으로 전차는 움직이지 않는다. 운전대에 있는 '놋지'(차량의 액셀러
레이터에 해당)라고 부르는 제어기를 '진행'의 위치로 해야 전차가 움
직인다. 이것은 전차가 출발할 때에 기관사가 조작하고 있는 핸들
모양의 제어기이고, 자동차의 쉬프트 레버에 해당하는 장치이다. 이
'놋지'를 기관사가 밀고 있지 않으면 자동적으로 스프링의 힘에 의
해 전류를 차단하는 위치로 돌아가 버리므로, 누군가가 밀고 있지
않는 한 전차가 움직일 리는 없었다.

　그런데 전차가 폭주할 때에 운전대에는 아무도 없었다. 이것은 미
스터리이다. 사고조사는 벽에 부딪혔다. 그때 부하 한 사람이 "과장
님, 운전대에 이것이 떨어져 있었습니다"라면서, 흰 끈을 가지고 왔
다. 이것이 범인이었다. 검사중 놋지를 '진행'의 위치로 한 채 끈으
로 묶어 두었던 것이다. 전차의 폭주를 계획한 것은 아니다. 검사중
에 안이한 방법을 취한 것이다. 전차는 고장 때문에 차고에 들어가

있었다. 고장을 조사하기 위해서는 전차의 신경계통에 해당하는 제어회로에 전류를 흘리고, 여러 가지 기기의 작동 상황을 조사할 필요가 있다. 따라서 팬터그래프를 올리지 않으면 안 된다. 기기의 작동상태를 조사하기 위해서는 놋지를 '진행'의 위치로 해서, 계전기나 차단기 등이 정상적으로 작동하는지 아닌지 조사할 필요가 있는 것이다. 그러나 놋지를 넣은 상태에서 전차가 운행하기 시작하면 난처해지므로, 부스는 차단해 둔다.

앞에 말한 것같이 놋지는 잡고 있지 않으면 스프링의 힘으로 '차단'의 위치로 돌아가 버리므로, 검사중 누군가가 이 놋지를 제압해 둘 필요가 있었을 것이다. 아주 귀찮아서 끈으로 묶어 두었던 것이다. 그리고 검사가 끝났을 때에 이 끈을 푸는 것을 잊은 채 부스의 스위치를 넣어버린 것이다. 당연히 전차는 움직이기 시작했다. 이러한 검사방법을 그때까지도 사용하고 있었던 것이다. 처음에는 신중히 하고 있었지만, 익숙하여 끈을 푸는 것을 잊고 부스를 넣었던 것이다. 나는 아무말도 하지 않았다. 아직 탈선 차량을 복구중이다. 조합측과 언쟁이 일어나면 복구가 늦어진다. 그래도 현장에서는 이 사실이 간파되어버린 듯한 분위기가 전해져 왔다. 아침이 밝아오기 시작할 때, 철야의 복구작업이 끝났다. 한숨 돌리고 있는 중에 현장조합의 분회장으로부터 사고의 처리에 대해서 상담을 하고 싶다는 신청이 들어왔다. 사고복구라고 하는 것을 몇 번이나 경험했지만, 끝났을 때 조합과 타협을 한 경험은 없었다. 태세를 갖추어 기다리고 있으니까 분회장이 아닌 진짜 보스 이하 몇 명이 찾아왔다. 상담은 예상과 반대로 지극히 조용히 진행되었다.

"사고의 원인은?"

"조사중이지만, 어느 정도 판단은 하고 있다."

"그런가, 전원이 열심히 복구작업을 했다고 생각하는데…."

"그렇다고 생각한다."

"될 수 있는 한 관계자에 대해서는 관대한 조치를…."

"잘 조사한 뒤에 판단하겠다."

사고의 정식보고서 중에는 사고의 원인으로서 다음의 사항이 올라 있다.

- 주요 제어기를 고정한 것
- 차량의 브레이크 수배를 하지 않았던 것
- 차단기 부스의 모든 유닛을 차단 위치로 하지 않았던 것

그리고 마지막에 '특히 주요 제어기를 고정한 채 작업을 하는 위험한 작업은 절대로 하지 않도록 일상작업을 잘 확인하여 위험의 배제에 각별히 노력하지 않으면 안 된다'라고 덧붙였다.

이 사고가 난 뒤, 모든 전차사무소의 전차 유치선의 차막이는 커다란 콘크리트 블록으로 교체되었다. 지금도 볼 수 있는 콘크리트 차막이는 이때의 교훈이다.

다음 해인 1967년, 또 터무니없는 사고가 일어났다. 이것도 카마타 전차사무소의 한 전차에서 일어난 일이었다. 새롭게 케이힌 토우호쿠 선에 운행하기 시작한 신형 전차 103형의 연속적인 사고였다.

1967년 8월 17일, 카와사키와 쯔루미 간을 달리고 있던 전차바닥 밑에서, 조각조각 전동기의 부품이 차내에 흩날렸다. 전차사무소에 급히 가서 사고를 일으킨 전차의 차내에 들어가보니까 상황은 심각한 것이었다. 많은 구리의 파편이 차내에 비산해 있었고, 전차의 밑바닥에 있는 점검용의 큰 뚜껑도 떨어져 바닥 위에 내던져져 있었다. 흩날린 철 조각 일부는 전차 천장에 꽂히고, 창문 유리도 깨져 있었다. 승객 중 부상자가 없었던 것이 행운이었다.

정류자(commutator)

　그 일주일 후, 또 케이힌 토우호쿠 선에서 같은 사고가 일어났다. 이때도 상황은 똑같이 심각했지만, 다행히 이때도 부상자는 없었다. 이런 사고는 경험한 적이 없었다. 긴급히 원인을 조사한 바, 몇 가지의 공통점이 발견되었다. 우선 확인한 전동기는 모두 같은 제작회사의 같은 로트(세트로 어느 시기에 생산한 제품)의 제품이었고, 두 번 모두 비가 내렸던 것, 혼잡한 시간이 끝난 뒤였다는 것이다.

　그래서 카마타 전차사무소에서 긴급 대책회의를 열고, 제작회사에 대해 같은 로트의 전동기를 긴급히 전부 교환할 것을 요구했다. 그것과 동시에 모든 전동기를 총점검하고, 전동기에 다른 이상은 없는지를 조사했다. 사고의 원인은 전차 차륜이 공전했기 때문이었다. 전차의 전동기에 전류를 보내어 가속하려고 하면, 비가 오는 날에는 차륜이 미끄러져서 전동기가 공전하는 경우가 있다. 결코 드문 일은 아니지만, 전동기가 파열했던 경우는 없었다. 그 정도는 당연히 예상해서 전동기는 설계되어 있었다.

　그런데 왜 이 전차의 전동기는 깨져서 파손된 것인가? 그 원인은 아주 조그마한 제작 실수에서 찾을 수 있었다. 전차에 사용하고 있는 직류 전동기에는 정류자라고 하는 엷은 구리편을 원형으로 포갠 부품이 있다. 매분 1,500회 회전하는 전동기의 이 부분이 흩날리지 않도록, 중심에 가까운 부분에 쐐기형의 홈을 만들어, 확실히 고정시킨다. 그런데 사고를 일으킨 차량의 전동기를 조사해보니, 이 쐐기형 부분의 치수가 설계도와 다소 달랐고, 반원형 부분의 반경(전문용어로 'R'이라고 부른다)이 작게 되어 있었다. 그 때문에 응력 집중이라고 하는 현상이 일어나 깨진 것이었다.

이 전동기를 고속시험대 위에서 시험해보았는데, 매분 7,000회전 정도가 되면 파괴된다. 규정에는 매분 1,500회전으로 돌고 있는 전동기가 공전하면 7,000회전 정도까지 되는 것이다.

수일 내에 문제였던 로트의 모든 전동기의 교환이 끝났을 때, 노동조합에서 강경한 신청이 들어왔다. 이 전차의 안전에 관해서 긴급 교섭을 요구한 것이다. 이것은 피할 수 없었다. 당일에 100명이 넘는 조합원이 모였다. 처음부터 교섭의 장소는 어수선했고 고성과 욕설이 오갔다. '이런 위험한 전차는 운전할 수 없다'고 외치고 있었다. '문제의 전동기는 전부 교환했기 때문에 괜찮다'고 설명해도 '납득할 수 없다'라고 했다. 절대로 괜찮다라는 보증이 없는 한, 내일부터 이 차량은 전부 정지시키라고 주장한다. 한 시간이 경과해도, 두 시간이 경과해도 교섭은 평행선만을 그리고 있었다. 사고를 걱정하는 마음은 나도 알지만, 이 전차의 사용을 그만두면, 다음 날의 혼잡한 시간에 대혼란을 가져올 것은 명확하고, 일단 정지시켜버리면 언제 운행을 재개할 수 있을지의 전망도 서지 않았다.

'괜찮다고 하지만, 그 증거를 보여라!'라는 외침에 대하여 '만약에 또 한 번 같은 사고가 일어나면, 모든 전차의 운행을 정지시킨다'라고 선언했다. 이렇게 하여 겨우 교섭은 안정되었다.

문제의 전동기는 모두 교환했으므로 괜찮을 것이다라는 생각을 하고 있었지만, 솔직히 2~3개월 동안 만약에 또 한 번 일어나면 하는 불안감이 뇌리를 떠나지를 않았다.

이 사고 3년 후, 비슷한 사고가 소우부 선에서 일어났다. 이때 나는 사고의 책임자는 아니었고, 내가 외국에서 일하고 있을 때였다.

1970년 5월 18일, 마꾸하리에서 쯔다누마를 향해 달리고 있던 소우부 선 전차의 기관사가 표시 램프의 이상을 알고 비상 브레이크를 걸었지만 제동이 걸리지 않는 사고가 일어났다. 손 제동을 걸고, 브레이크용 공기관의 공기를 빼는 등 전차를 멈추기 위해서 할 수 있는 조치는 모두 해보았지만 전차는 멈추지 않았다. 노브레이크 상태로 쯔다누마 역을 지나고, 후나바시 역도 통과했다. 전방에 선행 전차가 있었기 때문에 기관사는 팬터그래프를 내림으로써, 전차는 멈추었다.

이 사고의 원인은 전동기가 파괴된 것이 아니고, 전동기와 차축 기어를 연결하는 '타와미판'이라는 부품이 부서지고, 그 파편이 전기회로에 꽂히면서, 전기회로가 혼촉되어 브레이크 제어를 할 수 없게 된 것이었다.

두 가지 사고 모두 대단히 일어나기 어려운 사고였지만, 조그만 기술상의 설계 실수나 제작 실수가 사고로 연결된다고 하는 교훈을 주었다.

1967년 8월 8일, 신주쿠 역에서 대형사고가 일어났다. 오전 2시가 지났을 무렵이었다고 생각된다. 우리집의 전화가 요란스럽게 울렸다. 신주쿠 역에서 화물열차끼리 충돌하고, 유조차가 불타고 있다고 했다. 당시 산겐쟈야에 있던 아파트를 뛰어나와 보니, 신주쿠 방면의 하늘이 훤해지고 있었다.

택시로 현장에 가보니까 사고현장은 아수라장이었다. 공교롭게도 중앙선의 오쿠보 방면에서 야마노테 선 아래를 통과하여 신주쿠 역에 들어가는 부근에서 하행 화물열차에 상선 화물열차의 기관차가 끼어 들어가 기울어져 있었다. 충돌된 하행 화물열차 유조차에서는

신주쿠 역 구내에서 기름 수송화차가 불타고, 필사적
으로 소화작업을 하는 소방사

굉장한 불꽃이 오르고 있었다.

이 충돌된 화물열차는 신주쿠 출발 하치오우지 행의 유조차로, 항
공 연료를 나르는 열차였다. 그 유조차의 옆 부분에 석회석을 나르
는 화물열차가 충돌한 것이어서 심각한 상황이 되었다. 충돌 때의
불꽃이 유조차 연료에 인화한 것이다. 정말로 불꽃은 하늘을 찌르고
있었다. 소방대의 소화작업은 시작되었지만, 차량에 가까이 가는 것
조차 어려웠다. 결국 2량의 유조차와 상행 화물열차의 전기 기관차
를 태우고, 날이 밝을 무렵에 불길을 잡았다.

화물열차 사고이므로, 여객열차를 담당하는 나에게 직접적인 책임
은 없었지만, 중앙선의 전차가 완전히 멈춰서 있었기 때문에, 빨리
사고 복구하는 것을 돕지 않으면 안 되었다. 복구작업에는 대단히

많은 노력과 시간이 걸렸다. 불길이 안정되어도, 기화한 연료가 부근에 가득 차 있었기 때문에, 벌겋게 된 탈선한 차량에 대한 복구에 곧바로 착수할 수 없었다.

겨우 오후가 되어 사고의 복구작업이 시작되었고, 이는 심야까지 계속되었다. 내 옆에 있던 부하가 '중앙선이 하루 종일 멈춘 것은 처음인데…. 한심하다'라고 중얼댔다.

사고의 원인은 하행 화물열차 기관사의 정지신호 무시였다. 물론 전기 기관차에 ATS는 설치되어 있었다. 경보 부저가 울려도 반사적으로 확인 버튼을 누르고 비상 브레이크를 해제해버린 것이다. 심야이었으므로 깜박 졸고 있었는지도 모른다.

국유철도는 미카와시마 사고가 난 뒤, 갑작스럽게 모든 선로에 ATS를 설치하기로 결정하고, 1966년에 설비를 완료하였다. 그러나 그후로도 줄었다고는 해도, 정지신호에서 열차가 멈추지 않고 탈선이나 충돌을 하는 사고는 끊이지 않았다. 전술한 것같이, 당시의 국유철도의 ATS의 기능이 극히 불충분한 것이었기 때문이다.

다시 한번 ATS의 기능을 복습해보자. 열차가 정지신호 바로 몇 백 미터 앞에 접근하면 경보 벨이 울린다. 그러면 승무원은 즉시 바로 앞에 있는 '확인 버튼'을 누른다. 이른바 승무원의 '알았다'라는 메시지이다. 그러나 실제로는 모르고 있는 경우가 많이 있다. 왜냐고 질문하면, 우선 대부분의 경우 부저가 울린 시점에서 제동을 걸 필요는 없기 때문이다. 이 부저는 제동거리가 긴 중량 화물열차가 과속으로 접근했을 때에도 충분히 제동을 걸어서 정지될 수 있는 지점에서 울리므로, 브레이크 성능이 좋은 전차가 주의신호를 보며 천천히 달려 왔을 경우에 실제로 제동을 거는 것은 이보다 훨씬 뒤이다. 그동안 무심코 경보가 있었던 것을 잊어버린다. 또는 앞에 달리고 있는 전차가 당연히 출발해 갔을 것으로 생각하고, 경보가 울려도 아마 다음 신호에는 진행신호나 주의신호로 변해 있을 것이라는 억측을 한다. 사실, 신호기가 주의신호중 진행신호로 변해 있는 경우가 훨씬 많은 것이다.

나 자신도 ATS의 경보효과 자체에 대해 이론과 현실은 전혀 다르다고 하는 느낌을 가진 적이 있다. 전차과장이던 때에는 수시로 운전대에 함께 타고 따라다녔다. 이러한 때에 대부분의 기관사는 정확히 보고를 하고, 신호 환호를 한다. 아침의 혼잡한 시간대에 중앙선을 타고 있으면 '장내주의' '진행' '제한 45' '미타카 정차' '브레이크 좋아' 등등의 거의 쉴 새 없는 환호가 계속된다. 아무튼 신호기는 많이 세워져 있다. 각 신호기에 두 번씩 환호하기 때문에 매우 바쁘다. ATS의 부저도 상당히 빈번하게 울린다. 그때마다 확인 버튼을 누른다. 마치 반사동작과 같이. 이것을 매일 하고 있기 때문에, 경보 부저가 울릴 때마다 긴장할 것이라고는 좀처럼 생각하기 어렵다. 현실적으로는 ATS에 경보효과는 없는 것이다. 이러한 ATS의 결점을 노린 사고가 신주쿠에서 유조차 열차 충돌사고가 있었던 그 다음 해에도 일어났다.

1968년 7월 16일, 밤 10시 30분경, 칸다 역을 출발한 중앙선의 전차가 오차노미즈 역의 제2장내 신호기의 주의신호를 보고, ATS 경보의 확인 버튼을 누르고, 오차노미즈 역으로 진입해갔다. 아시는 분도 많다고 생각하지만, 중앙선 오차노미즈 역의 입구는 급커브이고 소우부 선 아래를 통과한다. 전방이 전혀 보이지 않는다. 전차는 그대로 오차노미즈 역에 진입해갔다. 곡선을 돌아서 플랫홈의 앞, 제3장내 신호기를 보니, 정지신호! 엉겁결에 비상 브레이크를 걸었지만, 선행전차와의 충돌을 면할 수 없었다.

승객 210명이 부상을 입고, 전차 5량이 파손되었다. 이때 나는 이미 전차과장의 일을 마치고, 본사의 안전부문인 보안과의 보좌를 하

오차노미즈 역의 국유철도 전철 추돌사고의 현장
검증을 하는 담당자

담당자가 가리키는 것이 추돌전차로, 운
전석의 ATS 장치검증을 하는 담당자

고 있었지만, 즉시 현장으로 달려갔다. 충돌했을 때의 속도가 그다지 높지 않았기 때문에 큰 사고는 아니었지만, 충돌한 전차의 선두가 앞의 차량에 뚫고 들어가 있는 모습은 끔찍했다. 이 사고가 난 뒤, 사고를 일으킨 기관사는 큰 충격을 받았고, 현장을 벗어나 잠시동안 행방불명이 되었다. 매스컴에서도 엄한 비판을 받았다.

왜 이런 사고가 일어났을까? 물론 정지신호에서 멈추지 않은 기관사에게 책임이 있는 것은 틀림없지만, 이날은 선행 전차가 오차노미즈 역을 출발하려는 순간에, 고객 중 한사람의 손가락이 끼어져 있는 것을 역무원이 발견하고, 열차 비상정지 경보기를 눌렀다. 이 경보를 본 차장이 비상 브레이크를 걸어서 열차를 멈추었다. 거기에 후속전차가 진입해온 것이다. 이 전차의 기관사가 정지신호를 몰랐던 것은 아니다. 알고는 있었지만, 이 전차가 오차노미즈 역에 진입할 때에, 선행전차는 이미 출발해버렸을 것이라고 생각한 것이다. 또한 그러한 경험을 몇 번이나 했던 것임에 틀림없다. 여기에 인간과 시스템 사이의 간격이 있다. 기관사의 책임을 추궁하는 것은 쉽지만, 안전을 지키는 입장에서는 이러한 상황도 있다는 것을 생각해두지 않으면 안 되는 것이다.

3) 터널의 붕괴사고

1999년, 산요우 신간선의 터널에서 콘크리트의 큰 덩어리가 떨어지는 충격적인 사고가 일어났지만, 이것은 그 사고의 이야기가 아니다. 터널 그 자체가 붕괴되고, 거기에 열차가 달려들어 대형사고가 된 것이다. 일본의 이야기가 아니다. 프랑스에서 일어났다.

1972년 6월 17일, 파리 북쪽의 교외에 있는 길이 800m의 비에르지 터널의 내부를 지지하고 있던 금속제 지보공이 붕괴된 곳에, 양 방향의 열차가 거의 동시에 시속 100km가 넘는 속도로 달려들어, 선로 위에 낙하해 있던 장해물과 격돌했다.

터널 밖에서는 아무것도 몰랐다. 단 터널의 출구에 있는 건널목 경보기만 계속해서 울리고 있었을 뿐이었다. 구출 작업은 곤란에 극을 달했다. 아세틸렌 버너 등은 위험해서 사용할 수 없었다.

이 사고로 108명의 희생자와 240명의 부상자가 생겼다. 최후에 구출된 승객은 사고가 일어난 지 40시간이 지난 후였다. 2차대전 후 유럽의 철도에서의 대형사고는 확실히 감소되었다. 특히 서유럽에서 많이 감소되었는데, 희생자가 100명을 넘는 철도사고로는 이미 소개한 영국의 헤일로 앤드 웰더스톤의 충돌사고와 이 터널 붕괴사고, 그리고 1998년에 독일의 고속철도 ICE가 탈선·전복한 에쉐데 사고 뿐이었다. 터널 안에서의 사고는 무섭다. 어둠 속에서 도망갈 장소가 없고, 특히 화재가 일어나면 대참사가 된다.

프랑스에서는 1971년에도 프랑스 중부의 쿠로제 터널 내에서 화물열차끼리 충돌하는 대형사고가 일어났다. 24량의 연료를 실은 화물열차의 1량이 탈선하여, 반대 방향의 선로 위에 전복하고, 거기에 반대 방향의 화물열차가 달려와서 충돌한 것이었다.

이때는 화물열차이었으므로 희생자는 적었지만, 화차 연료에 불이 붙고, 화재는 24시간 이상 계속되어, 터널 자체가 붕괴되어버렸다. 그후 이 터널은 절취하여 천장이 없는 일반 구간으로 변했다. 파리 상라잘 역 출구에 있던, 파테뇰 터널 내의 사고와 유사하다.

영국과 프랑스를 연락하는 유로 터널에서도 화재사고가 일어났다. 1996년 11월 18일, 영국과 프랑스 해협 터널을 달리고 있던 '셔틀 열차'에서 불이 일어나, 계속해서 화차에 옮겨 붙었다. 화차 위에 트럭을 싣고 운반하던 열차였고, 불이 일어난 것은 28량 편성 중 최후 부에서 7량째의 화차이었다. 화재의 원인은 화차에 싣고 있던 냉동 트럭의 전기배선이 쇼트한 것으로 보인다. 터널 안을 달리는 열차는 맹렬한 공기의 저항을 받는다. 그 때문에 일어나는 바람의 힘에 의해, 화염은 깜박할 사이 뒤에 연결된 화차에 옮겨 붙었다. 10량의 화차와 트럭이 불타버렸다.

터널의 피해도 심각했다. 2km에 걸쳐, 열 때문에 레일은 구부러지고, 통신선이나 신호 장치, 송전선, 화재경보기 등이 모두 불타버렸다. 화재가 났을 때의 온도는 1,100℃까지 올라갔다. 가장 피해가 컸던 부분에는 터널의 콘크리트도 타고, 깊이 35cm의 콘크리트가 벗겨져 떨어지고, 내부의 철근이 노출되어 있었다. 트럭의 기관사 등이 열차를 타고 있던 사람들은 다행히 피난용 통로를 통하여 밖으로 나갈 수 있었으므로 희생자는 없었다. 이 화재사고의 피해는 100억 엔에 달했고, 복구에는 7개월 이상이 걸렸다.

철도뿐만 아니라 도로 터널에서도 큰 화재사고가 일어났다. 1999년 3월 24일, 프랑스와 이탈리아의 국경에 있는 몽블랑 터널(전장 11.6km) 내에서 트럭이 화재를 일으켰다. 그때 프랑스의 샤모니로 향하고 있던 운전기사는 불타고 있는 트럭을 발견하고, 급히 터널의 출구로 돌아가, 화재가 일어난 것을 연락했다. 그러나 그동안에도 계속해서 자동차가 터널 안으로 들어갔다.

화재를 낸 트럭은 냉동 트럭으로, 내부의 재료로 사용하고 있던 폴리우레탄이 불타고, 맹독의 산화시안 가스를 내뿜기 시작했기 때문에, 운전자들은 이 가스로 인해 사망했다. 희생자는 39명에 달했다. 몽블랑 터널의 복구는 2001년에 완료되었다.

4) 호쿠리쿠 터널 내 열차화재

일본에서도 터널 내에서 열차화재 사고가 일어났다. 1972년 11월

호쿠리쿠 터널에서 불탄 것과 같은 모양의 객차
를 사용한 화재실험: 국유철도 오오후나 공장

6일 오전 1시가 조금 지나서 쯔루가 역을 출발한 니가타 행의 급행
'키타구니'는 얼마 되지 않아 호쿠리쿠 터널 안으로 들어갔다. 터널
안을 달리고 있을 때, 앞에서 11량째의 식당차에서 화재가 일어났다
는 연락을 받은 차장은 소화작업을 함과 동시에, 비상 브레이크를
걸어서 열차를 정차하고, 무선으로 기관사에게 화재가 일어난 것을
알렸다.

　기관사나 식당차의 종사원, 이 열차에 타고 있던 철도공안원도 협
력하여, 소화기를 사용해서 불을 끄려고 시도했지만, 화염은 진정되
지 않았다. 그래서 기관사는 불타고 있는 식당차와 다음 차량을 분
리하고, 60미터 정도 열차를 앞으로 진행시켰다. 그리고 다시 10량
째의 객차와 식당차를 분리하려고 했을 때, 송전선의 전류가 끊어져

기관차는 움직일 수 없게 되어 버렸다. 터널 안에서 솟아 나오는 물을 빼내기 위한 플라스틱 관이 화재의 열 때문에 아래로 떨어지면서, 송전선에 접촉해 어스되었기 때문에, 변전소의 차단기가 작동한 것이었다.

이 열차의 기관차에 타고 있던 지도기관사는 터널 안에 있는 전화기로 열차운전사령실에 전기를 보내달라고 부탁했지만, 변전소에서는 다시 수동으로 차단기를 넣으려고 하지 않았다.

열차를 멈춘 것, 그리고 변전소의 차단기의 스위치를 다시 넣지 않은 것이 그후 큰 문제가 되었다. 만약 열차가 계속해서 달렸더라면, 불길이 열차 전체에 확대되기 전에 열차가 터널에서 빠져나갔을 가능성이 컸고, 만약 변전소 차단기의 스위치를 다시 넣었더라면, 기관차는 불타고 있는 식당차보다 앞에 있는 객차를 견인해서 터널을 탈출할 수 있었던 것임에 틀림없다.

그러나 변전소의 조작규칙에는 차단기가 자동적으로 차단되었을 경우에는, 다시 사람의 손으로 차단기의 스위치를 넣어도 되지만, 상황이 위험하다고 판단했을 때에는 충분히 상황을 확인하고 난 후에 차단기를 넣도록 되어 있었다. 변전소에는 이미 터널 내에서 열차가 화재를 일으켰다고 하는 정보를 받았지만, 현장의 상황은 전혀 몰랐기 때문에, 수동으로 차단기의 스위치를 넣지는 않았다. 전류에 의한 2차 화재나 감전사고의 걱정이 있었기 때문이었다.

이 사고로 30명이 사망하고, 714명의 부상자를 냈다. 전기를 보내달라던 지도기관사도 전화기를 붙잡고 젖은 천으로 입을 막은 채 그 앞에서 사망했다. 이 사고는 국유철도에서는 미카와시마 사고, 쯔루미 사고가 난 뒤에 일어난 최대의 사고였다.

이 화재사고의 원인은 구형식당차의 전기난방의 배선이 노후하여, 누전했기 때문이었다. 이 사고는 안전에 대한 몇 가지의 근본적인 문제를 제기했다.

이미 말한 것같이, 철도에서는 위험하다고 생각하면 즉시 열차를 멈추는 것이 안전의 기본으로 되어 있다. 그런데 이 사고에서는 열차를 멈춘 것이 도리어 피해를 크게 해버렸다. 이 사고가 난 뒤 국유철도는 기본규정을 수정하고, 긴 터널 내에서 화재가 일어났을 때에는 열차를 멈추지 않고 될 수 있는 한 빨리 터널을 탈출하도록 지도 방침을 변경시켰다.

변전소가 재송전하지 않은 것도 사고의 피해를 크게 했다. 사고가 일어난 후에 이 점을 비판하는 것은 쉽다. 그러나 사쿠라기초우 사고가 일어났을 때는 사고전류를 끊지 않은 것이 사고의 피해를 크게 했다. 이상 사태가 일어났을 때의 취급은 될 수 있는 한 간단하고 이해하기 쉬워야 한다. 이에 대한 지침서는 많은 사고의 경험을 바탕으로 해서 만들어진다. 호쿠리쿠 터널은 이러한 지침서의 뒤통수를 때린 사고였다.

또 호쿠리쿠 터널 사고는 지극히 불운한 사고였다고 할 수 있다. 당시 호쿠리쿠 본선에 이 구형 식당차를 연결해서 달리고 있던 야간 열차는 '키타구니'뿐이었다. 전국에서도 이미 이 낡은 차량을 사용하고 있는 열차는 거의 없었다. 그것이 하필이면 당시 재래선에는 가장 긴 호쿠리쿠 터널 내에서 화재를 일으켰다. 만약 불이 난 것이 몇 분 빨랐든지 혹은 늦었더라면, 큰 사고는 나지 않았을 것이다. 확률적으로 생각하면 믿을 수 없을 만큼 가능성이 낮은 사고였던 것이다. 그런데 일어났다. 이것이 안전문제의 무서움이며, 사고에는 과학이나 기술뿐만 아니라 불운이란 것까지도 항상 따라다닌다는 생각이 들었다.

5) 아오야마 터널 사고

일본에는 JR그룹 이외에 100개의 회사가 넘는 철도기업이 있다. 그 수송 인원은 JR보다도 많다. 순수한 민영철도 이외에 공영 지하철, 제3섹터 철도 등 여러 종류가 있지만, 대규모 철도기업 중에는 철도사업을 중심으로 호텔, 백화점, 부동산, 레저 등 많은 분야에 진출하고, 일본 유수의 거대 그룹이 되어 있는 기업도 있다. 세계의 많은 철도기업이 국가에서 거액의 보조금을 받아서 운영하고 있는 데 비해, 일본에는 많은 흑자경영 철도가 있다는 것도 자랑할 만하다.

경영이 건전할 뿐만 아니라, 일본의 큰 사철은 기술이나 안전 시스템의 수준도 높다. 신간선과 야마노테 선 등 일부의 도시교통노선을 제외하면, 큰 사철이나 지하철은 JR보다도 높은 수준의 안전 시스템을 가지고 있다. 따라서 대단히 많은 전차가 달리고 있는데도 불구하고 대형사고는 적다.

그러나 옛날에는 반드시 그렇지 않았다. 2차대전 직후에는 몇 개의 대형사고가 일어났다. 가장 비참했던 것은 1947년 3월 31일에 일어난 킨키 일본 철도의 추돌사고일 것이다.

이날 아침, 나라 역 출발 오사카 행 3량 편성의 급행전차가 이코마 터널을 출발하여, 1,000분의 35라고 하는 급한 하구배에 도착했을 때 브레이크가 말을 듣지 않게 되었다. 기관사는 손 제동을 거는 등 어떻게 해서든지 전차를 멈추려고 했지만, 급한 내리막길에서 전차는 멈출 줄 모르고 계속 가속해갔다. 게다가 전차는 목조차였고 승객은 만원이었다. 맹렬한 속도가 된 급행전차는 화원역에서 선행하는 보통열차와 추돌해, 49명의 승객이 사망하고, 282명의 부상자가 나왔다.

이 사고의 원인은 전차와 전차 간을 연결하는 브레이크용의 공기

호스가 노후화되어, 공기가 바깥으로 새어나오면서 브레이크가 작동하지 않게 되었기 때문이었다. 전후의 자재 부족 상황에서 일어난 사고라고도 할 수 있다.

그러나 전술한 것같이, 자동공거 브레이크는 공기관의 압축공기가 빠지면, 반대로 제동이 걸려야 되는 것이다. 그런데 이 전차의 브레이크 장치는 그렇게 되어있지 않았던 모양이다. 1량씩 운전하는 것을 전제로 하여, 운전대에서 직접 브레이크 실린더에 압력공기를 보내는 구조이었던 것 같다. 그것을 3량 연결하여 운행했기 때문에, 페일 세이프의 브레이크로 되어 있지 않았다.

이상하게도 사철의 대형사고는 브레이크와 관련된 사고가 많았다. 1971년 10월 5일, 같은 긴키 일본 철도에서 철도사고 역사에 남은 대형사고가 일어났다. 이날 오후 4시경, 사카기하라 온천 동쪽 입구와 히가시 아오야마 간을 달리고 있던 오사카 발 나고야 행의 특급 열차가 ATS의 비상 브레이크 작동으로 긴급 정차했다. 기관사의 조작 실수가 아니고, ATS 장치의 고장 때문이었다. 페일 세이프의 설계였으므로 비상 브레이크가 작동했다고도 할 수 있다. 그러나 기관사가 브레이크를 풀려고 해도, 브레이크는 계속 작동된 채 전차는 움직이지 않았다.

기관사는 각 차량의 브레이크 장치에 압축공기를 보내는 공급 코크를 닫은 뒤, 브레이크 실린더의 공기를 빼고 출발했다. 차고에서 점검할 때 이러한 조작을 하는 경우가 있지만, 본선에서의 이런 조작은 위험천만이다. 한 번 닫은 공급 코크를 원래 상태로 되돌려두지 않으면, 그후 브레이크 실린더에는 공기가 보내지지 않고 브레이크가 작동하지 않기 때문이다.

갑작스런 고장에 긴장하였던 탓인지, 이 기관사는 브레이크 실린더의 공기를 뺀 뒤에 공급 코크를 열지 않고 출발해버렸다. 이 전차는 아오야마 터널을 통과하자 1,000분의 33의 급한 하구배에 도착하였고, 브레이크는 듣지 않았다. 속도는 점점 더 높아져 갔다. 단선구간이므로 반대 방향의 열차와 교행을 하는 히가시 아오야마 역에서는 안전측선으로 진입했는데, 속도가 너무 빨랐기 때문에 측선을 넘어서 탈선한 채로 단선의 본선 위를 계속해서 달렸다. 속도는 시속 100km 정도이었던 것 같다. 그리고 스즈야 터널 내에서, 반대 방향에서 달려오는 특급열차와 정면 충돌했다.

이 사고로 25명이 사망하고, 227명이 부상을 입었다. 이 사고도 대단히 충격적인 사고였다. 철도는 인간의 실수로 인해 대형사고가 일어나지 않도록, 여러 가지 안전 시스템을 만들어 왔다. ATS는 그 가장 대표적인 것이라고 할 수 있다. 그러나 이 사고는 ATS가 고장 났기 때문에 일어난 것이었다. 이른바 안전 시스템이 사고의 불씨를 만들었던 것이다. 그뿐만이 아니다. ATS에 대한 고장조치를 하는 과정에서, 또 인간의 실수가 일어났다. 이러한 실수를 어떻게 막으면 좋을 것인가? 안전에 관한 한 영원히 기본적인 문제의 제기이다.

시스템은 고장날 수가 있다. 게다가 시스템의 수가 늘어나고, 복잡해지면 질수록 고장의 가능성은 늘어나고, 내용도 덩달아 복잡해진다. 반대로 사람은 점점 시스템에 의지하게 된다. 그러나 일단 시스템이 고장나면, 고장의 수리와 복구는 사람이 하지 않으면 안 된다. 그때의 실수를 어떻게 막을 것인가? 철도의 안전문제는 새로운 벽에 부딪혔다.

브레이크 시스템이 불완전했던 시대는 그렇다 치더라도, 20세기 후반이 되면 열차의 브레이크가 듣지 않아 사고가 일어나는 경우는 극히 드물다. 그러나 1971년에 또 한 건의 브레이크 고장사고가 일어났다. 국유철도가 아니고, 역시 사철에서 일어났다.

1971년 3월 4일, 후지 급행의 2량 편성열차가 가와구치코에서 후지요시다를 향해서 달리고 있을 때에 건널목에서 트럭이 전차의 측면에 충돌하고, 전차의 바닥 밑에 있는 브레이크용 압축공기를 모아두는 탱크를 파손시켜버렸다.

이 탱크의 공기가 없어지면 브레이크는 듣지 않게 된다. 페일 세이프의 사고방식으로 설계되어 있는 자동 관통 브레이크도 이러한 사고는 예상하지 못했다. 불행하게도 이 선도 1,000분의 30이라고 하는 급경사의 구간이었다. 전차는 내리막길을 브레이크가 듣지 않은 채 폭주하여 커브 길 위에서 탈선, 전복했다.

이 사고로 14명이 사망하고, 72명이 부상했다. 이 사고가 난 뒤, 브레이크용의 공기탱크를 이중으로 하는 등의 대책을 취했다. 브레이크의 고장은 무섭다. 속도 경쟁을 하는 것보다 정확하고 고장이 적은 브레이크 장치를 만드는 것이 철도기술의 기본이다.

그러나 이 두 가지의 사고는 너무나 불운한 사고였다. 연속한 급구배의 구간이 아니었다면, 대형사고가 되는 일은 막을 수 있었을지도 모르기 때문이다. 많은 사고를 조사해보면, 아무래도 행운, 불운이라고 하는 숙명을 의식하지 않을 수 없다.

몇 년 전에도 역시 열차의 브레이크 고장으로 인한 폭주사고가 일어났다. 1992년 6월 2일, 관동철도의 종착역인 토리데 역에 4량 편성의 디젤 차량이 폭주하여 차막이를 돌파하고 역 빌딩의 벽에 격렬하게 부딪혔다. 그 때문에 사망자 1명과 부상자 251명이 발생했다.

이 사고의 원인은 킨키 철도의 아오야마 터널 사고와 거의 같다고 생각해도 된다. 입접한 니시토리데 역을 출발하려고 할 때, 브레이크가 해방되지 않아서, 코크를 닫는 것으로 브레이크를 늦추고, 그대로 출발해버렸다. 이때도 1,000분의 10의 하구배였기 때문에, 열차의 브레이크가 작동되지 않은 채 폭주하여, 토리데 역으로 돌입한 것이었다.

국유철도에서도 과거에 똑같은 대형사고가 일어났다. 1947년 9월 16일, 한와 선의 히가시 하고로모 역에 도착한 전차의 브레이크가 듣지 않아, 선로의 종단에 있는 차막이를 돌파해 가까스로 멈추었지만, 승객 9명이 사망했다.

또 4년 후인 1951년, 중국 지방의 오노다 선에서 역시 단선 전차의 브레이크가 듣지 않아, 반대 방향에서 달려오는 열차와 정면 충돌했다. 이때에는 희생자는 없었지만, 승객 25명이 부상을 입었다.

이 두 사고의 원인은 아오야마 터널의 사고와 같았고, 브레이크가 불량이 되었을 때에 브레이크 관을 잠근 채 브레이크를 늦추고, 그대로 운전한 것이 원인이었다. 그후 국유철도에서는 본선을 운행하는 열차가 브레이크 고장으로 인한 대형사고는 없었다.

그러나 입환 작업의 실수 때문에 화차가 폭주하는 사고는 일어났다. 1956년 7월 3일, 지금은 폐선이 된 북해도의 시호로 선의 카미시호로 역에서 입환 작업중에 돌방한 화차가 유치해 있던 화차와 격돌하고, 이 화차가 움직이기 시작하면서 본선을 폭주하여, 반대 방향에서 달려온 단기 디젤 열차와 충돌, 승객 3명이 사망했다.

돌방작업이라고 하는 것은 화차를 입환할 때에 기관차가 화차를 밀면서 속도를 올리고, 도중에 기관차에 급제동을 걸어 기관차와 화차 사이의 연결기를 해체하여 각 선로에 화차를 입선시키는 방법으로 화차의 입환에 자주 이용된다. 화차가 멈출 때까지 기관차로 밀고 가는 것보다 능률이 좋다. 그러나 역 구내에 약간의 구배가 있는 이 역에서는 돌방작업이 금지되어 있었는데도, 작업을 강행한 결과 사고가 일어났다.

1979년에도 신에쯔 선의 시노노이 역에서, 역시 입환중의 화차가 폭주하여 본선으로 진입, 달려오는 수학 여행의 전차와 충돌하여, 364명이 부상을 입는 큰 사고가 일어났다. 이 사고도 입환 작업중의 실수로, 이 역은 근무기강이 아주 문란했던 역이었다.

또한, 1965년 1월 4일에는 오메 선의 니시타치카와 역에 유치해 있던 가솔린을 실은 유조차가 저절로 움직이기 시작해서 타치카와 역까지 폭주하여, 타치카와 역에 정차하고 있던 전차와 충돌해 큰 화재가 일어난 사고도 일어났다.

이런 사고들의 원인을 조사해보면, 반드시라고 해도 좋을 만큼 몇 가지 사람의 실수가 밝혀진다. 이러한 실수를 다그치는 일은 쉽다.

'많은 승객의 생명을 맡고 있는 철도직원으로서 있을 수 없는 실수'라고 하는 것도 맞는 말이다. 그러나 철도직원도 보통 사람 중의 한 사람이며, 이러한 고장을 경험하는 기회는 대단히 적다. 한 사람 한 사람의 기관사에게는 여기에서 소개한 것 같은 사태에 조우하는 것이, 많아야 몇 년에 한 번, 사람에 따라서는 일생에 한번 있을까 말까 한 것이다. 게다가 고장이 일어나는 방법은 똑같지 않다. 여러 가지 경우가 있을 수 있다는 말이다.

이러한 사태에 대비하여, 평소부터 충분히 훈련해두지 않으면 안 된다. 그와 동시에, 강한 책임감과 규율을 가진 직장을 만들지 않으면 안 된다. 이것은 역장이나 소장 등이 강압적으로 되는 직장을 말하는 것이 아니다. 실수를 하거나 규정 위반을 하는 것이 부끄럽고, 정확히 일을 하고 있는 사람이 존경받는 직장을 만들어야 한다는 것이다. 물론 업무상의 지휘명령이나 훈련을 정확히 받는 것은 당연한 것이다.

12 국유철도 개혁에 착수

1) 안전과 노사문제

아오야마 터널 사고나 후지 급행 사고가 일어났을 무렵, 국철의 직장은 유감스럽게도 규율 붕괴의 방향으로 향하고 있었다.

노동조합은 직장에서 매일 투쟁을 지도하고, 국유철도 관리체제의 마비를 목표로 하고 있었다. 그 큰 원인의 하나는 생산성 운동과 그 좌절이라고 하는 사건이 있었지만, 문제의 본질은 시대적 배경에 있었다고 생각한다.

이때 마침 일본에서는 70년 안보를 중심으로 한 사회운동이 고조된 시기였고, 특히 국유철도는 그 기능의 사회적 중요성 때문에 사회변혁 운동에서 투쟁의 장소가 되었다.

혁명을 목표로 하는 사회운동가들에는 정의의 싸움이었던 것이다. 또 경제의 고도성장이 만들어낸 왜곡된 문제와 전쟁 전부터 계속되고 있던 일본의 봉건적 사회제도에 대한 반발의 에너지도 있었던 것임에 틀림없다. 또한 국유철도 경영진의 가치관이나 낡은 기업체질이 사회변혁운동의 표적이 된 것도 사실일 것이다.

이러한 것을 모두 인정하더라도, 이 시대 국유철도의 노동운동은 엉망이었다고 하지 않을 수 없다. 노사가 때로는 대립하는 것은 당연하다. 노동자의 이익을 지키는 것도 노동운동의 기능일 것이다. 그러나 국영기업에서 지휘명령에 반항하는 것을 장려하고, 기업을 붕괴로 이끄는 운동을 정당화할 수는 없는 것이다.

그 결말은 국유철도와 노동운동 자체의 붕괴였다. 이러한 노동운동을 배경으로, 직장의 붕괴는 급속히 진행되었다. 일상의 근무 변경이나 작업지시조차 곤란한 직장이 있었고, 이유를 대고 훈련을 거부하는 일도 가끔 있었다.

규정의 작업인원이 단 한 명 부족하다는 것을 이유로 그날의 전차 점검작업을 거부하거나, 악천후이기 때문에 선로의 보수작업을 하지 않는다고 하는 일도 있었다. 한편 노동조합은 안전을 이유로 합리화를 거부한 것이다.

합리화라는 것은 직장의 사람들에게는 불만의 씨앗이 되는 것이 사실이고, 인원의 삭감은 노동조합 세력의 약화로 연결된다. 그 때문에 가끔 안전문제가 합리화를 반대하는 데 이용되었다. 여기에 안전에 대한 국유철도 노동운동의 기본적인 모순이 있었다. 그것이 가능했던 것은 도산의 위험이 없는 국유기업이라는 조직의 성격이 크게 영향을 준 것이라고 생각한다. 안전에 대해 노동조합에 일방적으로 책임이 있다고는 생각하지 않는다. 국유철도의 경영자 측도 동등한 책임이 있다고 생각한다. 무엇보다 노동운동의 공격의 표적으로 되기 쉬운 체질을 가지고 있었다.

계급적인 인사 시스템, 상의하달에 치우친 의사전달 시스템, 권위

주의, 관례주의, 형식주의, 나 스스로가 그 일원이었던 것에 대한 반성을 포함해 시대의 큰 변화에 대응할 수 없는 낡은 체질을 가지고 있었다.

국유철도의 민영화 후, 노동조합 간부 중 한 사람이 '국유철도시대에 당국을 공격하려고 마음만 먹었으면, 얼마든지 공격거리는 있었다'고 웃으면서 이야기해준 적이 있다.

안전문제에서조차 문제가 있었다고 하지 않을 수 없다. 나 자신도 안전문제를 담당했을 때에 어떻게 하면 좋을지 망설이기도 했고, 경영진의 본연의 모습에 강한 불신감을 가진 일이 자주 있었다.

상층 경영진을 포함하여 모든 간부가 '안전은 철도에서 가장 중요하다'고 말한다. 확실히 그렇게 생각하고 있을 것이다. 그러나 일상의 행동이나 의사결정의 과정을 보고 있으면, 정말로 안전을 소중히 하고 진지하게 고려하고 있었다는 생각이 들지 않는다. 관심이 있는 것은 대부분 수송력의 증강과 설비투자, 합리화, 그리고 정치문제에 있었다.

기술부문도 자기의 부문에 책임이 있는 안전문제에는 열심이었지만, 그때마다 설비투자의 요구와 포스트의 증가로 이어졌다.

국유철도의 안전문제에 대한 의사결정기관으로서 '운전사고방지대책위원회'가 있었다. 미카와시마 사고가 난 뒤 정식으로 설립된 위원회이고, 국유철도의 최후까지 매월 위원회가 개최되고 있었다. 당초는 최고의사결정기관인 상무이사회와 동등한 권위를 가지고, 여기에서의 의사결정은 최종결정이며, 상무이사회에서의 심의를 필요로 하지 않아도 되었다. 그러나 이것은 머지않아 흐지부지되었다. 경리부문이 인정하지 않았기 때문이다. 회의는 점차 빈약해지고 형식적으로 되어 갔다. 내가 근무하고 있던 운전부문이 이 회의를 주최하고 있었다. 매월 일어나는 큰 사고, 혹은 위험한 사고를 보고했지만, 사고 내용에 대한 상세한 나열식 보고였을 뿐이고, 구체적인 내용은 빈약했다. 사고의 대책은 대부분의 경우 '기본 동작의 반복 이행'과 '지도의 철저'뿐이었다. 이미 직장은 노사의 대립으로 어수선하였고, 그런 대책만으로는 안 된다는 엄연한 현실이 있었는데도 말이다.

거액의 설비투자를 수반하는 대책의 대부분은 중간 관리자의 단계에서 무산되었다. 수송력 증강이나 합리화의 효과가 없는 프로젝트는 대중토론 장소에서 찬성을 얻기는 어려웠다. '그것보다는 현장의 관리를 더 정확히 하라'고 한다. 극단적인 경우에는 '이 프로젝트에 투자를 하면 사고가 어느 정도 감소하게 되며, 금액으로서 어느 정도의 효과가 있다'는 의견도 나왔다.

그것도 하나의 방법일지도 모르지만, 현실적으로 증명하기는 어렵다. 자동신호나 열차 중앙 제어장치(CTC)의 도입 등이 안전대책이라는 명목으로 진행되고 있었지만, 그것이 가능해진 것은 수송력 증강과 합리화를 위해 확실한 효과가 있었기 때문이었다.

이러한 혼란스러운 상황 속에서 사고가 일어나지 않을 리 없었다. 1971년 2월 11일, 동북 본선의 노자키와 니시나스노 간을 달리고 있던 우에노 역 출발 아이즈와카마쓰 행의 야간 급행열차의 기관사가 졸음 운전을 했기 때문에, 열차 자동정지 장치에 의해 마침내 멈추어버렸다. 그것으로 끝나지 않았다, 상구배였기 때문에 열차는 후진하기 시작했다. 뒤따라오는 화물열차는 도중의 신호기가 정지신호였으므로 잠시 동안 정차하고, 그후 규정대로 천천히 운전을 시작했다. 신호기가 고장났을 때에 허용되어 있는 '무폐색 운전'이란 운전방법이다. 그러자 전방에서 여객열차가 후진해오는 것이 보였고, 엉겁결에 제동을 걸었지만 충돌했다. 이 사고로 40명이 부상을 입었다.

믿을 수 없는 사고이지만, 같은 사고가 그 전년에도 동해도선의 코우다와 오카자키 사이에서 일어났다.

나는 여기서 국유철도의 노동조합이나 경영진의 비난이나 결점을 논하자는 것이 아니다. 과거의 경험에 대한 반성을 살려서, 똑같은 사고를 되풀이하고 싶지 않기 때문이다.

국유철도의 안전문제와 노사문제의 근본적인 이유를 찾아보면, 어쨌든 국영기업의 성격이란 본연의 형태와 관련이 있다. 국철 개혁은 불가피했다는 생각이 강하다.

2) 지진, 벼락, 화재, 엄한 아버지

이 비유는 저항하기 어려운 무서운 것이라고 하는 의미일 것이다. 철도의 안전에서도 자연재해나 화재 등에 의한 사고를 막는 것은 매우 중요한 문제이다.

1995년에 일어난 고베 대지진에 의한 피해의 기억은 새롭지만, 이 지진은 이른 새벽에 일어났기 때문에 철도 설비의 피해에 비해 승객의 피해는 적었다.

지진에 의한 철도의 피해가 가장 컸던 것은 뭐니 뭐니 해도 관동 대지진이다. 1923년 9월 1일 정오 무렵에 대지진이 일어났다. 이때 마침 동경 출발 마나쯔루 행의 보통열차는 네부카와 역에 진입하려고 하고 있었다. 그때 지진 때문에 지각 변동이 일어나, 역의 건물도 열차도 순식간에 50m 아래의 바다 속으로 떠내려갔다. 기관차도 8량의 객차도 모두 전락해버렸다. 승객 5명의 사망은 확인되었지만 100명 이상의 승객은 행방불명이 되었다. 관동 대지진 때에는 이외에 6개의 열차가 탈선했다.

그후에도 니가타 지진, 도카치 앞바다 지진, 미야기 앞바다 지진 등 큰 지진은 여러 번 일어났고, 철도도 그때마다 큰 피해를 입었지만, 다행히 네부카와 사고와 같은 대형사고는 일어나지 않았다.

지진의 나라 일본에서 지진은 가장 무서운 자연재해이며, 철도의 피해를 완전히 막는 것은 불가능에 가깝다. 그러나 지진에 의한 피해를 될 수 있는 한 적게 하기 위한 노력은 계속해 나가지 않으면 안 된다. 그렇게 하기 위해서는 우선 지진이 일어났을 때 될 수 있는 한 빨리 열차를 정지시키는 것과 선로나 구조물의 강화를 진행시키는 것이 필요하다. 실제로 고베 지진의 교훈을 살려, 콘크리트 구조물 등의 강화를 진행시키고 있다.

특히 고속으로 달리는 신간선은 개통이래, 큰 지진이 일어나는 즉시 송전선의 전류를 차단하고, 긴급 제동을 걸어서 열차를 정지시키는 시스템이 도입되어 있지만, 지진이 일어난 것을 조금이라도 빨리 알아내기 위해서, 철도종합기술연구소에서는 유레다스라고 하는 새로운 시스템을 개발했다.

일본에서 일어나는 지진은 태평양 측에 진원지가 있는 경우가 많기 때문에, 해안에 가까운 곳에서 지진파를 추적하여 열차를 정지시키는 시스템이며, 최근 신간선에 도입하였다.

1999년 8월 24일에 벼락 때문에 중앙선의 송전선이 큰 피해를 입고, 장시간 열차가 멈추는 고장이 발생, 많은 승객에게 대단한 폐를 끼쳤다. 벼락은 열차의 운행에서 큰 문제 중의 하나이지만, 대형사고가 일어난 예는 없었다고 생각한다. 자연의 변화 중 철도의 안전을 위협하는 무서운 것은 비, 눈, 바람 등에 의한 피해이다. 호우, 눈사태, 돌풍 등 때문에 많은 대형사고가 일어났다. 그 대표적인 예를 몇 가지 제시해보자.

1922년 2월 3일, 호쿠리쿠 본선의 오야시라즈 역 부근에서 큰 눈사태가 일어났고, 공교롭게도 그곳을 통과하던 6량 편성의 열차를 직격했다. 이 해에는 호쿠리쿠 지방에 폭설이 내렸고, 이 열차에는

낙석 때문에 탈선, 전복한 '사도 3호'의 복구작업

선로의 제설작업을 위한 작업원이 타고 있었기 때문에, 90명의 희생
자가 발생했다. 눈사태에 의한 최대의 사고였다. 그후 1940년에는
요네사카 선에서 눈사태에 의해 열차가 교량에서 전락한 사고가 일
어나, 10명의 희생자가 발생했다.

지형상 산이나 절벽이 많고, 비가 많이 오는 일본에서는 재해에
의한 사고가 많다. 1926년에 히로시마 부근에서 특급열차가 탈선한
사고에 대해서는 이미 소개했지만, 이것은 비에 의해 강물이 불어나
고, 둑이 붕괴되었기 때문에 일어난 사고였다.

최근에도 낙석이나 축제 붕괴에 의한 대형사고가 일어났다. 1977
년 3월 8일, 조우에츠 선 이와모토 스메라기쓰 히사시 이즈마의 선
로 위에 떨어진 큰 낙석 때문에 급행열차 '사도 3호'가 낙석 위로
올라타면서, 전차 5량이 탈선했다. 선두차량은 인접 도로 위에 뒹굴
고, 댐으로 떨어지기 직전에 멈추었다. 이 사고로 승객 한 명이 사망
했지만, 전차가 댐으로 떨어졌더라면 대참사가 될 뻔한 사고였다.

1985년 7월 1일, 노토 선에서 전날부터 계속 내리던 호우로 인해,

'사도'가 올라 앉은 30톤의 암석

경사면에 있는 선로 위를 통과하고 있던 4량 편성의 디젤 열차의 아래 지반이 무너지고, 3량의 차량이 절벽 밑으로 전락했다. 7명이 사망하고, 29명이 부상했다.

이 사고는 500mm 이상의 호우가 내린 뒤에 일어났다. 지반이 느슨해진 곳을 통과하던 열차의 중량을 견뎌내지 못하고, 축제가 붕괴된 것이었다.

이 사고가 난 뒤 나는 사고의 현장에 급히 가서 사망한 7명의 자택을 방문하고, 사죄와 위로의 말씀을 드렸다. 정말로 가슴 아픈 경험이었다. 최후에 방문한 장례식 장소에서, 부인을 잃은 남편이 슬픔을 억누르며 나에게 '그래도 어떤 대책을 세울 수 없었는가'라고 했던 말이 지금도 마음에 아픈 흔적으로 남아 있다.

자연재해가 원인이었다고 해도, 어떻게든 재해가 일어나기 전에 지반의 약한 개소를 찾아내서 보강해두었더라면 이런 사고는 일어나지 않았을 것이라고 생각한다. 그후 재해사고가 일어날 때마다 이 재해는 사전에 예측할 수 없었던 것인지를 되묻고 있다. 그것이 돌아가신 분들에 대한 최소한의 사죄가 될 것이다.

바람에 의한 대형사고는 거의 없었지만 이 역시 무서운 사고임에는 분명하다. 1934년 9월 21일, 바람에 의한 대형사고가 일어났다. 역사상 유명한 무로토 태풍이 관서지방을 습격했을 때 일어난 사고이다.

동경 출발 시모노세키 행 급행열차가 요네하라 역을 출발했을 때부터 비바람이 조금씩 심해지기 시작하더니, 쿠사츠 역에 도착할 때에는 신호기에도 이상이 발생했고, 전방에는 정지신호가 계속되었다. 이러한 경우에는 역무원이 역과 역 사이에 다른 열차가 달리지 않고 있는 것을 전화로 확인한 뒤에 신호기 대신에 수기로 진행신호를 내고, 열차를 운행하게 할 수 있다. 이것을 수신호라 부른다.

급행열차가 수신호로 쿠사츠 역을 출발하자 비바람이 점점 강해졌기 때문에, 속도를 시속 10km로 감속운행하고 세타천 교량에 이르렀다. 그때 기관사는 어떤 충격을 느꼈고, 후방을 돌아보니, 3량째부터 후부 9량이 상행선 위에 탈선, 전복해 있었다.

이 무렵 교토 측후소의 풍속계는 초속 42m를 기록하고 있었다. 바람 때문에 열차가 전복해버린 것이다. 이 사고로 11명의 승객이 사망하고, 202명이 부상을 입었다.

같은 무렵, 동해도 본선의 다카츠키와 세츠톤다 사이에서도, 여객열차가 전복하였다. 강풍에 의한 열차의 전복사고는 그후에도 여러 번 일어났다.

국유철도 개혁 직전인 1986년 12월 28일에 산인본선의 욧부 철교에서 여객열차가 전락하는 충격적인 사고가 일어났다. 욧부 철교는 높이 41m로 일본에서 제일 높은 철교 중의 하나이다. 그 위에서 바람 때문에 열차가 전락한 것이다.

이 열차는 후쿠치야마 선의 골짜기를 흐르는 타니카와 역에서 카스미 역까지 단체 임시열차이었고, 카스미 역에서 승객을 내려놓고 회송열차로서 출발해 운행하던 중이었다.

'높이 41m의 웃부 철교를 지나가는 열차(위)와 강풍 때문에 선로 위에 대차만을 남기고 전락한 열차(아래)

디젤 기관차가 7량의 객차를 견인하여 이 철교 위를 달리고 있을 때에 비상 브레이크가 걸려서 급정차하여 후방을 보니, 객차 7량 전부가 교량 밑으로 전락하고 있었다. 낙하한 객차는 철교 밑에 있던 통조림 공장과 민가를 부수었다. 공장에서 일하고 있던 사원 5명과 차장이 사망하고, 6명의 부상자가 발생했다. 욧부 철교에 있는 풍속계는 매초 33m를 기록하고 있었다.

이 사고가 난 직후에 나는 현장으로 급히 갔다. 사고가 일어난 욧부 철교를 걸어서 건너보았는데 정말로 눈이 아찔할 정도로 높았다. 공장과 민가에 들러 위로한 뒤, 지역주민의 이야기를 들어보니, 사고가 일어난 날은 바람이 심하게 부는 이 지역에서도 옛날에는 없었던 강한 바람이 불었고, 바닷가에 있는 소나무가 부러지고, 작은 하천에 있는 철교도 흔들렸다고 했다. 실제로 그 교량을 보여주었다.

이 사고가 난 뒤 조사해보니, 후쿠치야마 역의 열차사령실에 있는 강풍 경보장치에서 경보가 나오고 있었는데도 불구하고, 열차를 정지시키지 않은 것이 문제가 되었다.

이 경보장치는 풍속이 매초 25m를 초과하면, 경보가 나간다. 실제로는 이 사고 전에도 욧부 철교의 강풍 경보가 나오는 일이 드물지 않았던 것 같지만, 열차는 그래도 무사하게 통과하고 있었으므로, 언제부터인가 열차를 멈추지 않게 되었다. 단선구간인 이 선에서는 일단 열차를 장시간 멈추면 열차시각표가 정상으로 될 때까지는 오랜 시간이 걸린다. 자주 이야기하는 '양치기 소년'이 되어 있었던 것이다.

욧부 철교의 입구에는 강풍일 때 긴급히 열차를 정지시키기 위한 특수 신호기가 있었다. 그때까지 이 특수 신호기는 사령실에서 수동으로 조작하고 있었지만, 이 사고가 난 뒤에는 강풍 경보가 나오면 자동적으로 이 특수 신호기가 작동하도록 했다.

현재 신간선이나 재래선도 풍속이 매초 30m를 초과하면 열차를 정지시키는 것을 기본으로 하고 있다.

국유철도뿐만 아니라 영단 지하철에서도 바람에 의한 사고가 일어났다.

1978년 2월 28일, 동서선의 카사이와 미나미스나마치 사이에 있는 아라카와, 나카가와 교량 위에서 2량의 전차가 전복하고, 21명이 부상을 입었다. 이때는 일종의 맹렬한 회오리가 이 부근을 통과한 것 같다.

화재는 열차에서 대단히 무서운 문제이다. 이미 소개한 것같이, 목조 객차의 시대에는 화재가 사고의 피해를 크게 했다. 전후에 일본에서도 사쿠라기초우 사고, 호쿠리쿠 터널 사고 등 화재로 의한 대형사고가 일어났다. 화재의 위험은 열차의 화재뿐만 아니다. 역의 화재도 대형사고가 될 위험이 있다. 1920년대 말에 「전열기 설비사고 방지에 관한 건」이라고 하는 지도문서가 나와, 전열기용 배선의 접속이나 스위치의 취급에 대해서 세밀한 지도를 하고 있었다. 철도 장관의 관저에서 전기난방 회로에서 불이 일어났기 때문에, 이러한 지도문서가 나온 것 같다. 시대의 차이를 절감하게 하는 문서이지만, 화재가 당시부터 얼마나 위험한 문제이었는지를 잘 보여주고 있다고 생각한다.

많은 위험한 화재사고를 경험한 결과, 현재 일본의 철도 차량에는 화재 예방을 위해 대단히 엄격한 규제를 하고 있고, 좀처럼 불타기 어려운 재질만 사용하도록 되어 있다. 특히 지하철이나 긴 터널 안을 달리는 열차에 사용하는 차량은 'A-A구조'라고 부르는 아주 엄격한 불연구조의 규정에 합격한 것이 아니면 안 된다.

이러한 규제가 생긴 계기는 1956년에 남해 전기 철도에서 일어난 화재사고였다. 터널 내에서 전차의 전기장치로부터 불이 발생하고, 3

량의 차량이 불탔다. 승객은 탈출할 수 있었지만, 그때의 혼란으로 인하여 1명이 사망하고, 42명이 부상을 입었다.

이 사고가 난 뒤, 차량의 각부에 사용하는 재료의 내화성에 대한 기준을 정했다. 그후 1968년에 영단 지하철 히비야 선에서 일어난 화재사고, 호쿠리쿠 터널 사고 등을 거쳐, 방화대책의 규칙은 서서히 엄격해졌다. 화재에 대해서도 사고의 경험과 교훈이 안전성의 향상에 기초가 되었다.

화재와 관련해서는 나에게도 쓰라린 경험이 있다. 1972년 7월, 국철의 나고야 철도 관리국 운전부장이었을 때의 이야기이다. 내가 부임하기 직전에 산요우 본선의 효고현과 오카야마현의 경계 부근에서, 급행열차의 우편차량 1량에 불이 난 사고가 일어났다. 다행히 인명 피해는 없었지만, 우편물의 대부분이 불타고 우편물 속에는 현금이나 유가증권도 있었으므로, 피해는 1억 엔을 넘어서는 것이었다. 부임 후 머지않아 사고와 관련해 공안담당의 과장들이 내게 "미안하지만 오카야마 현 경찰서에 가주시지 않겠습니까? 현 경찰서가 이 사건을 조사하고 있지만, 원인은 담뱃불에 의한 것이므로, 부장님이 현 경찰서에 가서 한마디 사죄를 해주시면 마무리 될 것으로 생각합니다"라고 부탁했다. 다음 날, 신간선을 타고 오카야마로 가서, 현 경찰본부를 방문했다.

키야마라는 담당 경찰관은 "담뱃불 때문에 화재가 일어나고…"라고 이야기를 시작하는 나를 가로막고, "부장님, 불탄 차량을 보았습니까?" 하고 물었다. "아뇨, 아직 못 보았습니다." "그렇다면 즉시 보러 갑시다."

즉시 현 경찰서의 차를 타고, 경찰관과 함께 화재가 일어난 차량을 보러 갔다. 증거물로서 보전된 우편차는 심하게 불탄 채 반 정도 그을려 있었다. 경찰관은 나에게 가장 심하게 불탄 부분을 잘 보라고 하였다. 그리고 "원인은 난방관 과열이오"라고 한다. "저런 바보 같은. 나는 담뱃불이 원인이라고 전해 듣고 있었어요. 아무리 생각해도 증기의 열 정도로 불이 일어날 리가 없습니다." "부장님, 나는 국유철도의 나고야 공장에도 가서, 검사중인 같은 형식의 우편차를 보고 왔습니다. 이 사진을 보세요."

들여다보니 차량의 바닥 밑에서 나무로 된 바닥의 구멍을 통하여 차내로 들어가는 증기 난방관 주위의 목재가 시커멓게 되어 있었다. 분명히 열로 인해 불타 있는 것을 알았다. 나로서는 반문할 말이 없었다.

"부장님, 마침 좋은 때에 오셨습니다. 이제부터 조사를 시작하겠습니다." 다시 현 경찰서 차를 타고, 화재사고가 일어난 장소를 관할하는 이베 경찰서로 향했다.

그곳에서 오후 2시부터 10시경까지 담당의 경찰관으로부터 심문을 받았다. 완전히 사건의 피의자였다. 최후의 공술서에 도장을 찍을 때가 되어 기록되어 있는 조서를 보니까, 내가 말한 것과 상당히 뉘앙스가 달랐다.

"경찰관님, 이런 말은 하지 않았습니다." "하지만, 부장님은 이렇게 말하지 않았습니까?" "아니요, 가령이라고 했을 뿐입니다. 그 말이 빠지면 의미가 전혀 틀려집니다." 이러한 실랑이 끝에, 마침내 도장을 찍었다.

그후 이 경찰관은 과학경찰연구소의 「저온 축열에 의한 발화 현상」에 관한 논문을 나에게 주었다.

모두가 알고 있는 바대로, 대기압 하에서는 물이 비등해 증기가 되는 것은 100℃이다. 이 온도에서 목재가 발화되는 것은 우선 생각하기 어렵다. 그런데 증기 기관차에서 10량 이상 긴 편성의 객차에 난방용 증기를 보내기 위해서는 증기압을 높게 할 필요가 있다. 그런 경우에는 증기의 온도는 160℃ 정도가 될 가능성이 있다. 그래도 목재에 불이 붙는 온도라고는 도저히 생각되지 않았다. 그런데 이 논문에 의하면 '저온 축열현상'에서 160℃ 정도의 온도라도 장기간 계속되면 목재 속에 열이 모여 발화될 수가 있다고 한다. 이러한 사실은 나도 모르고 있었다.

이때부터 나 자신도 발화의 원인은 이 증기의 열이 아닌가 생각하기 시작했다. 국유철도가 화재의 원인은 담뱃불이라고 한 것은 옳지 않았던 것이다.

그후에도 수사와 심문이 몇 번이나 계속되었고, 나뿐만 아니라 현장의 검사담당자 중 몇 사람이 소환을 받았다. 그런데 그에 대해 노동조합이 반발했다. 검사담당자에게는 책임이 없다는 이유로 오카야마 현 경찰서에는 가지 못하게 하였다. 어떻게든 현장소장을 통해서 설득하려고 했는데, 이번에는 나고야의 신간선 플랫홈에서 노동조합측이 검사담당자가 신간선 열차에 타는 것을 방해했다.

이러한 트러블도 있었지만 '대학의 공학부를 졸업한 나조차 이러한 현상이 있다는 것을 몰랐다. 그러한 어려운 판단의 책임을 현장 제1선의 사람들에게 묻는 것은 심하다'라고 주장했다.

이 사건은 약 2년 후에 불기소로 결정되었다. 마침 내가 본사로 전근하기 바로 직전이었다. 인사를 위해 오카야마 현 경찰서를 방문하자, 키야마 경찰관은 나에게 "부장님, 국철 총재의 책임을 추궁할 수밖에 없습니다"라고 하면서 미소지어주었다.

철도에서의 '엄한 아버지'란 무엇인가? 그것은 누가 뭐라 해도 여론이며, 고객의 소리이다. 겉으로만 말하고 있는 것이 아니다. 철도 기업에서 대형사고 만큼 무서운 것은 없다. 때로는 치명상이 될 수도 있다. 특히 경영진에게는 가장 걱정스러운 문제이다.

그냥 무사고가 계속되면, 알고 있어도 관심은 다른 문제로 옮겨가

거나, 경영이 어려워지면 안전에 충분한 자금을 투입할 수 없게 되는 것도 사실이다. 안전대책이란 것은 그저 맹세의 말만 되풀이하는 것이 아니다. 냉정히 일어날 수 있는 사고의 내용과 원인을 분석하여, 전체의 시스템 속에서 약점을 찾아내고, 전략적으로 대책을 세워가는 것이다. 되풀이해서 말해온 것같이 사고의 교훈이 안전을 만든다.

일단 큰 사고가 일어나면, 철도기업은 공격의 화살을 피할 수 없다. 이것은 당연하고, 교통기업의 숙명이다. 대단히 감정적인 비판을 받는 일도 많이 있다. 희생을 당한 가족들의 기분을 생각하면, 그래도 불충분한 것인지도 모른다. 그러나 동시에 사고의 원인을 냉정히 분석하고, 이후의 안전을 위해 도움이 되도록 하지 않으면 안 된다. 인간의 실수에 대해서도, 왜 실수가 일어나는 것인지, 어떻게 하면 이러한 실수를 막을 수 있을지를 생각해가지 않으면 안 되는 것이다.

특히 철도직원의 실수에 의한 사고가 일어난다면, 언론으로부터는 반드시 '근무기강이 해이해진 사고'라는 비난을 받는다. 확실히 사고 중에는 '근무기강 해이' '태만'이라는 비난을 받을 만한 사고도 적지 않았다. 그러나 동시에 사람은 성실하게 일을 하고 있어도 무심결에 실수를 할 수 있다. 잠깐 다른 것에 마음을 빼앗긴다든지 혹은 무심결에 깜박할 수도 있다. 사고가 났을 때는 무척 당황하였을 것이다. 이것이 인간의 약함이다. 그 전부를 '근무태만에 의한 사고'라고 정의해버리면, 안전대책은 자칫하면 정신주의로 기울어버릴 우려가 있다.

맹세의 말과 지도훈련의 강화를 되풀이하는 것만으로 참된 안전대책이 완성될 수는 없다고 생각한다. 규정의 강화, 안전교육 등과 동시에 시스템 전체의 재검토가 필요한 것이다.

안전의 전문가인 야나기다 쿠니오 씨는 항공기의 사고에 대해서 쓴 『실속』(비행기가 비행중 부력이 떨어져 속력을 잃음) 이란 저서 가운데 「일본의 정신적 풍토에 문제가 있다」는 제목아래 다음과 같이 기술하고 있다.

사고조사를 행정이나 경영에서도 소극적으로 생각하는 경향이 있지만, 이상과 같은 시점에서 해석을 하면, 소극적이기는커녕 적극적인 안전기술론 그 자체로 이해할 수 있다고 생각한다.

그러면 일본에서 이러한 사고조사의 본연의 모습이 사회적으로 정착하지 않는 원인은 어디에 있을까? 배경에 있다고 생각되는 문제점을 두서너 가지 지적해두고 싶다.

첫 번째는 과실책임론과 기술의 입장에 선 사고조사론이 혼동되어 있는 것이다. 이것은 항공계에 한정된 것이 아니다. 사고가 있으면 상사는 '누가 한 것이야!'라고 외치고, 경찰은 다른 일은 제쳐놓고 실수를 범한 자를 업무상 과실치사 용의자로 금방 연행한다. 감독 관청은 행정처분을 생각하기에 바쁜 형편이다. 여론의 쪽도 실수한 당사자를 '죽일×이다'라고 몰아붙이며, 장관이나 사장이 그만두지 않으면 만족하지 못하는 묘한 분위기가 된다.

과실책임을 추궁하고, 최고경영진의 '정치책임'을 묻는 일이 우선되어 순수하게 안전기술의 입장에 선 조사에는 그다지 흥미를 보이지 않는다. 이것은 순서가 뒤바뀐 것 아닌가? 기술적인 조사에 의해 안전의 결정적인 사항이 모두 밝혀지고 나서, 사고원인을 평가하고, 참된 책임문제를 생각해야 되지 않을까? 일본사회에서는 '모든 사항의 연쇄관계'나 '4M'의 분류 등은 기껏해야 '배경에 있던 문제'와 같은 이해의 방법밖에 통용되지 않는다. NTSB(미국 국가운수안전위원회)의 사고조사방법에 비하면, 일본에서의 사고조사 방법과 철학은 논리가 역으로 되어 있는 것이다.

과실책임론이 선행할 때, 사고원인은 '실수를 범한 자의 변변치 못함과 그 처벌'과 같은 차원에서 매듭지어지고, 그래서 유효한 안전대책을 끌어내는 기회를 상실해버리게 된다.

두 번째는 '실수'에 관한 사고방식이 도덕적 또는 계율적인 것에 머물며 비과학적이라는 것이다.

이는 첫 번째 지적한 과실책임론 우선의 경향과 표리일체의 관계에 있다. 인간의 '실수' 문제는 최근 인간공학 분야의 연구에 의해, 상당히 과학적으로 해명되었지만, 사고조사의 실제에서는 아직 과학적으로 고려되고 있다고 볼 수 없다.

취업의 규율로서 '실수'를 막으려는 노력이 필요한 것은 말할 필요도 없지만, 발생한 '실수'를 어떻게 생각할 것인가라는 것은 또 다른 차원의 문제이다. 그런데 이 구별이 좀처럼 인식되지 않고 있는 것이다. 낡은 계율적인 실수론에서 탈피하지 않는 한, 사고를 논리적인 눈으로 보는 것을 기대하기는 어렵다.

세 번째는 일본인이 시스템적인 발상에 아직 친숙하지 않다는 것이다. 시스템적인 사고법은 전후 미국에서 도입된 것이며, 일본인에게서는 물 건너온 차용물이다. 시스템적 사고란 단순히 기계화한다든가 컴퓨터를 도입한다든가 하는 문제가 아니다. 사물의 전체를 종합적, 합리적으로 보는 발상이다. 그런데 그러한 사고법을 몸에 익히지 않은 채 장치나 업무 쪽은 점점 복잡해지고, 인간과 기계 사이에 부자연스러운 관계가 발생하고 있는 것이 현대 일본의 고도공업화 사회의 현실이다. 올바른 시스템적 사고가 없으면, 시스템을 과신하는 왜곡된 사고가 발생한다. 시스템 과신의 상황에서 사고가 일어나면, 당사자는 '그럴 리가 없다'고 우기며, 그저 아연실색할 뿐이다. 시스템적 사상이 없는 곳에서는 합리적 사고조사가 성립될 수 없다.

네 번째는 사실의 확인에 불가결한, 사고관계자의 정확한 증언조사가 곤란하다는 것이다. 일본인은 좋은 의미에서든 나쁜 의미에서든 사회적인 발언을 할 때, 주위를 생각하고 자기 일도 생각한다. 특히 사고에 대한 증언에서 그러한 경향이 강해지고, 그저 용서를 빌 뿐 사실 관계에 대해서는 횡설수설하거나 애매하게 말한다.

미국의 공청회 기록을 보고 감탄하는 것은 당사자가 담담하게 자신의 행위 또는 자신에게 관계가 있는 사실에 대해 말하고 있는 것이다. 그것은 '자신의 행위는 여차저차해서 이러이러하며, 회사의 기록은 이대로이고 사실은 이렇다. 그러나 그것이 실수였는지, 책임을 져야 할 것인지는 다른 차원의 논의이다'고 하는 태도이다.

이것은 '선서'가 있는 국가와 없는 국가의 다름이고, 더불어 '사실'과 '평가'를 구별할 수 있는 정신구조를 가지고 있는지 없는지 하는 문제와도 관련되는 것이라고 생각한다. 일본인은 즉시 '미안합니다'라고 하지만 사실이 어떻게 되었는지를 물으면 애매하다라는 얘기를 종종 구미인으로부터 듣게 되지만, 정말 그대로라고 생각한다.

과실책임론이 우선되는 것과 이러한 정신구조는 서로 관계가 있을 것이다.

합리적인 사고이론이 사회에 정당한 지위를 얻을 때까지는 많은 난관이 있겠지만, 그것의 극복에 노력하지 않는 한, 안전기술의 확립은 기대할 수 없다.

조금 길어졌지만, 안전문제의 본질을 파악한 의견이므로 길게 인용해 보았다. 또 무라카미 요이치로 지도기관사는 『안전학』 중에서 다음과 같이 이야기하고 있다.

어느 현장의 책임을 져야 할 측에서 안전의 문제를 다양한 각도에서 검토하고, 만일 사고가 일어났을 때에도 모든 가능성을 상정하여, 충분히 또 면밀하게 그 대책을 검토하고 있다고 하는 것을 밝히는 것보다는, 마치 그 현장이 '절대로 안전'한 것처럼 보도를 하는 언론의 자세야말로, 정면에서 안전에 관해 서로 토론하는 논의의 장이 만들어지기 어려운 전형적인 원인의 하나라고 할 수 있을 것이다.

이처럼 책임을 지는 입장의 사람은 사고가 일어났을 때 예상조차 할 수 없는 상황에서 일어났다라는 말만 되풀이하고, 추궁하는 쪽도 '안전하다, 안전하다고 해왔지 않느냐' '대책이 미비했다'라는 비난을 덮어 씌워버리고 만다.

거기에는 사고나 피해를, 장래를 위한 교훈으로 삼으려고 하는 상호의 건설적인 자세의 구축분위기를 어렵게 만들고 있는 것이다.

그리고 인간의 생명을 다루는 의료현장에서 혹은 인간의 생명과 그 안전을 궁극의 목적으로 하고 있는 한, 본래 안전에 관해서는 충분한 주의를 하고 있다는 생각이, 당사자나 세상 사람들에게 무근거로 확산되고 있는 일이 사태를 한층 복잡하게 만들었다고 나는 생각한다.

철도의 '엄한 아버지'들도 부디 참고해주기를 바란다.

3) 조직적인 사고 숨기기

국유철도는 1982년경부터 붕괴된 직장의 기강확립에 본격적으로 착수했다. 질서확립에 장애가 되는 큰 문제점의 하나로는 사고를 숨기는 것이 있었다. 이미 내가 국유철도에 입사했을 때부터 사고를 숨기는 일은 있었지만, 그 역사는 상당히 오래 되었다고 여겨지고, 엄밀하게 말하면 아마 철도 발족 직후부터 있었던 것이 아닌가 싶다.

그뿐만이 아니라 일본 사회의 많은 조직 중에는 크든 적든 이와 같은 문제가 존재하고 있는 것임에 틀림없다. 개인이든 기업이든, 자기의 실패를 적극적으로 인정하려고는 생각하지 않을 것이고, 그것을 굳이 폭로하면 조직내의 이단자로서 배제되어, 부하나 동료로부터 미움을 받을 가능성도 크다. 사고를 숨긴 일이 발각되면 변명을 늘어놓는다. '개인의 점수를 벌기 위해서'라든가 '입신출세를 위해서'라고 설명되는 일이 있지만, 내 실감으로는 그렇지 않다. 오히려 문제의 본질은 그것이 이익공동체 속의 암묵의 규정이며, 인간관계에서 일종의 융화제로서 이용되고 있다는 점에 있다. '너는 평소 잘

하고 있기 때문에, 이번에는 봐준다. 이제부터 확실히 해줘'라는 식이다. 내가 국유철도에 들어갔을 때에도 아직 그러한 분위기가 남아 있었다. 인간사회에 존재하는 이런 부분은 어쩔 수 없는 것인지도 모른다. 그러나 이러한 종류의 관습은 대단히 위험한 측면을 가지고 있다. 처음에는 인간관계의 따뜻함이었던 것이, 어느새 당연한 것으로 되고, 나중에는 더욱 더 심각하게 되는 것이다. 특히 국유철도의 노사관계가 나빠지고 나서부터는 사고를 숨기는 것이 당연한 권리로 되어 있는 느낌마저 있었다.

1982년 11월, 국유철도 운전국장이 되자마자 많은 분들로부터 주의를 받은 것은 운전부문에 잔존해 있는 이러한 체질의 시정이었다. 정말 그대로이다. 사고를 숨기지 못하게 하는 것은 직장규율의 시정을 위한 가장 중요한 테마라고 할 수도 있었다. 근무시간중의 입욕, 몰래 받는 수당이나 허위출장 등의 문제보다도 더 중요한 것임에 틀림없었다.

그러나 처음 나에게는 큰 망설임이 있었다. 이미 이는 오랜 세월 동안 직장의 말단에까지 정착되어 있는 것인데, 과연 이것을 정말로 시정할 수 있을까? 이미 말한 것같이 직장의 인간관계를 부드럽게 하는 측면이 있는 것도 부정할 수 없다. 그리고 가장 고민하게 만든 것은 특정한 직종의 사람들에게 너무 엄격한 상황을 만드는 것이 아닐까라는 것이었다.

국유철도에는 「운전사고보고규준규정」이라는 규정이 있고, 일어난 사고나 장해는 이 규정에 따라 보고하게 되어 있었다. 이 사고보고규정의 내용은 상당히 엄격하다. '철도 운전사고, 운전장해 또는 사상사고가 발생했을 때, 관계 현장소장은 관리국장 등에 그 상황을 전화 또는 전보로 보고해야만 한다'라고 되어 있다.

특히 직원의 실수에 의한 사고와 고장은 '책임사고'로 구별하여,

정확히 보고하도록 되어 있다. 이 규정은 아주 엄격한 규정이다. 작은 고장이나 실수도 놓쳐서는 안 된다. 운전사고가 아닌 고장, 즉 운전장해 중 입환중의 차량 탈선이라든가, 선로나 전기설비의 고장, 혹은 멈추어야 할 역을 무심코 통과해버리는 정차역 통과 등 이러한 것들 중에는 '운전지장'이라는 항목이 있어 '사람 또는 물건에 의해 열차의 운전에 지장이 발생한 것'이란 정의를 내려두고 있다. 승무원이 역의 정차 위치를 지나쳐서 후진했을 경우나 역 신호원이 무심결에 깜박해서 신호 조작을 늦추면 운전지장이 된다. 몇 분 이상 열차를 지연시킨 경우라는 규정은 없으므로, 열차를 1분 늦춘 것만으로도 특별한 이유가 없으면 책임사고가 된다. 이것을 있는 그대로 실행하면, 운전관계의 직원, 특히 기관사, 차장, 신호원이나 사령실의 열차 사령원, 역에서 열차의 출발신호를 하는 수송주임 등에게 적용되는 아주 엄격한 규정이다.

그러면 규정을 바꾸고, 예를 들어 열차를 10분 이상 늦췄을 경우에 한정하는 것도 생각했지만, 그렇다면 10분 이상 지연시킨 경우에도 10분 이내로 처리해버릴 가능성이 있었다. 사실 그러한 경향이 전혀 없는 것은 아니었다.

그래서 다시 생각해보면 작은 사고라도 보고하게 하는 편이 좋다고 판단된다. 사무는 번잡해지지만, 일어나고 있는 일을 정확하게 알 수 있기 때문이다.

주의해야 될 일은 책임사고에 대해 내용도 검토하지 않고 일률적으로 처분을 하지 않는 것이다. 문제가 일어난 원인이 태만이거나, 문제나 피해의 정도가 심각한 때에만 책임을 물으면 된다.

그래서 결단을 내리고, 12월의 전국 안전담당 과장회의 때에 '이제부터는 작은 장해를 포함해 사고는 모두 정확히 보고하도록' 명령했다. 그러나 회의장소는 어쩐지 시무룩해 있었다.

1개월이 지나도 2개월이 되어도 전혀 변화의 징후는 없었다. 보고되어 오는 사고의 건수나 내용의 수준도 변함이 없었다. 그래서 이번에는 부장회의에서 같은 내용을 다소 강하게 호소했다. 그래도 변화가 일어나지 않았다. 여기에서도 완전히 무시되자 화가 치밀었다. 본사 국장의 명령이 무시된다고 하는 것은 조직이 기능을 하지 않고 있는 것이나 마찬가지다.

다음 해 5월, 돗토리현의 차량기지 내에서 차량이 탈선했는데도 발표하지 않았던 일이 문제가 되어 지방으로 내려갔다. 솔직하게 말해서 대단한 사고는 아니었다. 종래라면 '제로'로 취급하던 일이다. '제로'란 사고를 없었던 것으로 하는 내부의 은어이다. 곧 그 지역의 담당부장을 불렀다.

"그만큼 사고를 숨기지 말라고 했는데도 어찌된 일이야. 앞으로 같은 일이 일어나면 엄벌한다"라고 꾸짖었다. 이 지구의 국장에게도 같은 내용을 알렸다. 다음 날부터 이 지방국의 사고보고가 급증하기 시작했다. 매일 7~8건의 책임사고가 보고되었다. 본사에 있는 나의 부하도 놀랐고, 매일 많은 사고의 보고가 올라오기 때문에 철야를 해야 되는 사태가 일어났다. 그때 북해도의 어느 차량기지에서 터무니없는 사고가 일어났다. 근무시간중 차량검사 담당자가 동료 몇 명과 자동차로 술을 마시러 갔다가 돌아오는 길에 전주에 충돌해 사망한 것이다.

이번에도 곧 바로 현지로 달려가 문제를 일으킨 검사 담당자의 작업 계획표를 보았다. 표면적으로는 정확히 일을 하는 것처럼 되어 있었지만, 상세히 캐물어 들어가자 실제로는 철야근무인데, 4~5시간밖에 일을 하지 않았다는 것을 알았다. 노사교섭에서 양보에 양보를 거듭한 결과, 이런 편한 근무가 되었을 가능성이 높았다.

사과하는 현장소장에 대한 질책과 장래 직장규율 시정에 관한 이야기가 끝났을 때, 이 현장소장은 돌연 "국장님, 이것은 도대체 어떻게 된 것입니까"라면서, 산인지방(야마구치현의 동해쪽)에서 사고를 숨기는 것이 발각된 후, 매일 보고되어 오는 다수의 작은 고장 일람표를 나에게 내밀었다.

이 보고는 일종의 충격이었고 북해도에까지 전달되어 있었던 것이다. "당연하지. 나는 반 년 전부터 사고를 숨기지 말라고 말했어." "그것은 그렇지만…."

그후 머지않아 북해도에서도 차차 작은 고장 보고가 많이 올라오게 되었다.

다시 전국에 사고의 정확한 보고를 명령했다. 점차로 정확하게 보고하는 관리국이 증가했다. 본사에서는 매일 보고를 받으면서, 사고의 보고가 적은 관리국을 꾸짖는 기묘한 현상이 일어났다. 그래도 최후까지 움직이지 않은 지방이 있었다. 그런데 그 지역에서도 작은 사고를 숨긴 것이 신문의 뉴스거리가 되고, 간부는 엄벌 조치되었다. 이것으로 거의 끝났다.

보고되는 고장의 대부분은 사고라고는 말할 수 없는 사소한 열차의 지연이었지만, 그 수는 급증했다. <그림 3>과 같이, 이 운동을 시작할 때까지는 1년간 책임사고의 건수가 200건 이하이었던 것이, 그후에는 어찌된 일인지 7,000건을 초과한 것이다. 물론 그 대부분은 열차가 몇 분 늦은 정도의 문제이고 위험했던 일은 적었다. 나는 10배는 증가할 것이라고 생각하고는 있었지만, 이 정도일 것이라고는 생각하지 않았다. 기뻐해야 될 일인지, 곤혹스러워 해야 될 일인지, 복잡한 심경이었다. 그러나 사고를 숨기는 일은 이제 거의 없어졌다.

엄밀하게 말해서 전부 없어졌다고는 할 수 없지만, 거의 정확하게 보고되었다고 생각한다. 그러한 것이 당연한 풍토가 된 것이다. 단

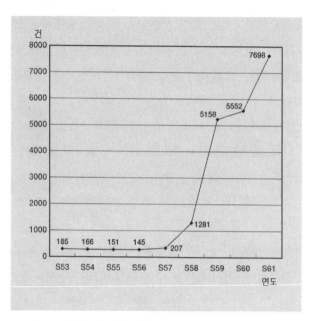

<그림 3> 국철에 대한 책임사고 건수 추이

그후 두 가지의 난처한 현상이 일어났다.

하나는 관료주의이다. '작은 사고라도 사고는 사고다. 책임을 질 필요가 있다'고 생각하고, 처분을 하거나 승급을 평가할 때 이를 반영하는 움직임이 생겼다. 물론 큰 사고나 고장을 일으킨 자나, 작은 고장이라도 명확한 태만이라든가 지시에 반항하는 등 내용이 악질적인 것은 책임을 추궁할 필요가 있다. 그러나 늘 말해왔듯이, 사람은 빈틈없이 한다고 해도 무심결에 깜박할 수 가 있다. 잡생각에 정신을 다른 데 빼앗기는 일도 있는가 하면, 조그마한 판단의 잘못도 있을 수 있다. 이러한 것을 일률적으로 처분해서는 안 되었다. 이러한 것도 모두 실수로서 처분한다면, 관리부문이나 사무부문의 작은 실수까지도 처분하지 않으면 안 된다. 이 점은 사고를 바로 파악하는 시스템을 유지하는 데 대단히 중요한 측면이다.

256 철도사고, 왜 일어나는가

이에 대해 당연히 노동조합으로부터 반발이 나왔다. '책임추궁에서 원인추궁으로'라는 지적이다. 이 지적은 정말로 옳은 말이다.

이미 야나기다 쿠니오 씨도 말했던 것과 같이, 일본 사회는 사고에 대해 이것저것 책임만을 추궁하는 것으로 기울기 쉬운 풍토가 만연해 있다. 그리고 현실에는 일부 지역에서 원인의 구명에조차 반항하는 움직임이 있었다. 원인의 구명을 '책임추궁이다'라고 하면서 반발하는 것이다. 책임추궁과 원인추궁은 그 과정에서 종이 한 장의 차이만이 있다. 사고나 고장을 일으킨 사람은 모든 사실을 이야기하려고 하지 않는다. 사람으로서는 그럴 수 있을 것이다. 그 경우에 좀 엄격하게 원인을 조사, 추궁할 필요가 있다. '책임추궁보다 원인추궁으로'란 말이 '원인추궁의 거부'가 되어서는 안 된다는 것이다.

4) 사고의 감소

사고 은폐의 방지 캠페인 결과, 통계상 사고라고 해야 할지는 몰라도 고장 건수는 급증했다. 데이터로만 보면 국유철도의 사고와 고장이 급증한 것이다. 통계 데이터가 혼란해졌다. 그러면 국유철도의 사고는 늘어난 것일까? 1970년대에 들어서면서 국유철도는 재정의 악화와 노사문제의 대립, 직장의 혼란 등으로 고민하는 시기가 계속되었다. 그렇지만 사고는 점점 감소하고 있었다.

<그림 4>는 내가 국철에 입사했을 때부터 국철이 민영화될 때까지의 열차사고 건수의 추이다. 열차사고라는 것은 이미 말한 바와 같이, 본선을 달리는 열차가 충돌이나 탈선을 해서 화재를 일으킨 사고로, 가장 중요한 사고이다. 국유철도에는 사고를 무마시키는 습관이 있었다. 열차사고를 무마시킨 일이 전혀 없었다고 말하기에는 곤란한 점이 많다. 그러나 <그림 4>에서 보이는 바와 같이 거의 정

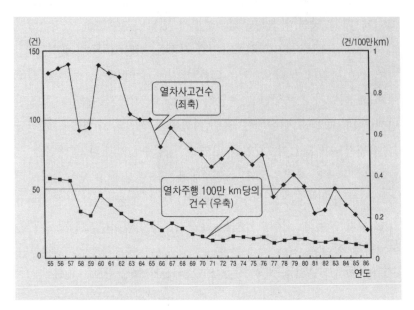

<그림 4> 열차사고의 추이(국유철도: 1955~1986년)

확하게 철도의 안전성을 나타내고 있다고 해도 될 것이다.

이를 보면, 1960년경부터 열차의 사고건수는 점차 감소하고 있다. 내가 국유철도에 입사한 1956년에 1년 동안 139건의 열차사고가 일어났던 것이 국유철도 마지막 해인 1986년에는 20건까지 감소했다.

<그림 4>를 다시 한 번 보자. 우선 1961년에 열차사고가 급증했고, 그후 급격히 감소하기 시작하고 있다. 국유철도가 본격적으로 건널목 사고 방지대책에 착수한 것은 이 해부터였다. <그림 5>를 보면 더욱 잘 알 수 있다.

건널목 사고는 1961년을 피크로 급격히 감소하고 있다. 같은 무렵부터 일본의 자동차 대수는 급증하고 있다. 건널목 사고 중 열차가 탈선하거나, 화재를 일으킨 것이 열차사고가 되며, 단 열차가 자동차와 충돌한 경우에만 건널목 사고가 된다.

그후 1967년경부터 열차사고가 점점 감소하고 있는 것은 ATS의

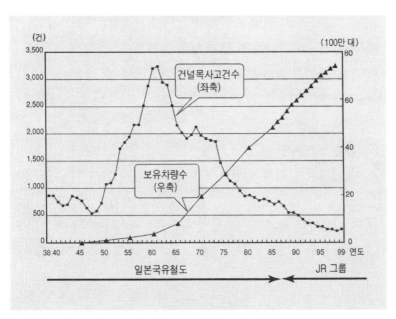

<그림 5> 건널목 사고 건수와 자동차 등 보유 차량수의 추이

정비를 비롯해, 신호장치의 개량, 차량의 화재방지대책 등의 효과라고 생각한다. 1970년대의 전반에 열차사고가 다소 늘어나고 있는 것은 직장의 기강이 혼란해진 영향일 것이다. 그러나 그 늘어난 상황은 크게 걱정할 일이 아니다.

　실제로 일어난 각각의 사고는 우발적으로 보이지만, 통계 데이터로 보면 사고가 점점 감소하고 있음을 알 수 있다. 전문적으로 말하면, 사고방지대책과 일어나는 사고 건수와의 관계는 통계적으로 볼 때 유관하기 때문이다. 사고는 정확한 대책을 세우면 감소하게 된다.

5) 열차시각표의 정확과 안전

　일본 철도는 전쟁 전부터 세계의 철도 중에서 열차의 운행이 정확한 것으로 유명하였다. 현재 일본의 철도를 방문하는 세계 철도기업의 간부들 모두가 경탄하는 것은 많은 고객과 열차시각표의 정확함이다. 특히 동경역에 계속 도착하는 신간선 열차가 짧은 시간 내에 정확하게 열차시각표대로 출발해가는 것을 보고, 너무나 놀라워서 어찌할 줄을 모른다.

JR 각 회사는 매일, 전날에 대한 열차 평균 지연 시분을 조사하고 있다. 이 데이터의 집계 방법이 일본과 유럽에서 각각 다르다. 유럽에서는 종착역에 도착했을 때 지연 시분을 집계하는 데 비해, 일본의 JR은 지사와의 경계역, JR 동일본에서는 미즈카미라든가 시라카와, 토리데 등의 역을 통과하는 열차의 지연 시분의 평균을 집계하고 있다.

2000년 6월 현재의 JR 동일본의 2000년도 평균 지연 시분은 신간선이 6초, 재래선이 약 50초이다. 이에 비해 독일 철도에서는 5분 이내의 지연으로 종착역에 도착하는 열차가 80%에 달한다.

프랑스에서도 열차의 지연은 드물지 않은 것 같다. 『무엇을 선택해야 할까』라고 하는 잡지는 1997년에 프랑스 국유철도의 파리 근교 열차 중 42%가 지연되고 있다는 기사를 실었다. 프랑스 국유철도는 이 기사에 반발하여, 79.5%의 열차가 열차시각표대로 정확하게 달리고 있다고 반론하고 있었는데, 프랑스 국유철도의 통계에서는 5분 이내의 지연은 정시운전으로 간주되고 있다.

이에 대해 '중앙선의 전차는 자주 지연하지 않는가'라고 꾸짖는 소리가 있다. 확실히 최근 2~3년 동안 중앙선의 전차가 지연되는 일이 많았다.

그래서 중앙선 전차의 지연 시분을 조사해보니, 1999년 1년간의 평균 전차의 지연 시분은 1~2분으로, 그다지 심하지 않은 것을 알 수 있었다. 그러나 4월에는 평균 2분, 8월에는 2~6분으로 지연이

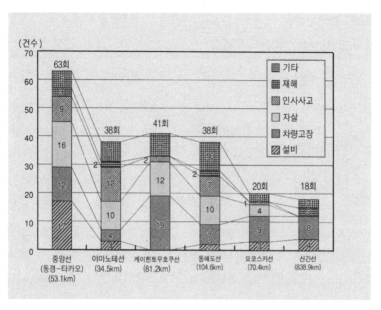

<그림 6> 운전장해의 선구별 발생 상황(운휴 또는 지연 30분 이상)

커지고 있었고, 5월과 6월에도 그다지 좋지 않았다. 역시 고객에게 큰 피해를 끼쳤다고 생각한다. 야마노테 선이나 케이힌 토우호쿠 선과 비교해 보아도, 분명히 중앙선의 지연 폭이 크다. 열차가 늦는 원인을 조사해 보니, 사상사고와 설비의 고장이 많았다. 설비의 고장을 줄이는 것과, 사상사고나 설비 등의 고장이 일어나도, 어떻게 빨리 열차를 정상적인 열차시각표로 되돌려 운행시킬 수 있을 것인가가 앞으로의 과제라고 생각한다.

열차시각표의 정확함과 안전 사이에는 큰 연관이 있다. 지금까지 소개한 철도의 대형사고를 보아도, 열차가 열차시각표대로만 운행되었으면, 사고는 일어나지 않았을 경우가 많았다. 산구우선 사고도 미카와시마 사고도, 열차가 시각표대로 운행되었으면 일어나지 않았을 사고였다.

열차시각표가 혼란하면, 정지신호로 멈추는 횟수가 많아질 뿐만 아니라, 운행계획의 변경이나 보수작업의 변경이 필요하게 된다. 그 과정에서 사고가 일어나기 쉽다. 열차를 열차시각표대로 정확히 운행하는 것은 철도 안전의 기본이며, 기술과 사원의 윤리의 척도이기도 하다.

6) 자동차·항공기와는 시스템이 다른 철도

철도와 자동차, 항공기는 같은 교통기관이면서 그 시스템의 구성이 전혀 다르다. 철도는 일차원의 자유도밖에 없는 시스템인 데 비해 자동차는 이차원, 항공기는 삼차원의 자유도를 가지고 있다. 다시 말하면, 선로 위를 달리는 열차는 그저 한결같이 레일 위를 달릴 수밖에 없다. 좌우로 핸들을 꺾을 수 없을 뿐 아니라, 또한 상공으로 날아오를 수도 없다. 이것만이 아니다. 역에 들어갈 때나 역에서 출발할 때에도, 기관사는 자신이 운전하고 있는 열차의 진로를 선택할 수도 없다. 단 역 신호원이나, 열차 집중제어 센터에서 열차의 진로를 개통시켜, 그것이 옳은 진로인지 아닌지를 신호기의 지시로 확인할 뿐이다.

자동차는 철도에 비하면 훨씬 큰 자유도를 가지고 있다. 운전자는 자신의 진로를 자유롭게 선택할 수 있고, 앞을 달리고 있는 차를 적당한 때에 앞지를 수도 있다. 지치면 레스토랑에서 쉴 수도 있다.

철도의 기관사에게는 이런 자유가 없다. 그저 결정된 운행시각표대로, 1분의 지연도 없도록 열차를 운전하지 않으면 안 된다. 전차의 기관사가 지쳤다고 해서 마음대로 쉬어버리면, 그 열차뿐만 아니라 전체 시스템이 혼란에 빠진다. 자동차에는 안전 시스템이 거의 없다. 교차점에 있는 신호기와 건널목 경보기 정도일까? 자기 차의 안전은 자신이 확인한다. 앞을 달리고 있는 차와의 간격도 운전자가 판단하

신간선의 운전대

고 핸들을 돌려서 충돌을 피할 수도 있다. 철도는 자동차와는 전혀
다르다.

이미 언급해온 것같이 철도는 폐색 시스템, 신호기, 연동장치, 입
환 신호 등 게다가 ATS, ATC까지 안전을 위한 정보 시스템의 집합
체라고 해도 될 것이다.

왜 그런가? 그것은 철도가 일차원의 자유도밖에 없는 것과, 앞을
달리는 열차나 건널목에 정차하고 있는 자동차 등의 위험물을 눈으
로 확인하는 것을 전제로 하고서는 안전하게 달릴 수 없기 때문이
다. 열차는 철의 레일 위를 차륜으로 달리고 있으므로, 고무 타이어
를 사용하고 있는 자동차에 비하면 훨씬 미끄러지기 쉽다. 따라서
강제로 제동을 걸기도 어렵다. 노면 전차와 같이 저속도로 달리고
있는 경우에는 가능하지만, 보통의 철도에서는 전방에 장해물을 발
견하고 나서 제동을 걸었을 때에는 이미 늦어버리는 경우가 많다.
야간에 곡선구간을 달릴 때에는 대부분 아무 것도 보이지 않는다.

특히 빠른 속도로 달리는 고속열차는 비상 브레이크를 걸어도

3km 정도를 더 달린 후에야 멈출 수 있게 된다.

자동차와 철도의 근본적인 차이는 철도는 전방을 확인하면서 달리는 것을 전제로 하지 않는다는 점에 있다. 물론 기관사는 보이는 범위에서의 위험에 대해 충분히 주의하지 않으면 안 되지만, 그것만으로는 안전의 기본이 성립되지 않는다. 철도는 기본적으로 유시계 운전 시스템이 아니다. 철도에 복잡한 안전 시스템이 발달한 이유는 이러한 데 있다.

또 하나 철도와 자동차의 큰 차이는 철도사고의 책임은 모두 철도 기업의 책임이며, 만일 사고가 일어나면 엄한 비판의 표적이 된다는 점이다. 한편, 자동차 운전자의 대부분은 개인이기 때문에 대부분 사회문제로까지는 되지 않는다. 이 점도 철도와 자동차의 안전 시스템에 큰 차이를 만들게 된 원인이었다고 생각한다.

그렇지만 매년 일본에서만, 교통사고로 1만 명 가까운 사람이 사망한다는 것은 심각한 문제라고 하지 않을 수 없을 것이다. 세계에서는 아마 매년 10만 명이 넘는 사람이 자동차 사고로 사망하고 있는 것 같다.

그러한 자동차에도 최근 IT 기술의 진보에 의해 새로운 안전 시스템이 만들어질 가능성이 있다. ITS(Intelligent Transportation System)가 그것이다. 오락이나 뉴스, 여행정보 등 정보화 시대에 어울리는 다양한 정보를 전달하는 것을 목표로 하고 있지만, 운전자의 안전을 위한 정보도 포함되어 있다. 철도의 ATS, 또는 차내 경보장치에 상당하는 시스템으로 발전할 가능성도 있다.

완전한 자동 운전의 실현을 외치는 사람도 있지만, 이것은 대단히 어려울 것이다. 이른바 일종의 자동차의 철도화를 의미하는 것이지만, 앞을 달리는 차가 돌연 펑크가 나거나, 갑자기 회전해버리면 어떻게 할 것인가? 아주 얇은 바퀴 차가 도입되지는 않을까? 갑자기 눈이 내리기 시작하면 어떻게 할까? 엄격하게 제한속도를 지키는 자동 운전을 좋아할 사람이 어느 정도 있을까? 고장차가 발생하면 어떻게 할까? 이런 문제도 기다리고 있다.

그것뿐만이 아니다. 지금까지는 사고가 일어나도, 대부분의 경우에는 운전자 개인의 책임만이 문제가 되었지만, 이런 경우에는 시스템 자체의 안전성 문제가 제기되게 된다. 철도와 같이 시스템을 건설하고, 운영하는 기업의 책임이 문제되기 때문이다.

항공기에는 철도와 유사한 부분과 전혀 다른 면의 양쪽을 가지고 있다. 유시계 비행만으로는 안전을 유지하기 곤란해서, 항공관제 시스템이라고 하는 운행 안전 시스템이 필요하다는 것은 철도와 공통된 점이다.

한편 삼차원의 자유도를 가지고 있으므로, 상당히 자유롭게 하늘을 날 수 있다는 것은 철도와 다르다. 가장 큰 차이는 추락할 위험이 있다는 것이다. 철도는 위험한 때에 열차를 정지시키는 것을 안전의 기본으로 하고 있지만, 항공기는 추락시키지 않는 것이 안전의 기본으로 되어 있다. 이 때문에 안전 시스템의 구상에 기본적인 차이가 발생한다. 이미 말한 바와 같이 철도는 열차를 정지시키는 것을 전제로 한 '페일 세이프' 시스템을 목표로 하고 있는 데 비해 항공기는 이상이 일어나도 필요한 기능을 확보하는 '폴트 톨러런트' 시스템을 목표로 하고 있다.

악천후나 이착륙시의 조작 등에 대해서 항공기는 철도보다 훨씬 엄한 환경에 놓여 있다. 특히 이 점에 대해서는 인간의 판단과 기술에 의지하는 면이 크다고 생각한다.

야나기다 쿠니오 씨의 『실속 사고의 시각』과 어느 한 조종사가 쓴 『기장의 위기관리』를 읽어보면, 조종사의 조그마한 판단 실수나 깊은 사색이 대형사고를 만들어내고, 침착·냉정한 판단이 파국을 면

할 수 있다는 것에 항공기 안전의 어려움과 엄격함을 느낄 수 있다.
그럼에도 불구하고 오늘날 대단히 높은 안전성을 실현하고 있는 것
에 존경하지 않을 수 없다. 항공에서는 틀림없이 '안전의 마지막 결
정적 수단은 인간'일 것이다.

2000년에 방송된 NHK의 특집보도 「세기를 초월한 공포의 위기」
는 항공기 사고의 비참함을 전해주었다. 1996년 7월, 뉴욕을 날아
오른 TWA기는 공중에서 폭발, 승무원을 포함한 230명 전원이 사망
했는데, 사고의 원인은 전기배선의 불꽃이었다.

항공기에는 600만 개의 부품이 있고, 전기배선의 길이는 240km
정도 된다고 한다.

이 프로그램에서는 그 외 조종사의 자동 조종 시스템(FMS)의 오조
작 실수나 항공회사의 안전관리 시스템의 허술함이 대형사고로 연결
되는 것을 생생하게 보여주었다. 과거 30년간 항공사고로 희생된 사
람의 수는 4만 명이나 된다고 한다.

13 끝없는 안전대책

1) 국유철도의 민영화로 인한 사고의 감소

1987년 4월, 115년간 계속된 국유철도의 역사가 끝났다. 24조 5,000억 엔이라는 거액의 채무를 남기고. 세계 처음으로 신간선을 만들었던 일본 국철의 붕괴는 너무 빠르다고 할 정도로 신속하게 진행되었다.

국유철도가 민영기업으로서 새롭게 발족했을 때, 국유철도는 이른바 반면 교사였다고 할 수 있다. 이제 두 번 다시 적자는 만들고 싶지 않다. 저렇게 좋지 않은 노사관계는 두 번 다시 보고 싶지 않다. 더욱 활력 있는 기업으로 만들고 싶다. 그리고 국유철도시대에 하고 싶어도 할 수 없었던 것을 해보고 싶다. 사원들은 이러한 강한 의식을 가지고 있었다.

안전문제도 예외가 아니다. 우선 첫째로 실현해야 되는 것은 형식적이지 않은 안전에 대한 기업문화의 조성과 안전에 대한 노사협력의 토대 조성이었다.

1990년, 동경에서 국제철도안전회의를 열었다. 국제회의라고 하는 이벤트를 통해서, 우선 안전을 소중히 하는 메시지를 사내외 전체에 전해주고 싶었기 때문이다.

대단히 형식화되어 있던 운전사고방지대책위원회는 폐지되었다. 이 대책회의는 안전문제와 그다지 관계가 없는 간부가 다수의 회원으로 되어 있으므로, 진지한 논의가 되는 일이 거의 없었다. 거의 언제나 일방적으로 일어난 사고와 형식적인 대책의 설명으로 끝났다.

어느 해 연말에 기술 관계의 중견간부가 모여서 장난으로 '이로하 노래'를 만들어 보았는데, 최초로 나온 것이 '언제나 변명, 본사의 사고대책위원회'였다.

그 대체 조직으로 직접 안전문제에 관계가 있는 회원만으로 축소한 안전추진위원회를 만들었다. 노동조합과는 안전경영협의회를 만들고, 매월 안전문제에 대해서 논의하기로 했다. 조직 구성이나 분위기만으로는 현실적인 안전문제가 결부되지 않는다. 안전 시스템에 대해서도 국철시대부터 하고 싶었지만 실현되지 않은 문제가 몇 가지 남아 있었다. 우선 그것을 실현시키고 싶었다.

철도사고 중에서 가장 무서운 것은 열차 충돌사고이다. 그것을 막기 위해서는 불충분한 기능을 가지고 있는 ATS를 개량할 필요가 있었다. 다른 큰 사철의 ATS는 국철의 ATS보다 성능이 훨씬 좋다. 신간선이나 야마노테 선, 케이힌 토우호쿠 선 등에는 사철에 뒤지지 않는 ATC가 설비되어 있지만, 다른 많은 선구에는 낡은 ATS뿐이었다.

화물열차 등 여러 가지 다른 종류의 열차가 달리는 국철선에는 ATC를 사용하기가 어렵다. 마침 국철이 민영화할 때, 새로운 ATS-P

히가시 나카노 역의 전차 충돌사고 현장(오른쪽)을 히가시 나카노
역에서 보면 곡선구간이 잘 보인다. 1963년 12월 5일

형의 기술이 실현되고 있었다. 그러나 JR 동일본 발족 직후에 해결
해야 할 문제가 많았고, 곧바로 공사에 착수할 수 없었을 뿐만 아니
라, 구체적인 공사의 설계도 되어 있지 않았다.

JR이 발족한 다음 해인 1988년 7월 3일에 우에노 역에 도착하는
특급열차가 정지신호인데도 불구하고 역구내에 진입하여, 출발하기
시작하던 전차와 아슬아슬하게 충돌할 뻔한 아차 사고가 일어났다.

그래서 즉시 동경지구를 중심으로, 새로운 ATS-P형을 설치하기로
정했다.

유감스럽지만 그 직후, 1988년 12월 5일에 히가시 나카노 역에서
전차가 충돌하는 사고가 일어나고, 승객 1명과 기관사가 사망했다.
새로운 ATS-P형을 설치했더라면 막을 수 있었던 사고이고, 7월의
아차 사고는 이 사고의 예조였는지도 모른다.

그 다음으로 중요하다고 생각하고 있던 것은 건널목 사고 방지대
책이다. 운전사고 중에서 사고 건수가 아주 많았던 것이 건널목 사
고이고, 만일 열차가 탈선하면 대형사고가 될 우려도 있었다. 사실

1984년에는 산인선 특급 '야쿠모' 호가 건널목에서 트럭과 충돌한 뒤, 철교 교량 빔에 충돌하고, 1명이 사망하는 사고가 일어났다.

1961년에 본격적인 건널목 사고 방지대책을 하고나서부터 건널목 사고는 점차 감소하고 있었지만, 슬슬 그 대책도 한계에 달하고 있었다. 건널목에 경보기나 차단기를 설치하는 대책은 거의 완료하였고, 이번에는 차단기가 있는 건널목에서의 사고가 두드러졌다. 메뉴를 바꿀 시기가 다가오고 있었던 것이다.

차단기가 이미 내려져 있는 건널목에 자동차 등이 진입하면, 긴급 정지신호를 현시하여 열차를 정지시키는 장해물 검지장치는 국유철도시대에 이미 기술적으로는 완성되어 있었지만, 좀처럼 보급이 되지는 않았다. 개가 들어가거나 눈이 내렸을 때에도 작동하는 일이 있어, 그때마다 직원이 현지에 가서 긴급 정지신호를 정상으로 작동해야 했으므로, 이 설비의 도입에 소극적인 의견이 있었고, 본격적으로 사용하지 않았던 것이다.

이래서는 안 된다. 이 장치를 본격적으로 도입하기로 정했다. JR 동일본은 이미 2,339개소의 건널목에 설비를 했고, 그 결과 다시 건널목 사고는 점차 줄기 시작했다. JR 동일본이 발족했을 때에 비하면, 건널목 사고는 5분의 1로 줄었다. 역시 효과가 있었던 것이다.

그런데 '건널목 사고'는 감소했지만 '건널목 지장'이라고 하는 운전장해는 반대로 현저하게 늘어났다. 건널목 사고와 건널목 지장과의 차이는, 열차가 자동차 등과 충돌했을 경우가 '건널목 사고'이고, 장해물 검지 경보에 의해 열차가 급제동을 걸어서 자동차와 부딪히기 전에 정차한 것이 '건널목 지장'으로 분류된다. 통계상으로는 건널목 지장이라는 운전장해는 증가했지만, 안전성은 높아진 것이다. 통계를 볼 때, 이러한 점에도 주의할 필요가 있다.

그 외 낡은 차량이나 설비의 교체, 전력망의 강화, 새로운 컴퓨터 기술의 도입, 특히 동경에 도시교통선의 운행사령 시스템을 근대화할 필요가 있었다.

믿을 수 없을지도 모르지만 JR 동일본이 발족했을 때, 중앙선, 야마노테 선, 케이힌 토우호쿠 선 등 동경의 주요 선구의 운행 사령 센터의 통신설비로서 전화기와 간단한 열차운행 상황표시판 정도밖에 없었다. 어느 열차가 어디에 있는지를 몰랐던 것이다. 열차의 운행이 혼잡해지면, 사령원이 역에 전화를 걸어서 "지금, 어느 전차가 통과했습니까?" 하고 묻지 않은 이상 열차의 위치조차 파악할 수 없던 상태였다.

열차의 운행 정리는 현실적으로는 주요한 터미널 역에서 하고 있었다. 이것을 어떻게든 개선하지 않으면 안된다고 생각했다. 그래서 1996년부터 'ATOS'라는 최신형의 사령 시스템의 도입을 시작했다.

국철시대에 지연되고 있던 안전 시스템의 정비를 하기 위해서는 거액의 자금이 필요하게 된다. 그래서 안전을 위한 마스터 플랜으로서 「안전중점계획」을 만들고, 1989년부터 5년간 약 4,000억 엔의 투자를 했다. 이 안전투자계획은 좀 넓은 개념이고, ATS 등 순수한 안전설비의 정비뿐만 아니라, 낡은 차량의 교체, 노후화한 설비의 갱신도 포함하고 있다. 그것이 안전에 도움이 되는 것임은 분명한 사실이다. 계속해서, 1994년부터는 제2차 안전 5개년 계획으로서 「안전기본계획」을 만들고, 역시 4,000억 엔의 투자를 했다. 그리고 1999년부터는 21세기를 향한 안전을 위한 마스터 플랜으로 「안전계획21」을 만들고, 실행에 옮기고 있다.

그전의 건널목 사고 방지대책의 예에서도 살펴본 바와 같이, 체계적인 안전대책을 세우고, 설비투자를 포함한 유효한 대책을 세우면 사고는 감소하게 되어 있다. 국유철도가 민영화하고 나서부터 사고는 현저하게 감소했다. 국토 교통성에 보고하는 철도 운전사고는 JR

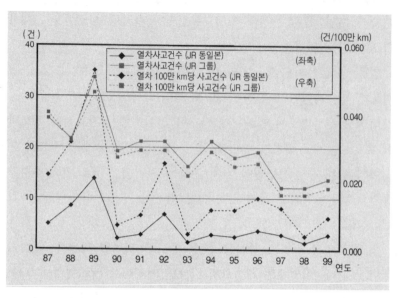

<그림 7> 열차사고의 추이(JR: 1987~1999년)

동일본이 출발한 1987년에 376건이던 것이 1999년에는 142건으로 되었다. 60% 이상 감소한 것이다.

전술한 사고의 분류 중 철도 운전사고와 운전장해 중 열차의 운휴, 그리고 여객열차가 30분 이상 늦은 고장은 국토 교통성에 보고해야 한다.

건널목 사고는 더욱 큰 폭으로 감소했다. 1987년에 247건이나 일어났던 것이 1999년에는 51건으로 감소했다. 80%나 감소한 것이다. 되풀이하지만, 사고는 체계적이고 전략적으로 대책을 세우면 감소하는 것이다. 국철을 민영화할 때에는 '국유철도를 민영화하면 이익을 우선하므로, 안전성이 저하한다'라는 의견이 있었다. 국유철도의 민영화에 반대하기 위해서 안전문제를 이용한다는 느낌도 많이 받았다. 사실은 반대였다. 국유철도를 민영화하자 사고는 줄었다. 이것은 모순이 아니다. 기업에서 안전은 가장 중요한 문제이다. 큰 사고는 기업의 존망에 영향을 미친다. 이것은 철도기업만의 이야기가 아니다. 자동차, 항공기, 각종 제작회사도 마찬가지일 것이다. 안전은 국유기업보다도 민영기업 쪽에서 엄격한 문제이다. 최악의 경우에는 기업의 소멸로 연결되기 때문이다. 여기에도 안전에 관한 모순된 상식이 하나 숨어 있는 셈이다.

2) 사고는 왜 일어나는 것인가?

철도사고는 절대로 일으키고 싶지 않다. 특히 대형사고는 일으키고 싶지 않다. 이것은 철도기업의 공통된 소원이다. 그러나 사고는 일어나는 것이 현실이다. 이러한 사고의 교훈을 되살려서, 안전성을 더 한층 높여 가는 것이 철도기업의 사명이다.

철도기술은 축적된 경험이며, 철도기술이 경험공학이라고 말해지는 까닭도 여기에 있다. 현실에서 일어나는 철도사고를 하나하나 살펴보면, 그 원인은 실제로 천차만별이다. 인간의 실수도 있는가 하면, 차량이나 설비 결함의 경우도 있다. 화재사고도 있고, 건널목 사고도 있다.

그뿐만이 아니다. 사고는 어떤 이론만으로는 정리할 수 없는 불가사의한 측면도 가지고 있다.

'사고는 사고를 야기한다'라는 격언이 있지만, 대형사고가 한 번 일어나면 계속해서 일어나는 일이 자주 있다. 쯔루미 사고와 458명의 희생자가 난 미츠이미이케 탄광의 화재사고가 같은 날에 일어났다는 것은 우연이라 해도 믿기 어려운 생각이 든다. 그다지 알려지지는 않았지만, 쯔루미 사고의 다음 날에 산요우 본선에서 특급열차끼리 추돌하는 사고가 일어났다. 그때 나는 국철 본사에 있었지만, 그 소식을 전해들은 운전부문의 간부가 새파랗게 질려서 일어서던

광경을 기억하고 있다.

이 사고는 하행특급 '아사카제' 호가 브레이크 고장으로 정차하고 있던 곳에, 후속의 특급 '미즈 호'가 추돌함으로써 일어났다. 다행히 추돌한 것은 열차가 비상 브레이크를 걸어서 멈추기 일보직전이었으므로, 대형사고로 연결되지는 않았다. 승객 2명이 부상을 입고, 양 열차 객차의 연결기가 부서져서 운전이 불가능하게 되었다. 이 사고의 원인도 기관사의 확인 실수였다.

1966년 4월, 나는 난생 처음 러시아(당시의 소련)로 해외출장을 갔는데, 하네다 공항을 이륙할 때에 활주로의 한쪽 귀퉁이에 있던 추락한 캐나다 항공기의 잔해를 보고, 등골이 오싹해지는 느낌을 받은 적이 있다. 이 해에는 일본에서 불과 2개월 정도 사이에 항공기의 대형사고가 3건이나 연속해 일어났던 것이다.

사고에는 불운이란 것도 항상 따라다닌다. 호쿠리쿠 터널 내에서 열차 화재사고가 일어난 것은 아주 불운한 사고였다. 화재가 일어난 곳이 긴 터널 안이 아니었더라면, 그런 대형사고가 되지는 않았을 것이다.

1998년 6월 3일 독일 철도 특급열차 ICE가 에쉐데 역에서 탈선하고, 승객 101명이 사망하는 충격적인 대형사고가 일어났다. 이 사고도 어떤 의미에서는 대단히 불운한 사고였다. 사고의 원인은 객차 차륜이 주행중에 깨져서 탈선하고, 그대로 5km 가까이를 달린 뒤 에쉐데 역의 분기기에서 차체가 크게 동요하면서 과선교 교각에 충돌했기 때문이었다.

만약 조금이라도 빨리 차장이나 승객이 탈선한 것을 알아차리고 열차를 정차시켰다면, 또는 역의 출구에 과선교가 없었다면, 사고의 피해는 훨씬 줄어들었을 가능성이 높다.

2000년 3월에 일어난 영단 지하철의 사고도 탈선한 직후에 선로 보수용의 건널선이 있었기 때문에 대형사고가 되었다.

반대로, 1962년에 일어난 동해도 신간선의 차축 파손 사고는 대단히 행운이었다. 차장이 빨리 알아차리고 열차를 멈추었기 때문에 대형사고로까지는 가지 않고, 차축이 꺾였는데도 불구하고 동력전달장치가 받치고 있었던 덕분에 탈선하지 않았던 것이다.

1982년의 일이라고 생각하는데, 내가 동북철도 관리국장을 하고 있을 때 기묘한 사고를 경험한 적이 있다. 동경 오우지역 가까이에서 상행 특급전차 차축 1개가 탈선했다. 선로의 보수상태가 아주 나빴던 것이 주요 원인이었다고 생각한다. 탈선한 차륜이 그대로 2km 정도를 달려서 건널목의 가드레일에 충돌했다. 오히려 그 충격으로 탈선한 차륜은 레일 위에 돌아올 수 있었고 무사히 우에노 역에 도착했다.

각각의 사고는 대단히 우연히 발발하는 요소가 있지만, 전체적으로 보면 사고는 철도 시스템 전체가 가지고 있는 약점과의 상관성이라고 할지, 일종의 필연성과 같은 측면을 가지고 있다는 생각이 든다. 물론 모든 사고가 그런 것은 아니고, 평범하게 '일어나야 할 사고가 일어났다' 등의 느낌은 사실 털끝만큼도 없다. 안전이란 것이 그렇게 달콤한 것도 아니고, 간단히 정리할 수 있는 것도 아니기 때문이다.

지금까지 철도 개업 이래 일어난 주요한 사고와 그 원인, 그리고 그 결과로서 실현해간 안전 시스템의 진보의 발자취를 보았다.

19세기 철도사고의 대부분은 차량이나 선로의 구조의 취약함과 재료의 결함, 그리고 무엇보다도 안전 시스템의 불완전함이 대형사고로 이어진 원인이었다. '연동장치, 폐색, 브레이크'가 필요했던 것이다.

20세기에 들어서면서 기본이 되는 안전 시스템은 거의 갖추어졌지만, 이번에는 사람의 실수에 의한 대형사고가 현저하게 증가되었다. 안전 시스템이 갖추어지면서 인간이란 존재의 약점이 불거지고, 사람, 기계, 시스템의 인터페이스가 큰 문제로 되었다.

인간의 실수를 어떻게 막을 것인가? 정신무장만으로 막을 수 있는 것인가? 인간과 기계의 수비 범위를 어떻게 정해야 할까?

이것이 철도의 안전을 위한 기본 테마였다. 그리고 새롭게 건널목 사고의 문제도 발생했다. 열차의 횟수가 늘어나면서 일단 사고가 일어난 뒤에 이어지는 이차적인 사고를 어떻게 막을까 하는 문제도 큰 문제 중의 하나였다.

1964년에 완성된 동해도 신간선은 이러한 문제들에 하나의 해답과 모델을 제공한 것이라고 생각한다. 신간선은 당시 안전모델의 철도였던 것이다. 그후의 재래선의 사고방지대책은 이 모델을 따라가는 것이었다. 혹은 지금까지 좋아가고 있다 해도 될 것이다. 어쨌든 신간선에서는 삼십 몇 년 동안 대형사고가 없었기 때문에 더욱 그렇다.

삼십 몇 년 동안 대형사고가 일어나지 않았다는 것은 쉬운 일이 아니다. 재래선에는 건널목도 있고, 화물열차도 운행되고 있다. 복잡한 배선을 한 역도 있다. 무엇보다도 안전을 위해서는 거액의 자금이 필요하다. JR 동일본이 발족 후 대책을 강구하고 실천해온 것이 그중에서도 가장 중요한 부분이었으며, 예를 들면 야마가타 신간선이 그 미니 모델이라고도 할 수 있다. 건널목은 남아 있다. ATC는 없고, ATS-P형을 설치했다. 그러나 신간선과 같은 수준은 아니었지만, 현실적으로 할 수 있는 것은 다해 보았다고 할 수 있다. 그 결과 10년이 지나는 시간동안 대형사고는 없었다.

최근에 일어난 세 가지 사고는 충격적이었다. 이러한 범주에 해당되지 않았기 때문이다.

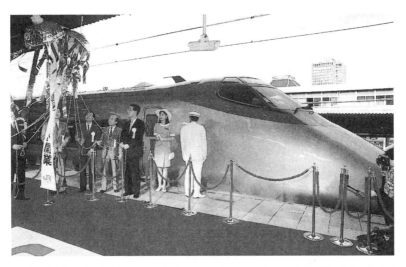

JR 동일본이 손수 다룬 안전모델 철도 야마가타 신간선의 신조우 개업을 축하하는 '쯔바사' 111호의 출발식. 오른쪽에서 세 번째가 당시 회장이었던 저자

첫째가 독일의 고속철도 ICE의 탈선사고였다. 이 사고의 원인은 탄성차륜이라는 새로운 구조의 차륜이 파손한 것에 있었다. 탄성차륜을 사용한 것은, ICE의 차륜이 주행중에 타원 모양이 되는 기묘한 현상을 막기 위함이었지만, 탄성차륜은 주행중의 소음을 적게 하는 효과도 있었다. 그 이유 때문에, 노면 전차에서는 상당히 널리 사용되고 있었다. 그것이 내부균열 때문에 고속운전중에 파손되어 열차가 탈선해버린 것이다.

이 차륜을 사용한 것을 비난하기는 쉽다. 그러나 새로운 기술을 사용할 때에는 항상 위험이 따른다. 위험에 대한 도전을 피하면 기술의 진보는 없고, 도저히 신간선 등을 만들 수 없었을 것이다. ICE도 7년간 무사고로 운행을 하고 있었던 것이다. 새 기술에 대한 도전과 신중의 경계는 어디에 있는 것인가? 그리고 이러한 균열을 대형사고가 되기 전에 발견할 수는 없었던 것인가? 이 사고가 던져준 기본적인 의문이자 과제이다.

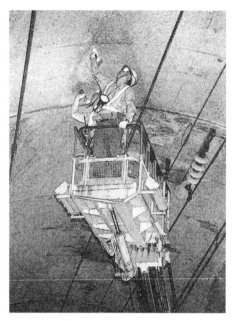

터널의 전체 점검: 1999년 7월, 토치기현 나스마
치의 나쓰 터널 내에서

　둘째는 1999년에 일어난 산요우 신간선의 콘크리트 덩어리 낙하
사고였다. 다행히 희생자가 발생하는 큰 사고가 되지는 않았지만, 이
역시 충격적인 사고였다.
　터널의 콘크리트가 벗겨져 떨어지는 것은 있을 수 있는 일이다.
작은 것은 때때로 일어났다. 그러나 큰 덩어리가 떨어져 사고로 이
어지리라고는 예상하지 못했고, 적어도 그 확률이 크다고는 생각하
지 않았다. 안전대책은 일어날 확률이 큰 부분부터 손을 쓰고 있기
때문이다. 이 사고가 일어난 배경에는 여러 가지 요인이 있었다고
생각되지만, 이러한 사고가 일어나기 전에 미리 점검해서 발견하고,
복구하는 기술을 개발했어야 했다는 것이 이 사고가 준 교훈이라고
생각한다.

세 번째는 2000년 3월의 영단 지하철의 탈선 충돌사고이다. 철도 사고조사위원회의 결론에 의해, 이것은 복합 탈선사고로 결론이 났다. 그러나 차량의 차축에 걸리는 무게의 언밸런스와 급곡선 상에서의 차륜과 레일의 마찰이 탈선에 큰 영향을 미친 것을 안 것은 대단한 진보였다고 할 수 있다. 여기에서도 사고가 안전의 진보로 연결되었다. 이 사고도 철도기술진에 대해 지극히 본질적인 명제를 요구한 것이었다.

3) 보다 안전한 철도를 향해서

무라카미 요우이치로 지도기관사가 지은 『안전학』 중에 그 첫머리의 「위험과 안전」이란 내용에서 다음을 읽을 수 있다.

어떻게 보면 우리들은 여러 가지 종류의 위험에 둘러싸여 살고 있고, 게다가 그러한 위험은 우리들의 힘으로는 어떻게 할 수도 없는, 거대한 자연의 위협에 의한 것에서부터 바로 자기 자신에게 모든 책임이 있는 종류의 사고에 이르기까지, 지극히 넓은 스펙트럼을 갖추고 있다. 장수하기 위해서는, 그러한 스펙트럼을 가지는 위험의 가능성 속에서, 어떤 경우에는 정면으로 도전하고, 어떤 경우에는 빠져나가고, 눈을 감고, 포기하고, 감수한다. 그것이 인생이라고 해버리면, 그것으로 이야기는 끝나지만, 이 다종하고, 다양하고 또 다층적인 위험과 대면하고 안전을 추구하는 인간의 일을 그 나름대로 통일적으로 파악해볼 수는 없을지, 또는 각각의 현장에서 축적되어 있는 안전을 위한 노력을 공유하고, 공통으로 논의하는 플랫홈을 만들어낼 수는 없을지, 여기에 이 책의 목표가 있다.

교통기관의 사고를 완전히 막을 수는 없다. 그러나 조금이라도 사고를 감소시키려는 노력을 계속해 나가지 않으면 안 된다. 그것도 중점을 확인해서 체계적으로 해나가야 한다. 안전은 이것만으로 충분하지 않다는 것이 나의 생각이다. 안전문제는 사고의 절대치가 아니고, 미분계수의 문제라고 생각한다. 몇 건이 일어났는가보다도 몇 건이 감소했느냐가 중요한 것이다.

170년이나 되는 역사 속에서 철도는 많은 사고의 경험과 그런 가운데서 만들어진 새로운 기술을 살리면서 안전 시스템을 개량해 왔다. 현재는 대단히 높은 수준에 도달해 있는 것이다. JR 동일본만으로 매일 72만 km의 열차가 달리고 있다. 지구를 18바퀴 도는 거리에 상당한다. 그래도 대형사고는 아주 적다. 그러나 이를 더욱 개선하는 것이 결코 용이한 것은 아니다.

안전대책을 어떻게 진행시켜야 할까? 야나기다 쿠니오 씨의 전술한 저작 중 「사고 조사의 철학과 방법」이라는 내용 중에서, 미국의 국가운수안전위원회(NTSB)는 사고 조사에서 '모든 사항의 연쇄 관계'를 밝히고 그 모든 사항이 '네 개의 M' 중 어느 것에 해당하는지를 밝히고 있음을 소개하고 있다. Man(인간), Machine(기계), Media(정보, 환경조건 등), Management(안전정책) 등의 네 가지가 그것이다. 이것은 아주 유명한 이야기로, 안전에 관한 많은 책에 거론되고 있지만, 세 번째의 'Media'라는 항목은 약간 이해하기 힘든 감을 느낀다. 정보 시스템, 기상조건, 공항 등의 설비조건을 가리키는 것인데, 억지로 M으로 만든 것은 아닌지 싶다. 오히려 냉소적인 견해로 보면, 매스 미디어의 의견이 모두 옳은 것인지 아닌지는 별도로 하고, 사고의 조사와 원인의 해명에 큰 영향이 있는 점을 가리킨 것일지도 모른다는 생각이 든다.

단지 사고 조사에는 이 4M으로 충분할지 모르지만, 안전대책에 나는 여기에 보수(멘테난스) 시스템을 포함하고 싶다. 머신과 시스템은 전혀 다른 개념이다. 신간선이 안전한 것은 사람과 기계를 포함한 안전 시스템의 디자인이 좋기 때문이며, 정확한 보수가 안전을 유지하고 있기 때문이다.

자주 '안전의 마지막 결정적인 수단은 인간이다'라고 말한다. 정말로 그럴까? 이것이 나의 근원적인 의문 중 하나이다.

확실히 시스템을 정확히 만들어도 고장이 나는 일이 있고, 보수작업 등은 아직 인간의 판단과 주의력에 의존하고 있는 부분이 크다. 킨키 일본 철도의 아오야마 터널 사고는 ATS가 고장났을 때 결정적으로 인간이 조작을 잘못해서 일어난 대형사고였다. 그런 의미에서 확실히 마지막 결정적 수단은 인간이 쥐고 있다. 그러나 실수가 일어났다면 이를 어떻게 할 것인가? 정신론과 교육훈련의 강화만으로 해결이 되는 것인가? 몇 천 명이나 되는 기관사가 일생에 한두 번밖에 경험하지 못하는 비상사태에 대해, 정신론만으로 모든 사고를 막을 수 있을 것인가? 전 직원이 간부가 말하는 바를 꾸밈없이 정확하게 들어줄 것인가? '아아, 또 그 기본동작'이라고 생각하지는 않을까? 그러나 사고는 막지 않으면 안 되는 것이다.

고장이 잘 일어나지 않는 ATS가 고장났을 때 기관사가 실수를 일으키기 어려운 시스템의 디자인이 정신론보다도 대형사고를 더 잘 막아내기 위해 유효한 조치가 아닐까 하는 생각이 머리에 떠오른다.

'신간선에 사고가 없는 것은 무엇 때문인가?' 재래선보다 인간의 지도와 훈련이 철저하기 때문인가? 아마 꼭 그렇지는 않을 것이다. 안전 시스템이 정확하기 때문이다. 이렇게 보면 '안전의 마지막 결정적 수단은 시스템'이 된다. 과연 어느 쪽이 옳은가?

사람과 기계에 대한 문제의 해결은 어렵다. 나는 지금도 '안전에서 마지막 결정적 수단은 인간이다'라고 생각한다. 그러나 그것이 때로는 안이한 정신론에 치우치기 쉬운 것을 두려워하는 것이다. 인간의 교육훈련과 높은 도덕심은 안전을 위해 절대로 필요하고 가장 중요한 대목이다. 이 점에는 나도 전적으로 동의한다. 그렇다고 해서 사고를 정신론만으로 막을 수는 없다고 본다. JR 동일본의 모든 기관사가 하루에 신호기를 보는 횟수는 120만 회가 넘는다. 성실한 사람도 실수를 할 수 있고, 졸기도 할 수 있다. 책상에 앉아서 일을 하고 있는 사람과 같은 것이다. 안전대책은 정신론과 동시에 이러한 사실도 직시해가지 않으면 안 된다. 전략적인 안전대책의 핵심은 인간을 포함시킨 시스템에 있다고 생각한다.

사람은 보통 수단으로는 통제가 어렵다. 다시 야나기다 쿠니오 씨의 저작을 인용해보면, 「상식적 사고 이론에 대한 반문」이라는 내용 중에 다음과 같은 세 가지의 지적을 하고 있다.

첫째, 실수에는 '초보적인 실수'라든가 '전문적인 실수'라는 구별이 없다는 것이다. 둘째, 베테랑이더라도 의외의 실수를 한다는 것이다. 그리고 셋째, 기계나 시스템이 편리해지면, 인간은 그만큼 나태해지고, 새로운 실수를 범할 위험이 발생한다는 점이다. 나는 이 지적이 옳다고 생각한다. 그래서 나는 인간이 실수를 범하는 것을 전제로 안전 시스템을 만들어야 하지만, 안전에 도움이 되지 않는 시스템은 만들지 않는 것이 좋다고 생각한다. 인간에게 어느 정도 자유롭게 맡기고 때로는 위험한 경험도 시켜, 임기응변적인 대응을 할 수 있도록 한다. 역설적이지만, 실제로 사고나 실패를 경험한 것이 백 번의 설교보다 효과가 있다. 그렇지만 대형사고를 일으켜서는 안 된다. 그래서 고객에게 사상자가 발생하는 사고는 시스템으로 지킨다. 그 이외의 것은 될 수 있는 한 인간의 책임에 맡기는 편이 낫다는 것이 나의 생각이며, ATC(자동 열차 제어장치)보다도 프랑스의 테제베와 같은 연속제어식 ATS(자동 열차 정지장치)가 좋지 않을까 한다. 기관사에게 자유롭게 운전을 시키되, 정말로 위험한 것은 시스템이 보호하는 것이다.

그 다음, 사고에는 전조가 있는 것 같은 생각이 든다. 반드시 그렇다고는 말할 수 없지만, 대형사고 앞에는 비슷비슷한 작은 사고가 일어나는 경우가 자주 있다. 히가시 나카노의 사고가 그렇고, 그런 느낌을 받은 경험은 많이 있다. 유명한 하인리히의 법칙도 같은 것을 말하고 있는 것이다.

따라서 매일 보고해오는 작은 사고의 데이터를 단순한 데이터로서만 보는 것이 아니고, 작은 사고나 고장의 배후에 있는 메시지를 읽어낼 필요가 있다. 나는 실제로 일어나지 않은 위험한 사고나 운 좋게 대참사가 발생하지 않은 사고는 '하늘에 의한 집행유예다'라고 생각하고 있다. 정확한 대책을 즉시 세우지 않으면 곧바로 하늘에서의 실형이 선고되는 것이다.

안전대책은 끝이 없다. 그리고 비전과 철학도 필요한 것이다. 결국 안전은 최상의 관리문제라는 것이다.

지은이 후기

    나는 40년이 넘는 철도생활의 대부분을 사고와 직접 관련 있는 분야에서 근무했다. 어떻게 하면 사고를 막을 수 있을 것인가, 안전 문제의 본질은 무엇인가에 대한 고민이 내가 항상 가지고 있던 근본적인 문제의식이었다.

    지금은 철도의 대형사고가 많이 감소되었지만, 옛날에는 상당히 빈번히 일어났다. 사고가 일어날 때마다 비난이 쏟아져 내린다. '근무기강 해이에 의한 사고' '철저하지 못한 점검'이라는 비난에 이어, 경고장과 간부의 질책, 긴급대책회의 개최, 총점검, 새로운 지시 등으로 이어졌던 그 대부분은 아주 형식적인 것이었고, 사실 충실한 내용이 있었던 경우는 많지 않았다. 그리고 '두 번 다시 사고를 내지 않겠습니다'라고 하는 맹세의 말이 따라붙었는데, 이런 것으로 사고를 막을 수 있겠는가 하는 것이 늘 머리 속에 머물고 있던 의문이었다. 각각의 사고는 대부분 우발적인 상황에서 일어난다. 그런데 사고의 통계 데이터를 보면, 꾸준히 점차 감소하고 있다. 1년마다 거의 비슷한 수준으로 일어난다. 여기에 무엇인가가 작용하고 있는 것이다. 그래서 사고방지대책과 사고 사이에는 밀접한 상관관계가 있는 것임에 틀림없다고 생각했다.

사고의 데이터를 잘 살펴보면, 정확한 안전 시스템이나 기술적인 대책을 세웠을 때에는 사고가 감소하고 있음을 알 수 있다. ATS의 도입, 종합적인 건널목 사고 방지대책의 실시 등이 그것이며, 그 배경에는 그 이전에 큰 사고가 일어났다는 사실이 있다. 기술자들은 각각의 분야에서 사고나 고장에 고민하고, 새로운 기술이나 시스템의 개발을 진행시키고 있다. 그리고 대형사고가 일어났을 때에 이러한 기술의 축적이 실현되는 것이다. 신간선은 이러한 종합적인 안전 시스템의 모델이다.

이 책에서는 철도사고의 역사와 그것을 통해 만들어진 안전 시스템의 발자취를 살펴보았다. 앞으로의 안전에 대한 기본적인 사고의 틀을 여기서 발견할 수 있지 않을까? 이것이 이 책을 써보고 싶었던 이유이다. 사고의 역사를 보면, 대형사고는 대부분의 경우 시스템의 약점 때문에 일어났다. 거기에는 큰 흐름으로서의 필연성이 있다. 사고는 어느 정도 예견할 수 있는 것이 아닌가 생각한다. '안전'은 사고를 막을 수 있는 본질적인 학문인 것이다.

2000년 6월 길일에 지은이

참고문헌

『日本國有鐵道百年史』, 日本國有鐵道.

『鐵道の運轉と安全のしくみ』, 日本鐵道運轉協會.

『日本國有鐵道重大事故記錄』, 日本國有鐵道.

『事故の鐵道史』(佐々木當奉), 日本經濟評論社.

『續·事故の鐵道史』(網谷りょういち), 日本經濟評論社.

『機長の危機管理』(桑野偕紀, 前田莊六, 塚原利夫), 講談社.

『安全學』(村上陽一郎), 靑土社.

『失速·事故の死角』(柳田邦男), 文藝春秋.

『交通の安全』(井口雅一).

『グルマガ鐵道を滅ぼした』(ブラッドフオード·C·フネル, 戶田淸他譯),
　　綠風出版.

La nailssance du rail europeen (J. Pecheux), Berger-Levrault.

La vie qoutidenne dans les chemins de for du XIX siecle (Henri Vincenot),
　　Hachette.

Historic Railway Disasters (O. S. Nock), Ian Allan.

Train Wrecks (Robert C. Reed), Seperior Publishing Company.

Red for Danger (L. T. C. Rolt), Macmillan

Accidents de chemins de for (George Grison), Typographie Tolmer et Co.

The Guiness Book or Rail, Guiness

British Railway History, Oxford

PARIS—METORO (Michel Dansel), Dauphin

부록

한국 철도사고사 일람

사고 종별	일시	발생장소	열차	사고원인	사망	부상	비고
열차 탈선	45/09/01 00:00	경부선 대구역구내		구내에서 열차충돌	73	78	
열차 충돌	46/11/13 17:40	경부선 영등포역구내		영등포역 진입시 정지 신호를 넘어 출발대기 중인 열차와 충돌	50		객차화차 1량 전소
열차 충돌	48/09/01 00:00	경부선 내판역구내		열차충돌사고	100		
열차 화재	49/08/18 18:17	중앙선 단양~죽령역		단양~죽령역 사이 대 강터널 내 매연으로 기관사 및 여객 질식	51	306	차량결함
열차 충돌	50/10/16 11:15	중앙선 무릉역구내		무릉역 진입시 장내신 호 모진으로 출발대기 중인 열차와 충돌	18	163	
열차 충돌	51/01/06 17:40	경부선 수원역구내		수원역 진입시 장내신 호 모진으로 출발대기 중인 기관차와 충돌	19	70	
열차 전복	51/06/24 14:53	호남선 백양사~신흥 리		열차운행중 공비출현 하여 열차습격	46	78	기관차1, 객차2량 파손

사고 종별	일시	발생장소	열차	사고원인	사망	부상	비고
열차 전복	51/10/01 00:00	전라선 순천~여수역		열차탈선 및 전복으로 사상자 다수	120		
열차 전복	53/01/02 22:18	경부선 이원~심천역		교량상에서 열차탈선 되어 전복	29	36	화차14, 침목1350 파손
건널목 사고	54/01/31 19:35	경부선 병점~오산역		트럭이 건널목 일단정 지를 무시하고 침입 열차와 충돌	56	78	기관차1, 객차3량 파손
열차 화재	55/03/02 00:00	경부선 부산역구내		열차화재	42	45	
열차 전복	62/01/31 00:00	어정역		열차전복	41		
건널목 사고	69/01/08 00:00	경의선 신촌~서울역		휘경동 건널목에서 버 스와 충돌	18	68	
열차 추돌	69/01/31 01:57	경부선 소정리~천안		신호무시로 전방열차 후부 추돌	41	72	기관차1, 객차5량 파손
건널목 사고	70/10/14 00:00	장항선 천안~모산역 모산건널목		일단정지 무시한 버스 와 충돌 경서중학생 등 사상자 다수 발생	45	32	
열차 충돌	70/10/17 11:15	중앙선 원주~유교역		신호취급 과실로 반대 방향에서 열차 운행중 인 선에 열차취급하여 충돌	14	53	기관차2, 객차1, 화차1량 파손
열차 충돌	71/10/13 07:25	전라선 남원역구내		오르막길에서 차량고 장으로 뒤로 미끄러져 남원역 정차중인 열차 와 충돌	19	28	기관차1, 객차4, 화차1량 파손
열차 탈선	73/08/12 00:00	경부선 영동역구내		영동역 남쪽 100M지 점에서 유조열차 탈선 화재	38	1	화차24량 소실
건널목 사고	75/06/14 00:00	호남선 장성~임곡역 장성건널목		일단정지 무시한 버스 와 충돌	12	74	
건널목 사고	75/06/14 07:29	호남선 장성역구내 청운건널목	#187 (급)	버스가 건널목 일단정 지를 무시하고 침입	12	69	
열차 충돌	75/11/03 11:27	호남선 송정리역구내	#611 (보)	기관사 신호무시 및 입환열차 본선진입선 지장하여 입환	1	58	

사고 종별	일시	발생장소	열차	사고원인	사망	부상	비고
열차 탈선	75/11/03 13:58	태백선 사북~증산역	#1066	기관사가 제동시기를 실기	3	1	
건널목 사고	76/01/19 16:53	장항선 신창역구내 오목3건널목	#1274	버스가 건널목 일단정 지를 무시하고 침입	1	73	
건널목 사고	76/05/23 10:55	경원선 의정부~창동 갈원3건널목	#310 (보)	유조트럭이 건널목 일 단정지를 무시하고 침 입 동차와 충돌	19	88	
열차 충돌	77/05/21 14:30	영동선 석포~동점	#1811 #2908	운전취급 위반 및 열 차속도 초과		2	
열차 충돌	77/07/24 10:45	경부선 지탄역구내	#161 (급) #21 (특)	제동시기 실기 및 자 동신호기 착오 현시	20	247	
건널목 사고	77/11/03 19:04	경부선 평택~서정리 통복건널목	#6 (특)	버스가 건널목 횡단 중 기관 정지되어 정 차하면서 안전조치 소 홀	8	18	
열차 폭발	77/11/11 21:00	호남선 이리역구내		열차 호송원이 촛불을 켜고 잠든 중 쓰러지 면서 담요 및 화약에 점화되어 폭발	59	1,343	
건널목 사고	78/09/18 11:18	수인선 일리~어천	#344 (보)	버스가 건널목에서 통 과 중인열차의 중간에 충돌하여 탈선		32	
건널목 사고	79/07/01 09:10	진해선 경화~상남 성주4건널목	#2728	버스가 경보장치 동작 중에 진입	1	12	
열차 탈선	80/04/20 16:24	경부선 사상~구포	#1002	선로보수 불량		42	황산누출 화차13량 파손
열차 충돌	81/05/14 16:01	경부선 경산~고모	#302 (보) #116 (특)	선행열차 규정위반 후 진 및 후속열차 속도 초과 운전	56	244	
건널목 사고	82/10/04 11:50	장항선 주포~진죽 오천건널목	#4442	버스가 경보장치 동작 중에 진입	2	58	
열차 충돌	83/05/20 08:09	경원선 성북역구내	#804, 841(보)	도착선을 지장하여 입 환		34	

사고 종별	일시	발생장소	열차	사고원인	사망	부상	비고
열차 탈선	83/12/23 12:48	경춘선 백양리~신남	#759 (보)	선로궤간 및 이음매부 조정불량		28	
열차 충돌	84/01/04 02:54	중앙선 이하역구내	#227 (통)	정차위치를 지나서 정 차한 열차를 반대열차 가 규정위반 운전	5	16	
건널목 사고	84/02/07 09:33	동해남부선 안강~사강 갑산1건널목	#1825	버스가 경보장치 동작 중에 진입	2	58	
열차 충돌	84/10/02 01:40	경원선 휘경역구내	K190 (전)	전동열차가 정지신호 를 무시하고 운전	2	42	전동차10 량 파손
건널목 사고	84/12/27 16:10	호남선 나주~노안 학산3건널목	#178 (무)	버스가 경보장치 동작 중에 진입	15	15	
열차 탈선	85/02/19 16:55	태백선 고한~사북	입환기	입환작업 불량	12	14	
건널목 사고	85/04/01 12:43	중앙선 율동~경주 북성1건널목	#1801	봉고차가 경보등을 무 시하고 건널목에 진입	1	11	
건널목 사고	86/01/04 07:54	경전선 원창~순천 조례 건널목	#904 (비)	버스가 건널목 일단정 지를 무시하고 침입	4	12	
건널목 사고	87/01/19 10:12	대구선 반야월~동촌 검사4건널목	#137 (무)	버스가 경보장치 동작 중에 진입	10	15	
열차 충돌	87/06/19 05:36	충북선 오송~청주	#2129, 711(비)	운전취급 규정위반(확 인소홀로 반대선 운전)	2	11	
건널목 사고	88/04/14 12:17	중앙선 우보~탑리의 성가도건널목	#208 (통)	트럭이 경보장치 동작 중에 진입	1	45	
열차 충돌	88/11/14 22:14	경부선 경산~삼성	#2143	제한속도 초과운전 및 제동취급실기		13	
열차 탈선	89/07/27 20:00	태백선 함백~증산	#2364	제동관 공기 무관통으 로 제동력부족	1		
건널목 사고	89/10/07 11:10	경의선 능곡~일산 백석리건널목	#2979	봉고차가 경보장치 작 동 중에 일단정지 무 시하고 진입	2	9	
건널목 사고	89/12/24 04:32	경부선 병점~오산 구목포건널목	#2009	승용차가 경보장치 작 동 중에 일단정지 무 시하고 진입	2	5	

사고 종별	일시	발생장소	열차	사고원인	사망	부상	비고
열차 탈선	90/01/28 16:42	경부선 노량진~영등포	#423 (통) #3556	신호장애 보수 작업 중 선로전환기 도중 전환	2	50	
건널목 사고	90/04/08 16:14	호남선 함열~황등 황방건널목	#155 (무)	봉고차 경보장치 동작 중 일단정지 무시하고 진입	7		
열차 탈선	90/04/29 14:39	경부선 추풍령~황간	#66 (무)	기온상승으로 레일이 늘어났으나 선로보수 소홀		17	
열차 탈선	90/05/12 13:30	경부선 직지사~신암	#62 (무)	기온상승으로 레일이 늘어났으나 선로보수 소홀		53	
열차 탈선	90/05/27 07:44	수인선 달월~군자	#894 (비)	중기차량이 선로내로 침입하여 열차와 접촉		59	
열차 충돌	90/06/21 09:04	경부선 전의역구내	#1 (새) #2751	신호장애 보수작업 중 잘못 취급하여 부본선에 대피중인 화물열차와 충돌	2	63	
건널목 사고	90/10/13 10:15	태백선 태백~문곡 문곡2건널목	#8507	봉고차가 경보장치 작동중에 일단정지 무시하고 진입	5	3	
열차 탈선	90/12/25 12:52	경전선 예당역구내	#7341 (통)	교행 대기중인 선로에 잘못 취급하여 진입신호를 현시		25	
건널목 사고	91/02/08 08:44	영동선 백산~철암 상철암건널목	#622 (통)	버스가 경보장치 동작 중에 진입	3	37	
건널목 사고	91/02/27 08:44	경전선 한림정~진영 공정건널목	#2909	버스가 경보장치 동작 중에 진입	3	17	
열차 탈선	91/10/20 17:17	경부선 물금~원동	#82 (새)	덤프트럭이 가도교 거더를 접촉하면서 선로 이동되어 탈선		47	
열차 충돌	91/10/30 20:28	경인선 개봉역구내	K323 (전) S243 (전)	장내 정지신호 확인 소홀 및 열차 자동정지 장치 기능 불량		84	전동차12량 파손
열차 탈선	92/04/01 01:30	중앙선 삼곡~고명	#394 (무)	덤프트럭이 가도교 거더를 접촉하면서 선로 이동되어 탈선		7	

사고 종별	일시	발생장소	열차	사고원인	사망	부상	비고
건널목 사고	92/04/10 13:19	중앙선 봉양~조차장 두루목건널목	#201 (무)	트럭이 경보장치 작동 중에 일단정지 무시하고 진입	6		
열차 충돌	92/09/19 13:38	경전선 창원~덕산	#141 (무)	고장난 열차를 운행하기 위하여 구언기관차 운전중 규정속도를 초과하여 정차중인 열차와 충돌		5	
건널목 사고	92/12/07 05:17	경부선 직산역구내 송기건널목	#2008	승용차가 경보장치 작동중에 일단정지 무시하고 진입	3		
건널목 사고	93/02/22 08:57	경전선 원창~순천 쌍림건널목	#7342 (통)	봉고차가 경보장치 작동중에 일단정지 무시하고 진입	4		
건널목 사고	93/03/20 00:25	충북선 주덕~달천 광산건널목	#2753	봉고차가 경보장치 작동중에 일단정지 무시하고 진입	5	4	
열차 탈선	93/03/28 17:30	경부선 물금~구포	#117 (무)	한전 지하전력구 공사중 선로 밑 발파작업으로 노반 함몰	78	170	
열차 탈선	93/04/09 10:01	경춘선 마석역구내	#2972	제동 취급소홀로 안전측선 진입		5	
건널목 사고	93/08/06 20:53	전라선 곡성~금지 대강건널목	#2288	버스가 경보장치 동작중에 진입	3		
열차 탈선	93/08/21 02:15	경전선 벌교~원창	#466 (통)	수해로 인한 산사태 발생으로 선로매몰		4	
건널목 사고	93/11/09 16:34	경부선 서정리~평택 장당건널목	#3663 (회송)	승용차가 경보장치 작동 중에 일단정지 무시하고 진입	3		
건널목 사고	94/02/17 12:07	경전선 명봉~보성 명봉건널목	#956 (비)	승용차가 경보장치 작동 중에 일단정지 무시하고 진입	3	4	
건널목 사고	94/03/17 15:42	장항선 도고~신례원 금산건널목	#248 (무)	봉고차가 경보장치 작동 중에 일단정지 무시하고 진입	4	8	
열차 충돌	94/04/22 23:12	경부선 영등포역구내	#43 (새) H3751 (단행)	신호공사 잘못으로 오현시되어 운행중인 단기가 발차하는 여객열차 후부에 추돌		17	

사고 종별	일시	발생장소	열차	사고원인	사망	부상	비고
건널목 사고	94/07/17 20:53	경전선 화순~능주 회덕건널목	#2263	승용차가 경보장치 작동 중에 일단정지 무시하고 진입	5		
열차 충돌	94/08/11 15:02	경부선 미전역구내	#202, #217 (무)	기관사의 신호확인 소홀로 충돌	4	300	
건널목 사고	94/09/07 12:49	경의선 일산~금촌 야당2건널목	#1017 (비)	봉고차가 경보장치 작동중에 일단정지 무시하고 진입		22	
건널목 사고	95/01/01 08:46	전라선 신풍~덕양 장전건널목	#761 (비)	트럭이 경보장치 작동 중에 일단정지 무시하고 진입	1	12	
건널목 사고	95/02/24 13:05	경전선 창원~덕산 용담건널목	#902 (비)	음악학원 봉고차가 경보장치 작동 동작중 일단정지 무시 진입	5	3	
열차 탈선	95/03/11 16:45	장항선 예산역구내	#229 (무)	공기호스 오연결로 제동력이 약화, 안전측선 진입 탈선		4	
건널목 사고	95/04/11 06:36	경전선 화순~능주 연양건널목	#902 (비)	시내버스가 경보장치 작동중 일단정지 무시하고 진입	15	18	
건널목 사고	95/08/09 08:17	경북선 개포~점촌 진정건널목	#451 (통)	봉고차 경보장치 동작중 일단정지 무시하고 진입	8	2	
열차 탈선	95/08/25 05:40	충북선 도안~증평	#308 (무)	폭우로 교량교각이 붕괴되면서 기관차 및 전 차량 탈선		244	
건널목 사고	95/09/08 00:22	경부선 옥천~세천 삼거리건널목	#3012 (새)	트럭이 차단기가 내려질 때 횡단중 차단기에 걸려 건널목 정차	1	43	
열차 충돌	95/10/11 07:30	중앙선 단촌역구내	#534 (통) #2481	짙은 안개로 인한 시계불량으로 장내정지 시호 무시 운전		36	
건널목 사고	96/07/24 19:30	중앙선 원덕~양평 도곡건널목	#2438	봉고차 경보장치 동작 중 일단정지 무시하고 진입	6	1	
건널목 사고	96/07/27 21:50	동해남부선 수영~동래 동부고속 건널목	#19 (새)	콘테이너 화물트럭이 건널목내에 정차		93	

사고 종별	일시	발생장소	열차	사고원인	사망	부상	비고
건널목 사고	96/08/04 06:25	경인선 인천~축항 산업2건널목	입환기	버스가 경보장치 동작 중 일단정지 무시 진 입		15	
건널목 사고	97/03/24 08:55	전라선 서도~오수 서도건널목	#282 (무)	버스가 경보장치 동작 중 일단정지 무시 진 입	16	15	
건널목 사고	97/03/28 07:35	경전선 덕산~진영 신동건널목	#48 (새)	덤프트럭이 일단정지 무시하고 진입		8	
열차 접촉	97/08/24 21:30	경원선 청량리역구내	입환기 K244 (전)	입환작업시 신호 확인 않고 임의 운전하여 전동열차와 접촉		4	
건널목 사고	97/08/25 20:45	호남선 송정리~노안 평동건널목	#73 (새)	승용차가 내려진 차단 기 끝부분으로 진입	5		
건널목 사고	97/12/02 08:44	영동선 백산~철암 철암아파트	#814 (비)	시내버스 일시정지 무 시 및 횡단 전 포크FP 인이 궤도회로 단락으 로 경보장치 미작동		12	
열차 충돌	98/04/23 05:05	경부선 구미~약목	D5961 (모다카) #2043	모다카가 반대방향으 로 운전, 정차해 있던 화물열차와 충돌		2	
건널목 사고	98/05/01 15:40	충북선 조치원~오송 봉산건널목	#293 (무)	승합차가 차단기 강하 직전에 진입하여 반대 편 차단기 앞 정차		18	
건널목 사고	98/07/29 08:40	호남선 연산~논산 지밧건널목	#263 (무)	승합차가 경보기 작동 중 차단기 끝으로 빠 져나가려다 보판 이탈	1	6	
열차 탈선	98/08/29 01:46	중앙선 유교신호장	#304 (무)	선로전환기 도중 전환 으로 이선 진입 탈선		21	경상21
열차 탈선	99/09/04 07:55	경부선 천안직결선 두정신호장	#331 (무)	기관사 기기 취급 소 홀로 정차중 유동되어 인접선 운행중인 열차 측면과 접촉, 탈선		16	경상16
건널목 사고	99/09/17 09:15	경전선 광양~순천 덕례3건널목	#1556 (통)	승용차 일단정지 무시 운전 및 경보장치 동 작불능	1	4	
열차 탈선	99/11/19 19:17	교외선 능곡~일영	#1535 (통)	유치된 화차의 전동방 지 소홀로 유동되어 진입중인 열차와 접촉		2	경상2

사고 종별	일시	발생장소	열차	사고원인	사망	부상	비고
열차 충돌	02/02/22 10:23	경부선 부곡~수원	#S577 (전동차) 모다카	전철 모다카가 안개시 정지신호 확인 소홀로 운행중 신호대기중인 전동차 추돌		55	경상47
공중 사고 (작업 인부)	03/02/15 01:03	호남선 신태인~김제	#465 (무)	호남선 전철화공사로 단선운전시 교량침목 교환 준비작업중인 작 업인부와 접촉	7	1	경상1
선로 장애	03/05/12 08:35	경부선 화명~물금 (호포천교량)	#210 (무)	호포천교량 이설작업 중 크레인 작업을 위 해 붐대를 이동중 열 차 측면에 접촉	1	8	경상8
열차 탈선	03/05/30 13:43	호남선 대전조차장~ 서대전역	#123 (새)	선로 위 계룡육교 철 거작업중 거더가 붕괴 되어 운행중인 열차에 접촉, 탈선		47	경상16
열차 충돌	03/08/08 07:13	경부선 고모~경산	#303 (무) #2661 (화)	신호설비 이설로 통신 식사용중 운전협의 소 홀로 서행중인 화물열 차를 무궁화열차가 추 돌	2	123	경상121?